GÜNTER KOCH

Ein Junge aus Harlem

Harry Belafonte

Biographische Skizze

Brandenburgisches
Verlagshaus

Für Ina und Sandra

Fotonachweis: ADN-Zentralbild (42), Archiv des Autors (20), Staatl. Filmarchiv der DDR (3).

Koch, Günter:
Ein Junge aus Harlem, Harry Belafonte:
Biographische Skizze/von Günter Koch
1. Auflage – Berlin: Brandenburgisches
Verlagshaus
1990, 272 S.: 64 Abb. –

ISBN 3-327-00849-3

1. Auflage
© Brandenburgisches Verlagshaus, Berlin 1990
Lizenz Nr. 5
Printed in the German Democratic Republic
Satz: MKD Halle
Druck und buchbinderische Weiterverarbeitung:
VEB Druckhaus Schöneweide – 34 357-9
Lektor: Hannelore Haelke
Gesamtgestaltung: Günter Hennersdorf
Redaktionsschluß: 15. August 1989
LSV: 7002
Bestellnummer: 747 249 4

DDR 5,90 M

INHALT

Begegnung in Maputo 5
Wurzeln 25
Auf Jamaika 57
Verlorene Generation 76
Ein «unfreundlicher» Zeuge 92
Ersatzmann im Nachtklub 109
Harry weigert sich, ein «King» zu werden 122
Weiße Kapuzen 125
«Ich bin in erster Linie Neger» 144
Durchbruch in Europa 150
Ein unerwarteter Anruf 163
Zwischenfall in Greenwood 175
«Ich habe einen Traum» 184
Offener Brief an die «New York Times» 208
Hintergründe eines Werbespots 217
Auf der Perle der Großen Antillen 223
«Turn The World Around» 235
Wir sind die Stimme von Millionen 255
Literatur- und Quellennachweis 269

DANKSAGUNG

Mit hohem Respekt und in herzlicher Verbundenheit
danke ich HARRY BELAFONTE.
Dank sagen möchte ich zugleich
JOSEF WEBER, Köln;
GÜNTER AMENDT, Hamburg;
MANFRED SACK, Frankfurt/Main;
SYLVIA KUPKE, Mannheim;
ANSELMA MARSZALLEK, Amerika-Gedenkbibliothek
Berlin (West);
BETTY WIESKE, Archiv des Berliner Verlages;
der Akademie der Künste der DDR;
dem Paul-Robeson-Archiv der AdK der DDR;
der Botschaft der Volksrepublik Moçambique
in der DDR;
der Botschaft von Jamaika in der DDR;
der Botschaft der United States of America
in der DDR, besonders Mr. STEPHEN CARTWRIGHT,
Bibliothekar,
sowie ULLA BREITUNG für moralische Unterstützung und
die Anfertigung der Reinschrift.
Sie alle haben direkt oder mittelbar
zum Gelingen dieses Buches beigetragen.

Begegnung in Maputo

Die Banditen kamen vor Morgengrauen. Mit geschwärzten Gesichtern und bis an die Zähne bewaffnet, passierten sie auf ihren schnellen Jeeps die schwer kontrollierbare Grenze zwischen Südafrika und Moçambique und überfielen das schlafende Dorf. Sie gingen von Hütte zu Hütte, traten die Türen ein und schossen auf alles, was sich bewegte.

Ernesto war bei den ersten ungewohnten Geräuschen auf der Straße von seinem Lager hochgeschreckt und hatte versucht, auch die Eltern und Geschwister zu wecken. Seine Warnung kam zu spät.

Zwei Kerle standen plötzlich im Raum, kurzläufige Automatics im Anschlag. Doch sie schossen nicht. Bedrohlich sahen sie aus in ihren gefleckten Kampfanzügen, mit den verwilderten Bärten. Am Gürtel des größeren der beiden blinkte im Halbdunkel eine Machete. Von draußen hörte man immer wieder Schüsse und die Schmerzensschreie der Getroffenen. Ernesto im Winkel hinter dem Vorhang zitterte vor Angst.

Von seinem Versteck aus mußte der Zehnjährige zusehen, wie sie Vater und Bruder mit den Gewehrkolben schlugen, sie aus der Hütte trieben und abführten. Ernesto biß sich auf die Lippen, um nicht laut aufzuschreien. Dann packten die Killer seine Mutter und die beiden kleinen Schwestern. Als sie die aufgebrochene Tür erreicht hatten, stürzte der Junge hervor und sprang einem der RENAMO-Banditen wie ein Panther auf den Rücken. Seine mageren Finger umklammerten einen sehnigen Hals.

Der Mann ließ von seiner Beute ab und versuchte, den unverhofften Angriff abzuwehren. Mit aller Kraft preßte Ernesto seine Hände zusammen. Da spürte er jäh einen stechenden Schmerz im Rücken, gleich darauf fiel ihm etwas auf den Kopf. Verschwommen – unwirklich, wie im Traum – sah der Junge noch die vertraute Gestalt seiner Mutter. Im wehenden Nachtkleid rannte sie auf die Baumwollfelder zu. Rechts und links an den Händen hielt sie seine kleinen Schwestern. Es sah aus, als schwebten die Mädchen über dem Boden. Obszöne Männerflüche drangen dumpf an seine Ohren, dann versank Ernesto in einer schwarzen Wolke.

Er wurde in ein Lager südlich des Zambeze verschleppt. Teile dieser Region befanden sich noch unter Kontrolle der RENAMO und anderer konterrevolutionärer Banden, die vor allem vom Apartheidregime in Südafrika ausgehalten wurden. Etwa einhundert Kinder hatte man hier in primitiven Unterkünften zusammengepfercht. Die meisten waren so alt wie Ernesto, doch auch Dreizehn- und Vierzehnjährige gab es, aber manche waren erst acht Jahre alt.

Von erfahrenen Söldnern wurden die Kinder systematisch für den Guerillakrieg gedrillt. Tag und Nacht – bis zum Umfallen – waren sie auf den Beinen. Stundenlange Märsche nach Karte und Kompaß in unwegsamem Gelände gehörten zur Ausbildung. Man brachte ihnen bei, sich unbemerkt an ein Opfer heranzuschleichen und es mit einer Drahtschlinge oder mit einem Messer möglichst lautlos zu töten. Sie wurden mit Handfeuerwaffen vertraut gemacht und lernten, Minen zu legen.

Es gab wenig zu essen, und wenn morgens die Kommandopfiffe schrillten, taumelten immer einige von ihnen noch schlaftrunken auf den Appellplatz, wo sie von den Ausbildern mit Ohrfeigen und Fußtritten begrüßt wurden.

Um eine zusätzliche Mahlzeit ließen die uniformierten Sadisten die Jungen gegeneinander kämpfen, mit bloßen Fäusten oder mit Buschmessern bewaffnet, bis einer blutüberströmt liegenblieb. Wer es wagte, sich zu weigern, wer Befehle nicht, wie erwartet, ausführte, wurde hart bestraft. Auch dabei schlugen die RENAMOs nur selten selber. Aus den Reihen der «Rekruten» bestimmten sie wahllos ein Exekutionskommando. Und diese Kinder wurden dann gezwungen, ihren gleichaltrigen Kameraden zu mißhandeln.

Die RENAMO-Banditen kannten keine Gnade. Innerhalb kurzer Zeit hatten sie bei den meisten Jungen den eigenen Willen, ja jeden Widerstand gebrochen. Bald blieben nur noch der Selbsterhaltungstrieb, der instinktive Kampf ums nackte Überleben und die Angst vor Strafen. So wurden die Kinder zu willenlosen Werkzeugen der RENAMO-Killer gemacht.

An die ersten Tage im Ausbildungscamp konnte sich Ernesto nur undeutlich erinnern. Die Wunde auf dem Rücken hatte sich entzündet und eiterte. Man hatte ihn in einen nach Fäkalien und anderem Unrat stinkenden Verschlag geworfen und anscheinend vergessen. Der notdürftige Verband wurde tagelang nicht gewechselt. Ernesto lag im Halbdunkel und hatte im Fieberwahn schlimme Träume. Wenn er mal zu sich kam, schlürfte er aus einem Napf gierig abgestandenes Wasser. Daß der Junge überlebte, grenzt an ein Wunder.

Eines Tages war sein Kopf wieder klar. Naßgeschwitzt war er aus tiefem Schlaf erwacht und sich nach und nach seiner Situation bewußt geworden. Erst jetzt roch er den penetranten Gestank, der ihn umgab, hörte von draußen die barschen Kommandos. Als er wieder trinken wollte, sah er tote Insekten in dem Napf herumschwimmen. Ekel würgte ihn im Hals, er warf den Becher in die Ecke und bedauerte im nächsten Moment die heftige Reaktion. Nun hatte er überhaupt kein Wasser mehr.

In seiner Hilflosigkeit hockte er sich hin und weinte. Heimweh überkam den Zehnjährigen, schmerzhafte Sehnsucht nach der Mutter, nach seinen Geschwistern. Er schloß die Augen und wünschte, sein Vater wäre da. Der war mutig und stark und würde ihm beistehen. Irgendwann schlief der Junge ein.

Als er die Augen wieder aufschlug, stand ein bärtiger, pockennarbiger Kerl mit asiatischen Gesichtszügen vor ihm. Unwillkürlich kroch Ernesto in sich zusammen. Daß der Junge solche Angst vor ihm hatte, schien dem Schlitzauge zu gefallen. Er nannte sich Zombie und war bei ihren «Expeditionen» – so bezeichneten die RENAMO-Banditen ihre hinterhältigen Überfälle auf wehrlose Dörfer, auf Transportkolonnen, Schulen und Krankenhäuser der Volksrepublik Moçambique – besonders gewalttätig und grausam.

Zombie besaß eine ganz persönliche Sammlung von gefährlichen Mord- und Folterinstrumenten, auf die er sichtlich stolz war. Dazu gehörten eine Ninja-Kralle, Wurfsterne, ein Schmetterlingswurfmesser sowie ein Survival-Messer mit scharfer Klinge, Sägemesser und Kompaß. Tückischste Waffe dieses professionellen Killers war ein Blasrohr, mit dem Zombie nahezu geräuschlos spitze Stahlpfeile selbst über größere Entfernungen mit erstaunlicher Treffsicherheit verschoß. Die Ninja-Kralle war ein mit vier angeschliffenen, leicht gebogenen Stahlstiften bestücktes Lederband, das er sich über die rechte Hand streifte. Je nachdem, ob sich die scharfen Krallen in der Innenhand oder auf dem Handrücken befanden, wurden sie zum Klettern oder zum Schlagen benutzt. Sie hinterließen gräßliche Wunden, das hatte Ernesto auf seinem Rücken erfahren.

Mit Vorliebe erzählte Zombie den Kindern Horrorgeschichten. Von blutrünstigen Heldentaten, die er angeblich vollbracht, von ungezählten Männern, Frauen und auch Kindern, die er schon niedergemetzelt hatte, weil sie im «Dienst des Bösen» gestanden hätten. Offenbar wollte dieser Killer im Sold der südafrikanischen Regierung den Jungen imponieren und sie zugleich einschüchtern. Beides gelang ihm.

Wenn Zombie angetrunken, also bester Laune war, ließ er sich herbei, den Kindern von seinen Vorfahren zu erzählen, von denen einige angeblich todesverachtende Ninjas gewesen seien. So hätten einst jene geheimnisumwobenen «Schattenkrieger» geheißen, die es früher in Japan wagten, sich gegen den Kaiser zur Wehr zu setzen. Wegen ihrer sagenhaften Fähigkeit, sich lautlos und nahezu unsichtbar zu bewegen, habe man die Ninjas schon frühzeitig in vielen Ländern Asiens und Afrikas, auch im Nahen Osten angeworben und sie als Geheimagenten, Guerilla-Kämpfer oder bezahlte Killer eingesetzt.

Von solchen Geschichten blieben die Kinder nicht unbeeindruckt. Und es dauerte nicht lange, da meldeten sich die ersten freiwillig, um – wie vor Zeiten die Ninjas gegen die Herrschaft des japanischen Kaisers – als Kämpfer der RENAMO gegen die vom Teufel und von bösen Geistern besessenen Herrscher Moçambiques, die kommunistische FRELIMO, Heldentaten zu vollbringen.

Soweit die hochtrabenden Reden Zombies. Tatsächlich jedoch vermieden die konterrevolutionären Banditen sorgsam möglichst jede Berührung mit der Volksarmee von Moçambique. Das «Heldentum» von Zombie und seiner Kumpane beschränkte sich darauf, friedliche, unbewaffnete Einwohner in ihren Dörfern und Siedlungen zu überfallen, Straßen und Wege zu verminen, Schulen und Vorratslager anzuzünden. So zogen sie mordend und plündernd kreuz und quer durch das Land und verbreiteten unter der Bevölkerung Angst und Schrecken. Nicht genug damit. Da die angeworbenen RENAMO-Banditen meist aus den Nordprovinzen, aber auch aus Südafrika, Rhodesien und Simbabwe stammten – ihre Anführer waren nicht selten Portugiesen, die der vergangenen Kolonialzeit nachtrauerten –, wurden die gekidnappten ortskundigen Kinder gezwungen, die Mordkommandos auf Schleichwegen in ihre eigenen Heimatdörfer zu führen.

Ernesto hielt sich im Hintergrund, wenn sie antreten mußten und die Kommandos eingeteilt wurden. Er stellte sich in die letzte Reihe, machte sich noch kleiner, als er ohnehin schon war, starrte auf seine Füße und hoffte, daß man ihn übersehen würde. Er wollte nicht Leuten dienen, die seinen Eltern und Geschwistern und auch ihm soviel Leid zugefügt hatten. Und außerdem hatte er Angst.

Doch es half nichts. Eines Tages überreichte ihm Zombie eine Waffe und tat dabei, als wäre das für Ernesto eine besondere Auszeichnung. Es war ein Schnellfeuergewehr vom Typ AK-47, das fast so groß wie er selbst war. Nachts sollte er die Killer auf sicheren Pfaden in die Arbeitersiedlung einer Zuckerfabrik unweit seines Heimatdorfes geleiten.

Nach Einbruch der Dunkelheit versuchte der Junge, aus dem Camp zu fliehen. Er wurde ertappt. Sie schlugen ihn bewußtlos. Als er wieder aufwachte, lag er in einem Keller. Es fiel ihm schwer, sich zu orientieren. Sein ganzer Körper tat weh. Neben sich auf dem Boden sah er undeutlich eine menschliche Gestalt. Er rief leise, bat um

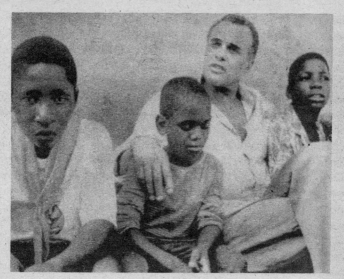

Als Botschafter des UNO-Kinderhilfswerks UNICEF besuchte Harry Belafonte im März 1988 in Moçambique Opfer von Terrorbanden

Wasser. Die Gestalt blieb langgestreckt liegen und regte sich nicht. Mühsam tastete sich Ernesto mit einer Hand hinüber. Der Körper war kalt und starr. Und plötzlich entdeckte der Junge weitere, spärlich verhüllte Körper, die im Raum auf der Erde lagen wie er. Er bekam einen furchtbaren Schreck, hielt den Atem an und lauschte. Doch nur sein eigenes Herz hörte er aufgeregt schlagen, sonst war es ringsum totenstill. Sie hatten ihn in eine Leichenhalle gelegt.

Die RENAMO zwang Ernesto, zusammen mit anderen verschleppten Jungen, an mehreren «Expeditionen» teilzunehmen. Wiederholt hatte Zombie das Kommando.

Der Pockennarbige schleuderte sein Wurfmesser auf fliehende Frauen und Kinder; einem Mann, der seine Familie schützen wollte, hackte er mit einer Machete den rechten Arm ab. Manche der Dorfbewohner warfen sich auf die Knie und bettelten um ihr Leben. Zombie befahl den Jungen, auf sie zu schießen. Dann stachelte er die vor Angst fast wahnsinnigen Kinder zum Plündern an.

Nach Monaten des Grauens gelang der zweite Versuch. Ernesto floh zur moçambiquanischen Volksarmee.

Der Junge verstummte. Er hatte zögernd gesprochen, mit langen Pausen. Es fiel ihm sichtlich schwer, das Erlebte in Worte zu fassen. Wiederholt hatte Angst ihm die Zunge gelähmt. Der Fremde neben ihm war zwar freundlich und unbewaffnet, sein Lächeln empfand der Zehnjährige wie eine fast vergessene Liebkosung. Die dunkle, seltsam heisere Stimme klang warm und besorgt, als wäre er sein Vater – und dennoch: Konnte er diesem Mann vertrauen?

Immer wieder hatte er in den letzten Monaten die Erfahrung gemacht, daß es besser war, vor Erwachsenen auf der Hut zu sein. Vor Weißen sowieso, aber auch vor Schwarzen. Eben noch schienen sie freundlich, Augenblicke später hatten sie ihn geschlagen und gequält, und meist wußte er nicht mal, weshalb. Es war schwer für ihn, sich zurechtzufinden. Wenn die Angst auch allmählich gewichen war, Scheu und Mißtrauen blieben.

Aber dieser Fremde war anders, das mag Ernesto sofort gespürt haben. Der hatte aufmerksam zugehört, ohne ihn zu unterbrechen. Und als sich nun, da er geendet, eine starke Hand wie schützend um seine Schultern legte, rückte der Junge ganz dicht an den warmen, kräftigen Körper des Mannes heran. Jähes Heimweh überkam ihn. Die Augen gesenkt, die Hände hilflos auf dem Schoß, so saß er da, und Tränen rollten über seine Wangen.

Harry Belafonte nahm den Jungen noch fester in den Arm, wiegte ihn, wie man ein Baby beruhigt. Mit monotoner Stimme, anscheinend unbeteiligt hatte Ernesto von Mord und Totschlag, über unvorstellbare Grausamkeiten gesprochen wie über Alltägliches. Das machte dem Zuhörer das Ungeheuerliche des Geschehens um so mehr bewußt. Er war unfähig, jetzt zu sprechen. Er spürte, wie der zarte, geschundene Körper sich entspannte. Ernestos Blick löste sich vom Boden, ganz langsam hob er den wohlgeformten Kopf und sah den Fremden neben sich lange an. Seine dunklen Augen – gar nicht mehr die Augen eines Zehnjährigen – blickten verstört, hilflos. Doch dann, wie von weither aus ferner Erinnerung, war da ein scheues, erkennendes Lächeln, ein Schimmer zaghafter Hoffnung. Und wie im Selbstgespräch, als sei er eben aus einem schönen Tagtraum erwacht, sagte der Junge leise: «Du siehst aus wie mein Vater.»

Belafonte strich dem Jungen über das kurz geschorene Haar und nickte. Sein warmer Blick umfing auch die anderen Halbwüchsigen in der Runde. Ja, sie alle könnten seine Kinder sein, seine Enkel. Sie waren seine Kinder, sie waren er selbst. Sie wußten nichts vom Schicksal ihrer Eltern. Manche hatten zusehen müssen, wie man sie erschlug. Und auch sie, fast wahnsinnig vor Angst, waren längst tausend Tode gestorben. Wie durch ein Wunder hatten sie dennoch überlebt, waren ihren Peinigern entkommen. Doch ihr Gefühl, ihr Bewußtsein konnte diese neue Realität nur zögernd zur Kenntnis nehmen. Zu tief saß der Schock. Ihr Selbsterhaltungstrieb half ihnen, die Traumen zu verdrängen. Aber noch reagierten sie zunächst vor allem mißtrauisch, ängstlich auf alles Neue in ihrer Umgebung, als lauerten überall unbekannte Gefahren.

Viel Zeit und Geduld würden erforderlich sein, bis die

seelischen Erschütterungen allmählich verblaßten. Und manche in der Kindheit geschlagene Wunde würde Narben hinterlassen, die das ganze Leben lang schmerzten. Das wußte er aus eigener, bitterer Erfahrung.

Ein Satz von Du Bois kam Belafonte in den Sinn: «... und hoffend leiden wir, gedemütigt und gemartert; die Hoffnung hält uns aufrecht, das Wissen, es ist für alle Kinder Gottes da, das Paradies auf Erden, und es wird kommen ...»

Worte aus dem Buch «Die Seele der Farbigen» von William Edward Burghardt Du Bois, Wissenschaftler und Literat, der 1896 als erster Afroamerikaner in den USA an der berühmten Harvarduniversität sein Doktorexamen abgelegt hatte. 1903 war er mit seiner Essay-Sammlung an die Öffentlichkeit getreten, und besonders diese Zeilen hatten damals viel Aufsehen erregt.

Wie lange lag das zurück. Inzwischen schrieb man 1988. Und immer noch gab es die gleichen, ungelösten Probleme. Zu Hause in den Staaten, verheerender noch im südlichen Afrika, wo weiße Männer ihre Macht zur brutalen Unterdrückung und Ausbeutung der schwarzen Bevölkerungsmehrheit nicht nur im eigenen Land mißbrauchten.

Vom Spielplatz trug der Wind helles Kinderlachen herüber. Ein junger Mann im Sportdreß winkte. Die Jungen sahen ihren Gast unentschlossen an. Belafonte lächelte ihnen aufmunternd zu. Zwei, drei Burschen erhoben sich, gingen davon. Zögernd erst, doch nach ein paar Schritten stießen sie sich die Ellenbogen in die Seiten und hetzten, übermütig schreiend, los. Ernesto blieb bis zuletzt sitzen. Es fiel ihm offensichtlich schwer, den gerade gewonnenen Freund zu verlassen. Andererseits lockte das Spiel. «Ich warte hier auf dich», sagte Belafonte. Ein Leuchten ging über das Gesicht des Jungen, dann sprang er auf und rannte seinen Kameraden hinterher. Der Mann schaute ihm bewegt nach. Ein Glück, dachte er, daß der Junge schon wieder unbeschwert sein konnte.

Die Luft an jenem sonnigen Märztag am Ende der Regenzeit war samtweich, klar und mild. Wie stets, wenn es bei Filmaufnahmen oder auf seinen ungezählten Konzertreisen, die ihn in den vergangenen drei Jahrzehnten auf alle fünf Kontinente geführt hatten, wie immer, wenn es unverhofft eine Ruhepaus gab, genoß Belafonte die wenigen Augenblicke der Muße. Sein Blick schweifte in die Runde, und seine kranken Augen konnten sich nicht satt sehen am saftigen Grün der Palmen, Liliazeen und Farne, an der verschwenderischen Blütenpracht der wie Unkraut wachsenden Orchideen. Und überall Bauhinia, Monstera und andere Lianen, deren Stämme und Luftwurzeln wie Taue im Laubgewirr riesenhafter Bäume hingen. Ein gemischter Chor aufgeregter Vogelstimmen erfüllte den Urwald rings um die Lichtung, wolkenloser blauer Himmel überspannte die Idylle ...

So etwa könnte man es sich vorstellen, das Paradies auf Erden, ging es Belafonte durch den Kopf. Und noch Ende der siebziger Jahre schien sich dieses Land Moçambique – nach über zehnjährigem opferreichem Kampf gegen die Kolonialherrschaft Portugals 1975 unabhängig geworden – erfolgreich in diese Richtung zu bewegen. Aber das erklärte Programm des jungen Staates – Aufbau einer sozialistischen Gesellschaft ohne Rassismus – mobilisierte sehr bald die angrenzenden weißen Minderheitsregimes. Seit Anfang der achtziger Jahre finanzierten Rhodesien und vor allem Südafrika zahlreiche Banden und führten mit ihnen einen erbarmungslosen unerklärten Krieg gegen Moçambique und die herrschende FRELIMO, die von den portugiesischen Kolonialherren ohnehin eines der unterentwickeltsten, rückständigsten und am brutalsten unterdrückten Länder Afrikas übernommen hatte. Die vom damaligen Chef des rhodesischen Geheimdienstes, Ken Flower, gegründete Terrororganisation RENAMO und südafrikanische Kommandoeinheiten waren seit nahezu zehn Jahren Hauptwerkzeuge einer vom Ausland finanzierten, generalstabsmäßig geplanten «Destabilisierungspolitik».

Heimtückische Überfälle auf Dörfer und Siedlungen, verminte Landstraßen, Bombenanschläge auf Fabriken, Schulen, Krankenhäuser und Versorgungsdepots, gezielte Ermordung vor allem von Lehrern, Ärzten und Gesundheitshelfern – eine endlose Liste skrupelloser Verbrechen, deren Opfer in erster Linie die Zivilbevölkerung war. Grausamer Höhepunkt bisher war das Massaker der RENAMO am 18. Juli 1987 in der etwa 470 Kilometer nördlich von Maputo liegenden Kleinstadt Homoine. 388 Menschen wurden von den Banditen auf brutale Weise niedergemetzelt. Dem Überfall fielen vor allem Frauen, alte Einwohner und Kinder zum Opfer. Weitere Massaker an der Zivilbevölkerung folgten. Sie forderten im August 1987 insgesamt 86 Tote, im Oktober 51 Tote, im November 278 Tote und im Dezember 1987 erneut 71 Tote. Hauptopfer waren wie in Homoine die Kinder.

Die Unterlagen von UNICEF, die man ihm mit auf die Reise gegeben hatte, enthielten eine alarmierende Statistik: Bei den verdeckten kriegerischen Auseinandersetzungen im südlichen Afrika kommt alle vier Minuten ein Kind ums Leben. Der Gesundheitszustand der Mütter sowie die Versorgungslage und die Gesundheitsbetreuung sind so katastrophal, daß nur zwei von drei Kindern das fünfte Lebensjahr erreichen. In der traurigen Statistik der Kindersterblichkeit in Afrika war Moçambique in den letzten Jahren an die Spitze gerückt.

Dabei war dieses Land nach der Befreiung von den portugiesischen Kolonialherren auf dem Wege zu einer besseren Versorgung für alle. Gerade das Gesundheitswesen bildete einen Schwerpunkt im Aufbauprogramm der sozialistischen Regierung der FRELIMO-Partei. Das Gesundheitsbudget Moçambiques hatte sich von 1975, dem Jahr der Unabhängigkeit, bis zum Jahre 1981 verdreifacht – bis die Terroranschläge und bewaffneten Überfälle konterrevolutionärer Banden enorm eskalierten und damit beträchtliche Mittel für die Landesverteidigung notwendig wurden.

In seiner Mission als «Botschafter des guten Willens» im Auftrag des Kinderhilfswerks der Vereinten Nationen hatte sich Harry Belafonte im Lande an Ort und Stelle persönliche Eindrücke verschafft. Wie oft hatte sich sein Herz zusammengekrampft angesichts der schrecklichen Bilder, die er sah. Drei Millionen von zwölf Millionen Moçambiquanern wurden bisher unmittelbar von Gewaltakten betroffen; vier Millionen Menschen – insbesondere Kinder und Alte – waren vom Hungertod bedroht. Aus Angst, auf den Feldern erschossen zu werden, hatten viele Bauern die landwirtschaftliche Produktion eingestellt. Schienenwege, Brücken und Hauptverkehrsstraßen waren zerstört oder unter Kontrolle der RENAMO. Zerstört ebenfalls die meisten Krankenhäuser und Gesundheitsposten. Es fehlte an finanziellen Mitteln für die notwendigen Medikamente, da die Ausgaben für die militärische Verteidigung des Landes fast die Hälfte des Etats verschlangen. Und wie immer und zu allen Zeiten hatten die Schwächsten und Wehrlosesten, hatten die Kinder auch hier unter den politischen und sozialen Konflikten der Erwachsenen am meisten zu leiden.

Das strategische Ziel des von Südafrika gesteuerten Massenterrors gegen die Volksrepublik Moçambique war eindeutig: die Bevölkerung in Angst und Schrecken versetzen, ihr Vertrauen in den jungen Staat und die FRELIMO untergraben, Destabilisierung in allen Bereichen. Vor der Weltöffentlichkeit sollte so «bewiesen» werden, daß Schwarze unfähig sind, sich selbst zu regieren. Und selbstredend sollte das organisierte Chaos in Moçambique zugleich ein Festhalten Südafrikas an der Apartheid rechtfertigen.

Eine solche verbrecherische Politik Pretorias war weder mit der von den weißen Machthabern scheinheilig gepriesenen «christlichen Nächstenliebe» noch überhaupt mit Humanität zu vereinbaren. Unter anderem darüber hatte der «Botschafter des guten Willens» von UNICEF auch mit den Herrschenden in Südafrika reden wollen. Pretoria jedoch verweigerte Harry Belafonte das Einreisevisum. Sosehr ihn das wütend machte, im Grunde hätte er jede andere Entscheidung des Rassistenregimes fast als beleidigend empfunden.

Natürlich war ihm nicht nur daran gelegen gewesen, Präsident Botha anzuklagen, Rechenschaft zu fordern im Namen von Millionen Kindern im südlichen Afrika, die man bereits ermordet hatte oder denen der Hungertod drohte. Weit mehr noch zog es ihn nach Soweto, dem riesigen Afrikanerghetto am Rande der Industriemetropole Johannesburg, um den auf vielfache Weise gedemütigten Bewohnern seine Sympathie, seine Solidarität zu bekunden. Und er wollte Freunde treffen. Denn seit langem schon hatte Belafonte Verbindungen zu schwarzen Künstlern in Soweto. Gemeinsam hatten sie neue Songs geschrieben. Lieder vom leidenschaftlichen Aufbegehren diskriminierter Ghettobewohner, Songs, in denen Frauen und Kinder das verhaßte Apartheidregime grausamer Verbrechen anklagten, Lieder von der Sehnsucht schwarzer Menschen nach Liebe und Geborgenheit, nach einem friedlichen Dasein in Würde. Dazu rhythmische Melodien, nach denen man auch tanzen konnte.

Ja, tanzen! Gesang und Tanz gehörten von klein auf zum Leben der Schwarzen. In fröhlichen und in traurigen Zeiten. Und je größer Not und Verzweiflung waren, um so weniger durfte man vergessen, gemeinsam zu singen und zu tanzen. Auch das war ein Zeichen des Widerstands, ein Zeichen der Solidarität.

Diese neuen Songs hatten sie zusammen produzieren wollen als eine Botschaft schwarzer Künstler aus Südafrika und aus den USA an die Welt. Doch die Behörden in Pretoria hatten ihn zur politisch unerwünschten Person erklärt und nicht einreisen lassen. Es würde ihnen nichts nützen. Harry Belafonte konnten sie aussperren. Die gemeinsamen Lieder würden dennoch entstehen und die Herzen der Menschen auf allen Kontinenten erreichen.

Nun saß er in der Märzsonne auf einer Lichtung, umgeben von Urwald, in diesem schönen Land Moçambique, in dem nach Schätzungen der UNICEF bisher etwa eine halbe Million Kinder und Jugendliche durch den von Pretoria geschürten unerklärten Krieg schwere psychische und physische Schäden erlitten hatten. Vierzig von ihnen, die von RENAMO-Banditen entführt, mißhandelt und mißbraucht worden waren, Jungen im Alter von 7 bis 15 Jahren, lebten nun hier im Lhangueni-Jugendzentrum, unweit der Hauptstadt Maputo. Das Kinderhilfswerk der Vereinten Nationen und die Regierung von Moçambique hatten dieses Lager gemeinsam eingerichtet, um durch den Krieg traumatisierten Kindern zu helfen, seelische und körperliche Wunden zu heilen.

Er hatte die Dreharbeiten für eine mehrstündige Filmserie über den legendären Führer der unterdrückten Bevölkerungsmehrheit in Südafrika, Nelson Mandela, für ein paar Tage verlassen, um hierherzukommen. Der Film war ihm wichtig, aber nicht weniger lag ihm das Schicksal der Kinder im südlichen Afrika am Herzen. Für Harry Belafonte gab es keinen Unterschied, schon gar keinen Gegensatz zwischen seinem Wirken als Künstler und als «Botschafter des guten Willens» von UNICEF. Aus tiefstem Herzen fühlte er sich als Anwalt der gedemütigten und gequälten Mädchen und Jungen in diesem von Machtgier und Hochmut weißer Männer geschundenen Land.

Er war ihr Vater, ihr Onkel. Nicht nur, weil sich unter den mehr als 60 Millionen Schwarzen, die einst von Sklavenhändlern aus Afrika verschleppt worden waren, rund 1,2 Millionen Männer, Frauen und Kinder aus «portugiesisch» Moçambique befunden hatten. Von 1780 bis 1800 wurden aus diesem Gebiet jährlich etwa 10 000 Sklaven «exportiert». Ab 1800 stieg die Zahl bis auf 25 000 im Jahr und sank erst wieder nach 1850.

Die Vorfahren der Belafontes stammten von den karibischen Inseln Martinique und Jamaika. Die Inseln waren 1493/94 von Kolumbus entdeckt, dann von Franzosen, Spaniern und Engländern besiedelt und kolonisiert worden. Mit dem Aufkommen des Sklavenhandels entwickelte sich auf Martinique und ausgeprägter noch auf Jamaika die Plantagenwirtschaft. Kaffee, Vanille, Zimt, Bananen und vor allem Zuckerrohr brachten den weißen Besitzern Reichtum und Macht. Jamaika war im 18. Jahrhundert ein berüchtigter Sklavenmarkt. Mehr als eine Million Neger wurden hier meistbietend wie Vieh «versteigert». Über 250 000 aus ihrer Heimat verschleppte Afrikaner blieben auf der Insel. Vielleicht stammten einige von ihnen aus Moçambique? Und vielleicht befanden sich unter den aus Moçambique verschleppten und auf Jamaika «seßhaft» gemachten Sklaven seine Ur- und Ururgroßväter? Wer konnte das wissen.

Die Sklaverei hatte das Schicksal des ganzen Kontinents verhängnisvoll beeinflußt. Weiße Geschäftemacher zerquetschten damals den Völkern Afrikas gnadenlos den Lebensnerv. Das hatte seine Auswirkungen bis in die Gegenwart. Und niemand, der heute über Afrika spricht, sollte vergessen: Um 1650 – den Beginn des Sklavenhandels – lebten 18 Prozent der Weltbevölkerung auf dem «schwarzen» Kontinent; um 1807 bis 1814 – als der Sklavenhandel von England, Frankreich, Spanien, Portugal und anderen Kolonialmächten stufenweise offiziell eingestellt wurde – waren es nur noch 7,9 Prozent! Und trotz gesetzlicher Verbote ging der lukrative Handel mit schwarzen Sklaven illegal weiter.

Die Gesündesten und Kräftigsten hatte man eingefangen, in Ketten gelegt und verschleppt. Einem ganzen Kontinent wurden so tiefe Wunden geschlagen, der Lebensbaum der Einwohner geriet bedrohlich aus dem Gleichgewicht. Wie sollten sich die Völker Afrikas von einem solchen Aderlaß je erholen? Wie das über Generationen fortwirkende Trauma, heraufbeschworen durch massenhafte Versklavung, Demütigung, Ausbeutung und Vernichtung, je verwinden?

Als musischer Mensch und freier Künstler war Harry Belafonte kein Freund von Statistik. In den Zeitungen überblätterte er automatisch die oft spaltenlangen Börsenberichte und statistischen Erhebungen zu allen möglichen Fragen. Jene Zahlen jedoch, die die Wurzeln so zahlreicher afrikanischer Tragödien der Gegenwart bloßlegten, hatten sich in sein Gedächtnis eingebrannt. Und mancher arrogante weiße Partner im hitzigen Disput über Schwierigkeiten und Katastrophen in jungen Nationalstaaten Afrikas wurde kleinlaut angesichts der aufgerechneten historischen Schuld der «zivilisierten» Weißen gegenüber den «primitiven» Schwarzen, einer unfaßbaren

Schuld in der jüngeren Menschheitsgeschichte, die allgemein viel zu schnell in Vergessenheit geraten war. Zumindest von den herrschenden Weißen war sie bald verdrängt und heruntergespielt worden, als wäre die Sklaverei eine Art Kavaliersdelikt aufstrebender Unternehmer gewesen.

Solche Überlegungen beschäftigten Harry Belafonte an jenem sonnigen Märztag 1988, und selten hatte er den Kontrast zwischen den Schönheiten der Natur und den häßlichen Auswüchsen gesellschaftlicher Mißverhältnisse so schmerzhaft empfunden. Für ihn gab es keinen Zweifel: Die erbarmungslose «Destabilisierungspolitik» der mächtigen Weißen im südlichen Afrika gegen sogenannte Frontstaaten wie Moçambique war im Grunde nichts anderes als das Wiederaufleben, die Fortsetzung der zynischen Politik der Sklavenhändler im 17. und 18. Jahrhundert. Und heute wie damals versuchten sie ihre Verbrechen mit der Behauptung zu rechtfertigen, Schwarze seien eine minderwertige Rasse. Doch im Urteil der Völker würden die heutigen Verfechter der Apartheid dereinst ebenso schuldig gesprochen werden wie die Apologeten des Sklavenhandels im ausklingenden Mittelalter, an der Schwelle der Neuzeit.

Sie waren seine Kinder und Enkel, der schmächtige Ernesto und die anderen Jungen, die er hier kennengelernt hatte. Sie waren ihm blutsverwandt.

Und nicht nur das. Der von Angst, Verzweiflung und Hilflosigkeit geprägte Alltag dieser jungen Menschen in Moçambique hatte in Harry Belafonte Erinnerungen geweckt, die fast vergessen schienen, hatte Assoziationen ausgelöst an Demütigungen und Gewalt, an vielfache Ängste der eigenen Kindheit. Über sechs Jahrzehnte waren seitdem vergangen. Doch nach dem Empfinden, nach den Erfahrungen von Ernesto und seinen Kameraden lebte nach wie vor jeder Mensch, der das Unglück hatte, mit schwarzer Haut auf die Welt zu kommen, unter keinem guten Stern. Nichts hatte sich geändert. Oder doch?

Er glaubte seit langem nicht mehr an Gott und war darüber keineswegs glücklich. Und in jenen Minuten, da er allein auf diesem idyllischen Fleckchen Erde seinen Gedanken nachhing, neben sich die leeren Stühle, auf denen eben noch die Jungen gesessen hatten – junge, hoffnungsvolle Menschen, die auf brutalste Art um ihre Kindheit betrogen wurden –, in jenem Moment war Harry Belafonte versucht, wieder zu beten: daß dieses zum Himmel schreiende, jahrhundertealte Unrecht, das Schwarze auf dieser Welt erleiden mußten, endlich, endlich ein Ende haben möge!

Gebete seiner frühen Kinderjahre fielen ihm ein. Er sah seine Mutter, abends an seinem Bett, das er mit dem jüngeren Bruder teilte. Sie saß immer sehr aufrecht da, und als er noch sehr jung war, erschien ihm die Mutter riesengroß. Dabei war sie klein und zierlich. Frühzeitig schon hatte Harry gespürt, wieviel Kraft und Energie, welcher Lebenswille in diesem zerbrechlich wirkenden Körper wohnten.

Das schönste an ihrem schmalen Gesicht waren die Augen. Sehr dunkle Augen, fast schwarz wie ihr Haar, und auf ihnen lag stets ein warmer, schimmernder Glanz. Er wurde nicht müde, ihr weiches, vertrautes Antlitz zu betrachten, das Güte und Würde ausstrahlte, mochten die Lebensverhältnisse der kleinen Familie noch so bedrängt, ja verzweifelt gewesen sein. Und nie hatte er die Mutter unwirsch oder ungeduldig erlebt, obwohl sie sicher oftmals erschöpft, mit ihrer Kraft am Ende war nach den Mühen des Tages. Denn die Hauptlasten der Fürsorge für die Familie drückten auf ihre schmalen Schultern.

Ernst und verständnisvoll lauschte die Mutter den kindlichen Klagen über seine kleinen und großen Kümmernisse in einer Welt, die er immer weniger verstand, die ihm zunehmend feindlich erschien, je weiter er hinaustrat aus der Geborgenheit und Wärme der elterlichen Wohnung. Immer öfter fragte der kleine Harry: Warum, Mama, warum?

Und jedesmal strich sie ihm sacht über das struppige Haar, sah ihn an, bekümmert, oft auch selbst ratlos. Mit einem gewissen Stolz nahm sie das ihnen beschiedene Schicksal hin, wie eine unabänderliche Fügung. Und der wichtigste Trost, den sie ihm geben konnte, war ein gemeinsames Gebet.

Sie sprachen leise, flüsterten fast, um den neben ihm schlafenden Bruder nicht zu wecken. Und so umgab diese abendliche Zeremonie in der stickigen Kammer ein geheimnisvoller Zauber. Nur für ihn erfand die Mutter immer neue Gebete. Aus dem Stegreif veränderte sie Inhalt und Aussagen ihm schon bekannter Texte, wechselte ganze Zeilen aus und wußte es stets so einzurichten, daß bei allem Ernst, bei aller Inbrunst auch etwas Heiteres, Helles, Schönes und Edles vorkam, an dem er sich aufrichten konnte.

Die Gebete vermischten sich mit Helden und Bösewichtern aus der Welt der Märchen und Sagen. Es war wie eine gemeinsame Beschwörung der guten Geister, die sanft daran erinnert wurden, die Belafontes in der East 124th Street, dem ärmsten Viertel von Black Harlem in New York, nicht ganz und gar zu vergessen.

Wurzeln

Die Geburt jedes Menschen hängt von vielen Zufällen ab. Man kann sich weder die Eltern aussuchen noch das Land oder die Zeit, in die man hineingeboren wird. Und ebensowenig kann der neue Erdenbürger beeinflussen, ob die Familie, zu der er nun gehört, wohlhabend oder arm, schwarz oder weiß ist. Er wird auch nicht gefragt, ob ihm die sozialen und gesellschaftlichen Verhältnisse gefallen, die gewiß nicht ohne Einfluß auf seine Entwicklung bleiben werden.

Wie zufällig auch immer die Umstände sein mögen, unter denen ein Mensch das Licht unserer Welt erblickt, ohne Zweifel werden in den meisten Fällen schon mit seiner Geburt jene Weichen gestellt, die seinen künftigen Lebensweg entscheidend mitbestimmen werden. In besonderer Weise trifft das auch auf Harry Belafonte zu.

Seit er lesen konnte und das seltene Glück hatte, bei Freunden der Familie oder auch von einem seiner Lehrer und später bei den Großeltern ein Buch zu ergattern, interessierten ihn unter anderem die Lebensgeschichten berühmter Leute. Etwa die von George Washington, Sohn einer Pflanzerfamilie aus Virginia, Soldat, Feldherr, schließlich Begründer der Unabhängigkeit und bis heute berühmtester Mann in Nordamerika. Oder auch Mozart. Es faszinierte den etwa Zehnjährigen, daß es für Mozarts Vater Leopold, erzbischöflicher Vizekapellmeister in einer Stadt namens Salzburg in Europa, der eine Violinschule betrieb und gelegentlich auch komponierte, daß es für den Vater mit der Geburt des schwächlichen Knaben feststand, sein Sohn sollte einmal ein großer Musiker werden. Und tatsächlich erregte dieser Johannes Chrysostomus Wolfgang Gottlieb Mozart – als Wolfgang Amadeus bald weit über die Grenzen seines Landes hinaus bekannt – bereits mit sechs Jahren Staunen und Bewunderung. Vier Jahre jünger als er war der Knirps gewesen, aber schon auf Konzertreisen gegangen, die ihn bis London führten. Mit zwölf Jahren hatte er in Wien eine Messe eigener Kompositionen dirigiert, sein Ruhm als Schöpfer unvergänglicher Musik dauerte über die Jahrhunderte in der ganzen Welt bis in die Gegenwart fort.

Der kleine Harry beneidete ihn darum. Andererseits tat Mozart ihm leid, weil dessen Dasein nicht glücklich endete. Zeitlebens hatte das Genie um eine gesicherte Existenz kämpfen müssen und war schließlich arm gestorben, von einstigen Freunden verlassen. Das hatte den Knaben Belafonte beeindruckt. Ansonsten war die Schrift über «Das Wunderkind aus Österreich» wohl eher zufällig in seine Hände gelangt und bald wieder in Vergessenheit geraten. Immerhin mag die frühe Begegnung mit Mozart im Unterbewußtsein seine Neigung für alles Musikalische gestärkt, ihm eine Ahnung davon vermittelt haben, daß die Sprache der Töne auf allen Kontinenten von jedermann ohne Dolmetscher verstanden wurde, daß Musik ein einzigartiges Phänomen war, das die Herzen sehr vieler Menschen bewegen, ein Zaubermittel, das die Zuhörer glücklich oder traurig machen, sie zum Nachdenken anregen oder auch ihren Zorn wecken konnte.

Als nach den gewaltigen sozialen Erschütterungen, die dem katastrophalen Krach an der New-Yorker Börse im Oktober 1929 folgten – die bis 1933 andauernde Weltwirtschaftskrise nahm damals ihren Anfang –, sich die Verhältnisse allmählich konsolidierten, erhielten einige Straßenzüge von Black Harlem ein neues Stromversorgungssystem. Verrottete und längst nicht mehr funktionssichere Leitungen wurden herausgerissen. Diesem Teil eines Notprogramms zum Abbau der Arbeitslosigkeit verdankte auch die Familie Belafonte die Erlösung von den ewig blakenden Petroleumlampen. Viel später erfuhr Harry Näheres über den genialen Amerikaner Thomas Alva Edison, der nicht nur die erste brauchbare elektrische Glühlampe, sondern auch wichtige Weiterentwicklungen im Telegrafen- und Fernsprechwesen sowie eine Menge weiterer nützlicher Dinge erfunden hatte, die längst zum Alltag gehörten.

Als der Junge nun las, daß Edisons erster Lehrer von den geistigen Fähigkeiten seines Schülers nichts gehalten, ihn statt dessen als verträumt, verspielt und faul abgestempelt hatte, tröstete ihn das ein bißchen über sein eigenes Schicksal hinweg. Denn seine Mutter sah so manches Mal vorwurfsvoll auf die Zensuren, die er mit nach Hause brachte. Wie gern hätte sich Harry – wie einst Thomas Edison – einfach aus der Schule nehmen und von seiner Mutter unterrichten lassen. Für Nancy Edison, eine ehemalige Lehrerin, war das gewiß mehr Freude und Vergnügen als Mühe gewesen. Doch seine Mutter Melvine Love Belafonte war eine einfache Frau, die die schwere Arbeit eines Dienstmädchens machte. Sie mußte für die Reichen saubermachen, sie kochte für die Reichen, sie machte die Betten der Reichen und schuftete nicht selten bis in die Nacht, um einen Dollar mehr nach Hause zu bringen – sie konnte ihn nicht unterrichten.

In jener Zeit, als er etwa zehn, zwölf Jahre alt war, als ihm die Welt mit jedem Tag immer komplizierter wurde und er sich manchmal kaum noch zurechtfand mit seinen widersprüchlichen Gedanken und Gefühlen, damals war er öfter unglücklich darüber, weil er war, wie er war; weil seine Eltern waren, wie sie waren. Manchmal ertappte er sich bei dem Wunsch, ein anderer zu sein – am liebsten ein Weißer –, andere Eltern zu haben. Im nächsten Augenblick schämte er sich wegen solcher Gedanken, die er bitter bereute und die ihn doch immer wieder bedrängten. Vor allem der Mutter, aber auch dem Vater gegenüber litt er unter Schuldgefühlen, weil er sie nicht mehr so bedingungslos lieben und verehren konnte wie einst, weil er nicht mehr in allen wichtigen Fragen so dachte wie sie. Das war in jenen Jahren, da er bei seinen Großeltern auf Jamaika lebte.

In dieser schmerzlichen Phase des Abschieds von der Kindheit, da ihn zunehmend Zweifel plagten an der unvergleichlichen Einmaligkeit, an der Unfehlbarkeit der Eltern, sehnte er sich zurück in die Jahre frühesten Erinnerns. Damals waren die Mutter und der Vater ganz selbstverständlich für ihn einzige Autorität und Quelle allen Glaubens, aller Geborgenheit, allen Glücks gewesen. Damals war die Welt – trotz materieller Not und vielfacher Entbehrungen – für ihn noch heil.

Harry Belafonte wurde am 1. März 1927 als drittes Kind der Eheleute Joshua und Melvine Love Belafonte im ärmsten der Elendsviertel von New York, in Black Harlem, geboren. Im Taufregister der Katholischen Kirche sind für ihn die Namen Harald George eingetragen, doch von klein auf rief man ihn nur Harry. Sein Vater, ein Seemann, der auch als Schiffskoch arbeitete, stammte von der französischen Insel Martinique. Seine Mutter war auf Jamaika geboren worden. Ihr Leben lang war sie Dienstmädchen und Putzfrau für fremde Leute, und sie mußte noch froh sein, wenn sie überhaupt eine Stellung hatte.

Selbst im Völker- und Rassengemisch von Harlem war der Stammbaum dieser Familie nicht alltäglich: Eine Großmutter kam von Haïti, die andere aus England und blieb schließlich auf Jamaika. Einer der Großväter war einst in Marseille zu Hause. Die «englische Oma» und der Opa aus Frankreich waren Weiße. Von diesem französischen Vorfahren stammte der Familienname Bellafontaine, der später in Belafonte amerikanisiert wurde.

Von dieser Internationalität abgesehen, gibt es über die Herkunft von Harry kaum etwas zu sagen, was seine Lebenssituation von der anderer Kinder im Haus und in der nächsten Nachbarschaft in Black Harlem unterschieden hätte.

Jeder Quadratmeter hier war geschichtsträchtiger Boden. Die riesige Insel Manhattan, an der Westflanke von New York am Hudson River gelegen, gehörte einst den Manhatto-Indianern vom Stamm der Algonkin. Um 1626 «kaufte» der aus Wesel kommende und in niederländischen Diensten stehende Peter Minewit (engl. Namensform: Minuit) den Indianern den fruchtbaren Boden ab. Er «bezahlte» für die Insel mit Glasperlen, bunten Knöpfen und ähnlichem Tand im angeblichen Gesamtwert von 60 Gulden oder etwa 24 Dollar. In vergilbten Akten ist daher «vom günstigsten Landkauf aller Zeiten» die Rede. Wenig später entstanden die Ansiedlungen Nieuw Haarlem, der Kern des heutigen Harlem, und Breukelen, das heutige Brooklyn.

Harlem, im Herzen von Manhattan gelegen, war einst ein vornehmes Wohnviertel. Noch gegen Ende des 19. Jahrhunderts hatten hier vermögende Unternehmer, Kaufleute und höhere Angestellte ihre Häuser. Um die Jahrhundertwende witterten Bodenspekulanten und Bauunternehmer das große Geschäft und begannen mit dem fieberhaften Ausbau dieses Stadtteils. Es stellte sich jedoch heraus, daß die teuren Gebäude und Wohnungen nicht genügend Interessenten anlockten, obwohl Grundstückspreise wie Mieten wiederholt herabgesetzt worden waren. Die Bausubstanz fing an zu verfallen.

Offenbar, um zu retten, was noch zu retten war, fand

Straßenszene in Black Harlem

ein Makler einen Ausweg. 1906 zogen die ersten Negerfamilien in einen Block der 135. Straße, und von diesem Zentrum aus breitete sich die farbige Bevölkerung in konzentrischen Kreisen immer weiter aus. In Wohnräume, die ursprünglich für eine weiße Familie gedacht waren, pferchten die Hausbesitzer fünf und mehr Negerfamilien. Die einst vornehme Wohngegend wurde zum Massenquartier, zum Ghetto für die Schwarzen. Bereits bis 1920 hatte sich so ein in sich abgeschlossenes Wohngebiet entwickelt, in dem fast ausschließlich Afroamerikaner lebten: Black Harlem. Östlich davon entstand Spanish Harlem, das inzwischen hauptsächlich von Puertoricanern bewohnt wird. Südlich von Black Harlem siedelten sich vor allem Auswanderer aus Italien an, entstand Italian Harlem.

Begünstigt wurde diese Entwicklung durch die in jenen Jahren einsetzende Umsiedlung Zehntausender Neger aus dem Süden in den Norden der USA. Es war, genauer gesagt, eine Massenflucht. Das Gros der Afroamerikaner lebte jahrhundertelang in den Südstaaten. In den Städten des Nordens konnte nur eine Minderheit seßhaft werden. Doch die wirtschaftliche Lage der farbigen Lohnarbeiter oder Pächter im ländlichen Süden war immer unsicherer geworden. Mißernten, zunehmende Erschöpfung des Bodens durch den Anbau von Monokulturen, Maschinen, die Arbeitskräfte verdrängten, schließlich die Verbreitung des Baumwollkapselkäfers, der um die Jahrhundertwende aus Mexiko eingeschleppt worden war, vernichteten massenhaft die ohnehin ökonomisch schwachen Existenzen. In den Städten des Südens hatten schwarze Arbeiter nur geringe Chancen. So blieb den häufig stark verschuldeten ehemaligen afroamerikanischen Pächtern und Landarbeitern oft keine andere Wahl, als mit ihrer bescheidenen Habe in die nördlichen Industriemetropolen zu ziehen und dort ihr Glück zu versuchen. Agenten namhafter Firmen erleichterten vielen Ratlosen den Entschluß. Mit großartigen Versprechungen lockten sie die Plantagenarbeiter, als hätten sie im Norden nur Milch und Honig zu erwarten. Der erste Weltkrieg hatte begonnen, die Rüstungsindustrie lief auf Hochtouren und konnte billige Arbeitskräfte gut gebrauchen. Die Umsiedlerlawine von Süd nach Nord kam ins Rollen, als die Schwerindustrie im Raum von Pittsburgh auf einen Schlag etwa 15 000 Neger im Süden unter Vertrag nahm, sie mit Sack und Pack in Sonderzüge stopfte und in «die neue Heimat» brachte. Zehntausende von armen farbigen

*In solchen Elendsquartieren leben noch heute
Tausende farbiger Familien in New York*

Landarbeitern folgten ihnen in die relative Freiheit der nördlichen Städte. Denen wiederum folgten Verwandte, Freunde, ehemalige Nachbarn. Allein von 1910 bis 1919 wanderten nahezu eine halbe Million Neger aus dem Süden nach dem Norden. In den nächsten zehn Jahren waren es weitere 770000.

Nicht nur in New York, sondern auch in Pittsburgh, Chicago, Philadelphia, Detroit und Washington – in den meisten Großstädten des Nordens und Mittelwestens der USA – brachten die herrschenden Weißen die zugereisten farbigen Arbeitskräfte zunächst in den Slums unter, überall entstanden Ghettos für die Schwarzen. Und was – angeblich – als Provisorium gedacht war, wurde zur Dauerlösung. Massenunterkünfte in Elendswohnvierteln, dazu Diskriminierungen in allen Lebensbereichen – das war für zahllose Afroamerikaner die «neue Heimat» im Norden der USA.

In New York lebten 1910 rund 91000 Schwarze. Nur zwei Jahrzehnte später drängten sich über 327000 Afroamerikaner vor allem in Black Harlem. Die ohnehin für ihr bescheidenes Budget gepfefferten Mieten für die Bruchbuden wurden erneut drastisch erhöht. Die so schon auf engstem Raum kampierenden Familien mußten noch enger zusammenrücken.

Von diesen bedrückenden Lebensverhältnissen spürte Harry nichts, solange er klein war. Die ersten Monate und Jahre seines Lebens wuchs er unbeschwert heran in der kärglichen Behausung, umsorgt von der Mutter und den Geschwistern. Den Vater sah er in jener Zeit nur selten. Wenn Joshua Belafonte, mitunter nach monatelanger Abwesenheit, zu Hause aufkreuzte, waren das Festtage für die ganze Familie.

Sie setzten sich um den Tisch in der Stube, sprachen ein Dankgebet für die glückliche Heimkehr des Vaters von den sieben Weltmeeren, und es gab eine besonders üppige Mahlzeit. Es wurde getrunken und gesungen, der Jüngste durfte auf dem Schoß des ihm noch fremden Onkels sitzen und hatte nur Augen für den großen kräftigen Mann, der sein Vater war und auf den er sehr stolz war. Atemlos lauschten die Kinder den abenteuerlichen Geschichten, die der weitgereiste Seemann erzählte. Sein Vater konnte spannend erzählen, und er verstand es, die Wirkung seiner Worte durch komische Gesten und Grimassen zu erhöhen. In seinen lustigen Augen blitzte es hintergründig, die Kinder wußten oft nicht, ob er es ernst gemeint oder einen Jux gemacht hatte. Und manchmal, vermutlich wenn er sein Seemannsgarn allzu grob gesponnen hatte, lachten sich die Eltern an, umarmten und küßten sich, und die Kinder klatschten begeistert in die Hände und riefen: Kino, Kino! Harry brüllte eifrig mit, obwohl er damals kaum wußte, was ein Kino war. Der fröhliche Lärm lockte Nachbarn herbei, und alle bestaunten die Perlen, Korallen, Armreifen, Duftwässer, Papageienfedern, Affenpfötchen und anderen exotischen Kostbarkeiten, die der Matrose als kleine Geschenke aus fernen Ländern mitgebracht hatte. Die Erwachsenen feierten, erzählten und sangen noch lange, nachdem die Kinder irgendwann und ohne Übergang, wo sie gerade saßen oder hockten, glückselig eingeschlafen waren.

Mit Wehmut, aber auch aus tiefem Herzen den Eltern dankbar, erinnerte sich Harry Belafonte oft an jene Zeit, die ihm ein unauslöschliches Gefühl des Geliebtseins, der Geborgenheit geschenkt hatte. Alle Widrigkeiten hatten sie von ihm ferngehalten, er war einfach glücklich. Diese von Harmonie bestimmten Bilder der frühen Kindheit begleiteten ihn durch sein ganzes Leben. Sie gaben ihm Zuversicht, richteten ihn auf, ließen ihn Verzweiflung überwinden, machten ihn stark, als er allzubald mit der ganzen Wirklichkeit seines Daseins konfrontiert wurde – als die Umwelt ihm unausweichlich und schmerzhaft bewußt machte, daß Armut ein Makel war, daß arm und dazu noch schwarz zu sein, in den Augen der allmächtigen Weißen jedoch eine unverzeihliche Schande war.

So armselig sie auch lebten, die düstere Wohnung in dem verkommenen Mietshaus bot ihm Schutz. Der Hunger, der Gestank, die Ratten, die in kalten Winternächten vom Hof bis in seine Kammer krochen, all das erschreckte und störte ihn zwar mitunter, doch es beunruhigte ihn nicht. Er kannte es nicht anders. Und anderen Kindern im Haus, zahllosen Familien in der Nachbarschaft ging es ebenso.

Lange Zeit endete seine Welt an der Wohnungstür. Damals war für ihn noch alles in Ordnung. Doch es kam der Tag, da stand sein Vater plötzlich in der Stube, wuchtete den schweren Seesack von der Schulter und ließ sich auf seinen Stuhl, es war der einzige, der Armlehnen hatte, fallen, als wollte er nie mehr aufstehen. Und so war es dann auch. Es gab keine Feier, es wurde auch nicht mehr gesungen. Die Eltern machten ernste Gesichter und sprachen kaum noch miteinander. Alle Fröhlichkeit schlich sich davon.

Sein Vater war wieder mal abgemustert, nur diesmal bestand so gut wie keine Aussicht auf neue Heuer. Die gesamte Wirtschaft des Landes war aus den Fugen geraten, erschüttert durch das verheerende Beben an der New-Yorker Börse, das allein in den USA 5761 Banken zum Einsturz bringen sollte. Über Nacht verloren unzählige große und kleine Geschäftsleute, verloren vor allem Millionen privater Kunden ihre Ersparnisse, insgesamt über fünf Milliarden Dollar.

Nun gehörten die Belafontes weiß Gott nicht zu den Besitzern von Bankkonten, doch gerade die Ärmsten der

Armen, die auf den Dollar, den sie heute verdienten, notwendig angewiesen waren, damit sie morgen leben konnten, traf es besonders hart. Und unter diesen traf es noch einmal so schlimm die Neger. War während der Krise von 1929 bis 1933 in New York etwa jeder zehnte Weiße arbeitslos, flog von den Afroamerikanern jeder dritte auf die Straße.

Da es in den Vereinigten Staaten weder eine Altersversorgung noch eine staatliche Arbeitslosenversicherung gab, wären vermutlich Harry, seine Geschwister und die Eltern – wie viele Erwerbslose in jenen Jahren – buchstäblich verhungert. Melvine Love, die sich, aufrecht und ohne zu klagen, immer mehr Arbeit aufbürden ließ, mochte sie noch so schlecht bezahlt werden, seine Mutter bewahrte sie damals vor dem Schlimmsten.

Und doch reichte es nicht. Da die Geschwister in die Schule mußten, der Vater nicht nur aufgehört hatte, sich zu rasieren, sondern manchmal den ganzen Tag über einfach im Bett liegen blieb oder aber stundenlang stumm am Tisch saß, den Kopf schwer auf die Fäuste gestützt, schickte die Mutter Harry zur Wohlfahrtsküche. Gern übernahm er den Auftrag. Anfangs rannte er noch eifrig los und klapperte übermütig mit dem Blechnapf. Doch der Weg war lang, und immer länger wurden die Schlangen vor der Armenspeisung, je näher der Winter kam und mit Frost und Schnee das Heer der Arbeitslosen weiter anwuchs.

Stundenlang war der gerade Fünfjährige oftmals unterwegs, zitternd vor Kälte, und seine blaugefrorenen Füße fühlten sich an wie taub. Aber schlimmer noch empfand er die Angriffe, die Demütigungen durch andere Kinder, die ebenso zerlumpt herumliefen und bestimmt auch nicht klüger waren als er, jedoch eine andere Hautfarbe hatten.

*USA 1928: Arbeitslose hoffen auf eine Mahlzeit,
die ein reicher New-Yorker anläßlich seines 50. Geburtstages
spendiert hatte*

Zwischen dem südlichen Black Harlem und Italian Harlem mit seinem Zentrum um die East 115th Street gab es keine klaren Trennungslinien, ganze Straßenzüge waren gemischt bevölkert. Und die ohnehin vorhandenen Vorurteile der Weißen gegenüber den Farbigen eskalierten – wie immer in Zeiten verschärfter sozialer Konflikte – aus geringstem Anlaß zu Haß und Tätlichkeiten. Zwar gehörten die meisten Italiener in Harlem nur zur untersten Stufe der weißen Gesellschaftshierarchie, sie waren ebenfalls arm und wurden selbst getreten, doch es gab Leute, auf die auch sie noch hinabblicken, auf denen sie herumtrampeln konnten: die Schwarzen.

Wie oft wurde Harry in der Schlange von weißen Burschen beschimpft und angerempelt. Sie nannten ihn einen verdammten Niggerbastard und traten an seinen großen Topf. Der will uns die ganze Suppe wegfressen. Harry bekam Herzklopfen vor Angst und wäre am liebsten weggelaufen. Aber das konnte er ja nicht. So nahm er all seinen Mut zusammen und versuchte zu erklären, sein Vater habe keine Arbeit, sie hätten Hunger ..., doch seine Peiniger schubsten ihn weiter hin und her, ließen ihn nicht ausreden. Hört euch das an, stichelte der Wortführer, frech wird er auch noch.

Am Abend zu Hause versuchte die Mutter ihren Jungen zu trösten. Gott habe die Welt nun einmal so eingerichtet und jeder müsse sein Schicksal annehmen. Sicher würde Er die italienischen Burschen, sofern sie ihm unrecht taten, dafür bestrafen. Eindringlich ermahnte Melvine Love ihren Sohn, Weißen nie zu widersprechen, wann immer es möglich sei, ihnen aus dem Weg zu gehen. Und wenn ein erwachsener Weißer das Wort an ihn richte, solle er aufmerksam zuhören und «Ja, Sir» antworten, weiter nichts. Harry versprach, die Hinweise der Mutter zu befolgen.

Als er in der Schlange vor der Volksküche erneut angepöbelt wurde, senkte er den Kopf, biß sich auf die Lippen und schwieg. Stolz ist er auch noch, tönte es da, seht nur an, wie hochmütig dieser Nigger glotzt.

Sie ließen ihn nur selten in Ruhe. Für Harry wurden die Wege zur Volksküche bald zum Alptraum. Schon wenn er morgens aufwachte, bedrückte ihn heimliche Angst. Und jeden Tag hoffte er im stillen, er würde den Italienern nicht begegnen. Besonders tat sich in der Clique ein hochaufgeschossener Glatzkopf hervor, den die anderen Vittorio nannten. Selbst traktierte der ihn nie, doch meist war er es, der die Stimmung anheizte. Und es gefiel ihm offenbar, wenn er sah, daß Harry vor ihm zitterte.

Einmal kreuzten sich ihre Wege bei anderer Gelegenheit. Sie belauerten sich aus den Augenwinkeln, Harry wechselte vorsorglich die Straßenseite. Vittorio tat dies ebenfalls. Als sie auf gleicher Höhe waren, zischte der an-

Armenspeisung in New York zum «Thanksgiving Day» 1932

dere ihm «schwarzer Hurensohn» ins Gesicht. Harry wußte damals noch nicht genau, was damit gemeint war, spürte jedoch, daß es ein besonders verletzendes Schimpfwort sein mußte. Ohne zu überlegen, stürzte er sich auf den weißen Burschen, der über einen Kopf größer war als er, drosch wütend drauflos, bis der Italiener mit blutender Nase das Weite suchte.

Harry war ebenfalls übel zugerichtet, doch nicht nur deshalb kam der Vorfall zu Hause zur Sprache. Jeff, ein schwarzer Wachtmeister im Revier, ein gutmütiger Mann, der selbst nicht vergessen hatte, wie weh Hunger tat, und der deshalb oft ein Auge zudrückte, wenn sich einer der Knirpse vom Früchtekarren an der Ecke im Vorbeigehen schnell mal bediente, Jeff Barber sprach bei seinen Eltern vor und forderte Schmerzensgeld. Sei keine gütliche Einigung möglich, würde die Familie des geschädigten italienischen Jungen den Fall vor den Friedensrichter bringen. Der war natürlich auch ein Weißer. So war zu befürchten, daß die Sache nicht nur teuer würde. Denn wenn Belafontes das Geld nicht aufbringen könnten, mußte damit gerechnet werden, daß der Vater oder die Mutter des Täters anstelle des strafunmündigen Sohnes für ein paar Tage ins Gefängnis gesteckt wurden. Den Eltern blieb also gar keine Wahl. Sie kratzten die geforderte Summe zusammen und zahlten Schmerzensgeld. Doch keiner der beiden machte Harry auch nur einen Vorwurf.

Vittorio ließ die Schande nicht auf sich sitzen. Die Clique überfiel schwarze Essenholer aus dem Hinterhalt, und wiederholt kam Harry heulend nach Hause, weil die Mafiosi ihm aufgelauert und den Kübel mit der mühsam erstandenen Armenspeisung in die Gosse gekippt hatten. Der Terror der weißen Kinder in Harlem blieb von den Schwarzen nicht unbeantwortet. Straßenbanden formierten sich. «Niggergang» war der Schlachtruf der einen, «Makkaronis» schimpften die Schwarzen zurück. Und sie lieferten sich erbitterte, blutige Gefechte.

Damit die Familie nicht hungern mußte, wenn die Mahlzeit aus der Wohlfahrtsküche ausfiel, zog Harry auf eigene Faust los, den Schaden wiedergutzumachen. Nicht mal den älteren Bruder zog er ins Vertrauen. Es wurde frühzeitig dunkel im späten Herbst, nicht selten zogen vom Hudson River her Nebel auf. Viele Straßenleuchten in Harlem waren kaputt, und wenn sie wirklich brannten, verbreiteten sie nur trübes Licht. Von den Verkaufswagen ambulanter Händler, aus den Geschäften, sofern sich dort möglichst viele Kunden drängten und die Gelegenheit günstig schien, stahl er Brot, Obst, Wurst, Butter,

Eier und Käse, was er gerade greifen konnte. Er tat dies geschickt, und man erwischte ihn nie.

Als es zu Hause herauskam, schlug Melvine Love ihn windelweich. Es war das erste und einzige Mal, daß Harry seine Mutter so unbeherrscht erlebte. Dem Vater war damals schon vieles gleichgültig. Wenn nun schon mal etwas zu Essen da sei, meinte er, sollten sie es sich auch schmecken lassen. Seine Mutter aber packte alles in eine Tüte und legte die gestohlenen Lebensmittel in die Kirche neben den Opferstock. Danach schickte sie Harry außer der Reihe zur Beichte.

Weitere Geschwister wurden geboren. Ein Baby lebte nicht einmal fünf Tage. Die Mutter weinte und erklärte ihm, der liebe Gott habe es zu sich genommen, jetzt lebe es glücklich im Himmel. Weshalb war Mutter traurig, wenn es das Baby beim lieben Gott doch so gut hatte? Das beschäftigte ihn eine ganze Weile. Er konnte es sich nicht erklären. Ein unbestimmtes Gefühl hielt ihn davon ab, die Mutter zu fragen. Aber manchmal hätte Harry auch lieber da oben auf einer Wolke gesessen, anstatt sich auf der Erde täglich abzuplagen und demütigen zu lassen.

Denn nicht nur die Angriffe von Vittorio und dessen Clique bedrückten ihn in jenen Jahren. Auch Kinder aus der Nachbarschaft oder Fremde, Schwarze wie er, hänselten ihn, weil er so klein war und Sachen trug, die ihm nicht paßten. Er guckte verstohlen an sich hinunter. Gewiß, Hose und Jacke hingen ihm wohl etwas reichlich um den schmächtigen Körper, aber mußten sie ihn deshalb als Vogelscheuche verspotten? Das fand er gemein. Sie selber sahen doch nicht viel anders aus. Und außerdem: Sein Bruder war aus den Sachen herausgewachsen, weshalb sollte er sie da nicht anziehen? Früher hatte ihn das nie gestört. Fortan aber schämte er sich, so herumzulaufen.

Wie jedes Negerkind in Harlem ging Harry gern ins Kino, so oft er Geld dafür hatte. Auf der Leinwand waren da immer wieder Leute zu sehen, die sehr gut lebten in den Vereinigten Staaten: weiße Männer und Frauen mit großen Autos und herrlichen Häusern. Ihr Leben war bequem und angenehm. In ihren Familien herrschten untereinander – bis auf wenige Ausnahmen – die größte Liebe, Frieden und Eintracht. Das alles war für ihn aufregend und ungeheuer eindrucksvoll. Es gab auch lustige Filme, in denen ulkig aussehenden Männern ein Mißgeschick nach dem anderen widerfuhr.

Harry saß wie die anderen in der Reihe mit offenem Mund da, rutschte auf dem harten Klappsitz herum und bog sich vor Lachen. Aber später, wenn es wieder hell wurde im Saal, wenn er hinaustrat auf die verdreckte Straße mit Bergen von stinkendem Unrat vor den Häusern, wenn er heimkehrte in die düstere Wohnung und den Vater mit stumpfen Augen am Tisch hocken sah, vor sich eine halbleere Flasche mit irgendwelchem Fusel, überkam ihn eine Traurigkeit, die er sich lange Zeit nicht erklären konnte.

Doch je mehr Filme er sah, um so deutlicher wurde ihm bewußt, was ihn traurig machte. Ihn quälte die Frage, weshalb seine Familie, weshalb er das nicht auch in seinem eigenen Leben hatte: genügend zu essen, gute Kleidung, ein Haus mit Garten …

Die Mutter tröstete ihn mit Worten aus der Heiligen Schrift. Nur eine Vorstufe für das Leben im Paradies sei das Dasein auf Erden, und wen Gott besonders lieb habe, dem lege er besondere Prüfungen auf.

Harry blickte seine Mutter mit großen Augen an und nickte brav. Sein Vertrauen zu ihr war grenzenlos, und er hätte ihr so gerne geglaubt. Er fragte nicht weiter, doch getröstet, überzeugt hatte sie ihn diesmal nicht.

So bedrückend mitunter die alltäglichen Lebensverhältnisse waren, in jener Zeit begann noch etwas Wichtigeres ihn zunehmend zu beunruhigen. Erfahrungen, die er in Harlem mit dieser Bohnenstange Vittorio und dessen «Makkaroni»-Bande gemacht hatte, bestätigten sich auch im Kino und erhielten für ihn eine neue Dimension. Auf der Leinwand sah er auch schwarze Menschen. Aber immer nur als Köchin, Diener oder Kindermädchen. Nicht selten in Rollen von Schurken und Bösewichtern. Die Neger im Kino machten ständig irgendwelchen Unsinn, riefen beim Publikum Abneigung und Verachtung hervor. Und meist waren sie dazu dumm und einfältig. Weshalb hatten die Schwarzen in den Filmgeschichten nicht auch hübsche Kleider an und gingen abends in die Oper?

Was ihn früher nie dermaßen beschäftigt hatte, mit einem Mal fühlte sich der kleine Harry minderwertig, weil auch er schwarz war. In ihm gärte und rumorte es. Und je mehr er begriff, wer er war und wer seine Eltern waren, daß er einem anscheinend unabänderlichen Schicksal ohnmächtig ausgeliefert war, um so stärker wucherte in ihm eine enorme Wut auf die Welt der Weißen. Das war ein diffuses Unbehagen mit vielen Widersprüchen. Eine Art Haßliebe. Wie tief dieser Stachel saß, wurde ihm erst viel später bewußt, durch eine Erinnerung, die sich in seinem Gedächtnis festgesetzt hatte und die über seine innere Befindlichkeit damals mehr aussagte als seitenlange theoretische Erörterungen.

Obwohl sie Negerkinder waren, spielten sie gern Cowboy und Indianer – und keiner wollte den Indianer spielen. Jeder, auch Harry, wollte immer Cowboy sein, John Wayne, der unbesiegbare Held. So erfolgreich hatte man sie glauben gemacht, die Indianer seien roh und grausam, wild und primitiv.

*Geschäft mit der Not: Negerkinder als Reklame
für Lebertran*

Der Junge litt stumm und verbissen unter dem bitteren Gefühl, daß Schwarze den Weißen in jedem Fall unterlegen seien. Zudem wuchs er fortan auf mit einer total falschen Vorstellung von Geschichte. Er aß kaum noch etwas, war in der Schule unaufmerksam, mied die Gesellschaft anderer Kinder. Zu Hause schlich er nur noch herum, still beobachtet von der besorgten Mutter.

Endlich, eines abends, erleichterte er sein Herz und sprach ungestüm zu ihr über seinen Haß auf die Welt der Weißen. Sein anfängliches heiseres Flüstern steigerte sich jäh zum Schreien, Harry zitterte vor Erregung, schließlich übermannte ihn hemmungsloses Weinen. Und unter Tränen schluchzte er: «Wäre ich doch nie geboren worden.»

Melvine Love, tief erschrocken über diesen Ausbruch von Gefühlen der Scham, des ohnmächtigen Zorns und der Feindseligkeit, erstarrte. «Versündige dich nicht», sagte sie hastig und schlug schnell ein Kreuz. Gleich darauf nahm sie ihn in den Arm, strich ihm sanft übers Haar und wiegte ihn, wie sie ihn als Baby beruhigt hatte. Fast wäre er eingeschlafen, so erschöpft war er nach der inneren Zerrissenheit der vergangenen Tage und Nächte, da drang ihre unendlich vertraute, dunkle und weiche Stimme an seine Ohren. Im Moment siehst du die Welt nur mit einem Auge, sprach seine Mutter zu ihm ernst, wie zu einem Erwachsenen, da ist man halbblind. Das Leben wird dir beide Augen öffnen, mein Junge, und du wirst sehen, nicht alle Weißen sind schlecht, wie nicht alle Schwarzen gut sind. Alle Menschen sind Gottes Kinder, egal, was für eine Hautfarbe sie haben, und wie Brüder und Schwestern werden dereinst alle miteinander leben. Wenn du dafür inständig betest, schenkt dir Gott gewiß Gehör, wird sich dein Haß in Liebe wandeln.

So etwa sprach seine Mutter zu ihm von Liebe und Versöhnung zwischen den Menschen. Worte, die ihn tief bewegten und deren Botschaft er sein Leben lang nicht vergessen sollte. Es vergingen jedoch noch Jahrzehnte auf seinem Weg bitterer Erkenntnisse, bis er annähernd durchschaute und begriff, wie die Welt wirklich beschaffen und wo in dieser Welt sein Platz war.

Er lernte Weiße kennen, die ebenfalls unterdrückt und gedemütigt wurden, Weiße, die die Sache der Schwarzen unterstützten oder ihr freundlich gesonnen waren, Weiße, die mit den Schwarzen in die Gefängnisse gingen. Und nach und nach begriff Harry Belafonte, daß die Lebenssituation eines Menschen in der Gesellschaft nicht von Rasse oder Religion, sondern von seiner Klassenzugehörigkeit abhängt.

Der liebe Gott – so gutmeinend und aufrichtig seine Mutter ihm das ans Herz gelegt hatte – war offenbar nicht in der Lage, daran etwas zu verändern. Das hatte Harry bald herausgefunden. Die Menschen mußten sich schon selber helfen, und auch er wollte etwas tun, um das Leben auf dieser Welt, nicht zuletzt auch für die Schwarzen, erträglicher, menschlicher zu machen.

Harry Belafonte kam in eine Volksschule, doch das Stillsitzen- und Zuhörenmüssen machte ihm keinen Spaß. Außerdem drängten sich zu viele Kinder in der Klasse, etliche hatten nicht mal einen eigenen Platz. Dauernd gab es Lärm und Unruhe, es fiel ihm schwer, sich zu konzentrieren. Abgelenkt war er aber nicht nur deshalb. Nicht selten, wenn er in der schmalen Bank saß, beschäftigten sich seine Gedanken mit Dingen, die entschieden aufregender waren.

Seit einiger Zeit betrieb eine Gruppe Neger in Black Harlem ein Wettgeschäft. Manche gaben dem Unternehmen keine Chance. Die Leute hatten doch kaum Geld, um zu überleben. Aber entgegen allen Befürchtungen lief die Sache gut. Die Lose fanden reißend Absatz bei jenen, die noch einen Job oder finanzielle Reserven hatten, aber auch die Arbeitslosen stülpten alle Taschen um, kratzten ein paar Cents zusammen, um ihr Glück zu machen. Es schien paradox: Je verzweifelter die wirtschaftliche Lage eines Menschen war, um so bedenkenloser trennte er sich von seinen letzten Münzen, um so größer war für ihn die Verlockung, die Hoffnung, einen Gewinn zu landen und mit einem Schlag aller Sorgen ledig zu sein.

An dieser illegalen Lotterie waren ein Onkel und andere Verwandte der Belafontes beteiligt. Das war nun beileibe keine berüchtigte Bande, aber sie umgingen die Steuer und lebten damit außerhalb des Gesetzes. Und da Kinder für die Polizei am wenigsten verdächtig waren,

*Schulspielplatz in Harlem Anfang
der dreißiger Jahre*

schickte man auch Harry auf die Straße. Wenn er zur Schule ging, meist aber nach dem Unterricht auf dem Heimweg, versuchte er, neue Kunden zu werben. Er verkaufte die Lose, kassierte die Einsätze. Das führte ihn mehr als einmal in Versuchung, doch er rührte das ihm anvertraute Geld nicht an. Bis auf den letzten Penny lieferte er alles in der Zentrale ab. Gelegentlich gaben sie ihm als Lohn sogar einen Nickel. Obwohl sie es sicher ahnte, woher die Münze stammte, fragte ihn die Mutter nicht danach. Traurig lächelnd gab sie ihm zwei Cents von seinem unrechtmäßig verdienten Geld zurück, und so konnte er mal wieder ins Kino gehen.

Das Gefühl, außerhalb des Gesetzes zu leben, war für den Jungen eine aufregende Sache. Wenigstens damit konnte er sich am System der Weißen rächen. Die Lose und die Lotterielisten versteckte er in seiner Schultasche zwischen Büchern und Heften. Aber das war nicht ungefährlich. Wären sie auch nur zufällig entdeckt worden, hätte man die Angelegenheit vor Gericht gebracht. Und da er minderjährig war, hätte für ihn womöglich seine Mutter ins Gefängnis gehen müssen. Im schlimmsten Fall wäre die gesamte illegale Lotteriegesellschaft aufgeflogen. Das hätte Unglück für viele Familien bedeutet.

So hielten sich bei dem Siebenjährigen, wenn er mit den verbotenen Zetteln unterwegs war, Abenteuerlust, befriedigtes Rachegefühl und Angst die Waage. Und nicht selten überwog die Angst.

Wenn man an Harry Belafonte denkt, so etwa in den Jahren von 1930 bis 1935, dann muß man sich einen aufgeweckten, manchmal wilden Jungen vorstellen – keinen Raufbold, körperliche Gewalt empfand er von klein auf schon als demütigend –, für sein Alter recht klein, schmächtig, aber wieselflink. Er war ein lebhaftes Kind, doch zwischendurch gab es immer mal wieder Phasen, in

Lynchjustiz 1930 im US-Bundesstaat Indiana

denen er mit offenen Augen träumte. Das geschah, je älter er wurde, immer öfter. Unter seinen Zeugnissen stand unter anderem: Schweift öfter ab ..., guckt während der Stunde aus dem Fenster ..., mit seinen Gedanken nicht bei der Sache ..., zu ernst für sein Alter. Er selbst sagte rückblickend: Als Kind bin ich mit einem zunehmenden Gefühl der Unterlegenheit aufgewachsen; ich wurde erzogen mit einem Gefühl der Minderwertigkeit und einer falschen Vorstellung von Geschichte.

Neben einer enormen Wut auf die Welt der Weißen waren Gefühle der Angst die prägenden Empfindungen des Vier- bis Achtjährigen. Harry litt physisch und psychisch unter dem Zwang, ständig auf der Hut sein zu müssen. Überall lauerten Gefahren. Ein Schwarzer – auch als Kind – war nirgends sicher in New York, überhaupt in den USA in jener Zeit. Allein von 1929 bis 1933, in diesen schweren Jahren des Hungers, der Krankheiten und des Elends, als viele Menschen an Erschöpfung oder Kummer starben, lynchten weiße Mordbanden in den Vereinigten Staaten mehr als einhundert Neger.

Hochaufgerichtete brennende Kreuze hatte Harry zum ersten Mal im Kino gesehen. In irgendeiner Wochenschau. Es war wohl überhaupt einer der ersten Kinobesuche seines Lebens. Bevor der Hauptfilm begann, wurden da zwei jugendliche Neger gezeigt, aufgehängt an einem Baum. Es handelte sich vermutlich um den achtzehnjährigen Tom Shipp und dessen ein Jahr älteren Freund Abe Smith aus Maion. Sie waren beschuldigt worden, ein achtzehnjähriges weißes Mädchen belästigt und dessen Begleiter getötet zu haben. Am 31. August 1930 waren die beiden Schwarzen vor dem Gerichtsgebäude der Stadt von der – wie es hieß – «aufgebrachten Volksmenge» gelyncht worden.

Völlig verstört war der kleine Harry an jenem Tag nach Hause gekommen. Und das Wort Ku-Klux-Klan brannte sich wie glühendes Eisen in sein Gedächtnis ein. Damals ahnte er nicht, daß er selbst noch wiederholt mit dem lebensbedrohenden Terror der Weißen Kapuzen konfrontiert werden würde.

Im Frühjahr 1934 gab es in der Familie Belafonte und auf den Straßen in Black Harlem bei erregten Debatten immer wieder ein Thema, den Scottsboro-Fall. Folgendes war geschehen: Rassisten in den Südstaaten hatten im

März 1931 neun farbige Jugendliche – der jüngste von ihnen war kaum dreizehn Jahre alt – aus einem Zug gezerrt und in Scottsboro, Alabama, ins Gefängnis geworfen. Sie wurden beschuldigt, zwei mitreisende Weiße, eine Frau und ein Mädchen, unsittlich bedrängt und gemeinsam vergewaltigt zu haben. Obwohl diese Anklage offensichtlich konstruiert worden war – das Mädchen hatte seine Aussage noch während des Verfahrens zurückgezogen –, lautete der Spruch der Geschworenen – natürlich alles Weiße – «schuldig». Der ebenfalls weiße Richter verurteilte daraufhin acht der Negerjungen zum Tod auf dem elektrischen Stuhl.

Der Fall erregte über Alabama hinaus Aufsehen. Die Kommunistische Partei der USA bildete ein Verteidigungskomitee und rief die Werktätigen des ganzen Landes zu Protestaktionen gegen diesen Versuch eines legalisierten Lynchmords auf. Viele Monate vergingen. Die jugendlichen Schwarzen saßen zwischen Hoffen und Bangen in ihren Todeszellen, die Vollstreckung des Urteils wurde wiederholt in letzter Minute hinausgeschoben. Eine zusätzliche seelische Folter für die Opfer der Klassenjustiz.

Wie viele Jahre danach in den Fällen der angeblichen Atomspione Ethel und Julius Rosenberg sowie der Bürgerrechtskämpferin Angela Davis entstand eine internationale Bewegung mit dem Ziel, die Negerjungen zu schützen, den Justizmord von Alabama zu verhindern. In Deutschland wurde das «Komitee zur Rettung der Opfer von Scottsboro» ins Leben gerufen. Käthe Kollwitz, Carl von Ossietzky, Thomas Mann, Albert Einstein und weitere Persönlichkeiten erhoben ihre Stimmen. Für die jungen Schwarzen setzte sich auch der international bekannte Antifaschist und Theatermann Erwin Piscator ein. Knapp fünfzehn Jahre später, Piscator war aus Nazideutschland emigriert, sollte Harry Belafonte an der von Erwin Piscator geleiteten «New School for Social Research» in New York City Schauspielstudent werden.

Hilfsorganisationen in allen Erdteilen erzwangen die Wiederaufnahme des Gerichtsverfahrens und die Zulassung selbstgewählter Verteidiger. Insgesamt über 100 Millionen Menschen verhinderten mit ihrem Protest den geplanten legalen Lynchmord. Es gelang leider nicht, die Anklage überhaupt zu Fall zu bringen. Erst 1950 wurde der letzte der unschuldig verurteilten Scottsboro-Jungen aus dem Gefängnis entlassen.

Im Jahre 1934 jedoch, im Frühjahr, stand das Schicksal der jugendlichen Todeskandidaten in Alabama noch auf Messers Schneide. In Black Harlem gärte es ohnehin. Wiederholt hatte es in den letzten Jahren im Negerghetto schwere Unruhen gegeben, in deren Verlauf 21 Personen getötet und mehr als 50 Schwarze zum Teil schwer verletzt worden waren. Unter dem Eindurck dieser Ereignisse hatte Joshua Belafonte seine Lethargie überwunden. Die ganze Familie atmete auf. Harrys Vater nahm an Meetings der Gewerkschaft teil, ging auf die Straße, forderte bei Protestmärschen Arbeit für die Schwarzen. Es schien, als sei der sturmerprobte Seemann wieder der alte.

Für den 1. Mai 1934 waren die New-Yorker zu einer großen Demonstration gegen den Scottsboro-Fall aufgerufen worden. Zehntausende Menschen nahmen daran teil. Unter ihnen Joshua und Melvine Love Belafonte mit ihren Kindern. Sie marschierten, um das Leben von acht Negerjungen zu retten. Doch überall in der Menge sah Harry erstaunt auch viele helle Gesichter, weiße Männer und auch Frauen. Und als Polizisten angeritten kamen und ihre Pferde zwischen die Kolonne trieben, da hakten sich schwarze und weiße Männer wie selbstverständlich unter, bildeten lebendige Ketten, um wenigstens die Frauen und Kinder vor den Gummiknüppeln zu schützen.

Voller Stolz und mit Bewunderung hielt Harry Ausschau nach seinem Vater, dessen hohe Gestalt die meisten anderen überragte, beobachtete er seine Mutter, die aufrecht neben ihm ging und in dem bedrohlichen Trubel kein bißchen Furcht zeigte. Er spürte den kräftigen Druck ihrer zarten Hand, und es war ihm, als strömte Kraft von ihr hinüber zu ihm, in seinen Körper. Nicht alle Weißen sind schlecht, hatte sie mal zu ihm gesagt. Und er hatte es damals nicht glauben wollen.

Als Melvine Love abends wie gewohnt zu ihnen in die Kammer kam, um gemeinsam zu beten, spürten Harry und sein Bruder noch kein bißchen Müdigkeit. Die aufregenden Erlebnisse des Tages hatten sie aufgewühlt, sie schrien durcheinander, spielten Polizist und Demonstrant, doch bei diesem Spiel wollte keiner der beiden Polizist sein.

Harry bewegten viele Fragen. Würde er nun keine Angst mehr zu haben brauchen vor Vittorio und den «Makkaronis»? Waren alle Schwarzen und Weißen nun schon Brüder? Wo sich doch weiße Männer in New York für irgendwelche Negerjungen in Alabama hatten zusammenschlagen lassen? Aber hatten in diesem Scottsboro nicht ebenfalls Weiße das schlimme Urteil gefällt? Waren die Weißen dort anders als in New York?

Diesmal blieb seine Mutter ihm Erklärungen schuldig. Andere Überlegungen mochten sie bedrängt haben an jenem Abend. Liebevoll und besorgt betrachtete die zierliche, schöne Frau ihre Söhne, die gesund und mit glänzenden Augen in dem zerwühlten Bett saßen, lebensfroh und unbekümmert. Die Negerjungen in den Todeszellen von Scottsboro waren nur wenige Jahre älter als sie. Und der

Tag war gar nicht mehr so fern, da würden auch ihre Kinder gutaussehende Burschen sein, sich ihrer Männlichkeit bewußt werden. Vor allem daran hatte sie gedacht, als sie mit den anderen durch die Straßen gezogen war an diesem Tag.

Behutsam, nicht so sicher und souverän wie sonst bei diesem heiklen Gegenstand, darauf bedacht, statt abzuschrecken nicht ungewollt Neugier zu wecken, gab die Mutter ihnen eine Lehre fürs Leben mit auf den Weg. Eindringlich legte Melvine Love Belafonte ihren Söhnen ans Herz, flehte sie geradezu an, um weiße Mädchen stets einen Bogen zu machen, nicht stehenzubleiben, wenn sie angesprochen werden würden, freundlichem Lächeln zu mißtrauen, jeglicher Verlockung zu widerstehen, sich selbst und die Familie nicht ins Unglück zu stürzen.

Die Söhne waren still geworden und hingen an ihren Lippen. Irgendwie spürten sie das Besondere dieser Stunde. Aber sie waren auch peinlich berührt, grinsten sich verstohlen an und bekamen vor Verlegenheit rote Ohren.

Der Lebenswille des Vaters, gerade erst neu aufgeflakkert, verlosch bald wieder. Es war wie das tragische, letzte verzweifelte Aufbäumen eines erniedrigten Menschen, der sich im Grunde schon aufgegeben hatte. Joshua Belafonte, noch immer Mitglied der Gewerkschaft, hatte sich aufgerafft, selbst ohne Job, setzte er sich dafür ein, anderen Schwarzen Arbeit zu beschaffen. Sie versammelten sich, sie redeten sich die Köpfe heiß, zogen mit Spruchbändern durch die Straßen, trotzten der Gewalt von Polizeikommandos, aber sie erreichten wenig. Im Gegenteil. Immer mehr Afroamerikaner wurden von den Unternehmern vor die Tür gesetzt.

Diese Niederlagen konnte Joshua nicht auch noch verkraften. Er verlor alle Zuversicht, jede Hoffnung. Seit

*Ein von weißen Rassisten verfolgter Neger
rennt um sein Leben*

Jahren erbarmungslos gesellschaftlich unterdrückt, vielfältigen Schwierigkeiten ausgesetzt, die er nicht meistern konnte, all das hatte ihn ständig erniedrigt. Jetzt war er zerbrochen. Der große, starke Matrose hatte seine Männlichkeit verloren. Nicht im Sinne des Männlichkeitswahns, sondern im allgemeinen menschlichen Sinn. Als Vater fühlte er sich als Versager. Als Mann ebenfalls. Er war unfähig, Essen zu beschaffen und auf den Tisch zu bringen. Er konnte seine Familie nicht ernähren, statt dessen fiel er ihr zur Last.

Er traf sich noch mit ehemaligen Fahrensleuten, doch das war kein Aufbruch zu neuen Ufern mehr, es war eine Flucht. Er entfloh der bedrückenden häuslichen Wirklichkeit. Doch das Leben draußen war für ihn nicht weniger trostlos. Er ging noch zu Meetings, oft kam er zusammengeschlagen heim; öfter noch war er betrunken.

Bestürzt und fassungslos erlebte Harry die Demontage, den allmählichen Verfall, die schicksalshaft-unaufhaltsame Zerstörung eines geliebten Menschen durch gesellschaftliche Mißverhältnisse. Und er, der Sohn, war ohnmächtig in seinem Schmerz, außerstande, dem Unglücklichen zu helfen. Den vitalen, unerschrockenen Seemann, den Helden der sieben Weltmeere, seinen Vater, den er bestaunt und verehrt hatte, auf den er stolz gewesen war, sein Idol und Vorbild, gab es nicht mehr.

Es kam zu Spannungen, zu heftigen Auseinandersetzungen zwischen den Eltern. Die Atmosphäre zu Hause – belastend für alle Mitglieder der Familie Belafonte – wurde manchmal unerträglich. Gleichzeitig verschlechterten sich die Lebensverhätlnisse in Black Harlem weiter von Tag zu Tag. Im März 1935, wenige Tage nach Harrys achtem Geburtstag, entzündeten sich die schwelenden sozialen Konflikte zu offenem Aufruhr. In verschiedenen Straßen von Harlem wurden Barrikaden errichtet. Es kam zu Plünderungen. Die Ghettobewohner wehrten sich gegen verschärfte Diskriminierungen in allen Bereichen ihres Daseins, vor allem gegen die betrügerischen Praktiken weißer Geschäftsleute. Bei diesen blutigen Zusammenstößen zwischen Negern und Weißen wurden vier Menschen getötet und mehr als dreißig verletzt. Die Polizei sperrte Dutzende Afroamerikaner in die Gefängnisse.

In dieser Situation packte Melvine Love Belafonte ein paar Bündel zusammen und reiste mit ihren Söhnen zu den Großeltern nach Jamaika. So weh und seltsam ihm zumute war beim Abschied von New York, im tiefsten Herzen war Harry erleichtert. Im Grunde seines Wesens unverwüstlicher Optimist, war er natürlich neugierig, freute er sich auf diese Insel der Großen Antillen, wo seine Mutter aufgewachsen war, von der sie ihm schon so oft erzählt hatte. Und so träumte er von Fischerbooten und weißen Stränden, von Zuckerrohrfeldern, Bambusalleen, Bananenplantagen und Orangenhainen und vom Schrei wilder Vögel.

Auf Jamaika

Aufregend wie die erste Schiffsreise seines Lebens waren für Harry Belafonte die Jahre auf Jamaika. Unter der südlichen Sonne der Karibik reifte das nicht sonderlich große, schmächtige Kind aus den Slums von Black Harlem in New York zum jungen Mann, hochgewachsen, mit breiten Schultern und starken Armen. Und er veränderte sich nicht nur äußerlich.

Wie alle Kinder dieser Welt wäre er sicher viel lieber von klein auf fröhlich aufgewachsen, ohne Hunger und vielfältige Demütigungen, unbeschwert, ständig auf der Suche nach Entdeckungen, neuen Erkenntnissen in dieser rätselhaften, oft so widersprüchlichen Einrichtung, die man «die Gesellschaft» nannte. Doch ebendiese Gesellschaft in den USA der endzwanziger, Anfang dreißiger Jahre hatte ihm gnaden- und erbarmungslos seinen Platz zugewiesen, und so war sein Dasein bisher überschattet gewesen von Unsicherheit und Ängsten. Als Harry Belafonte mit seiner Mutter und dem Bruder 1935 New York verließ, bedeutete das für ihn auch den Abschied von dieser Kindheit.

Fünf Jahre später, inzwischen dreizehn Jahre alt, kehrte ein neuer Harry in das Häusermeer am Hudson River zurück. Ein Suchender war er noch immer – und er wird es wohl sein Leben lang bleiben –, er war kein Kind mehr, auch noch kein Mann, doch sein Selbstbewußtsein hatte

Der Fulton-Fish-Market in New-York

sich enorm entwickelt. Seine Haltung zeigte einen gewissen Stolz, und er handelte nur noch selten spontan, wie das früher meist der Fall gewesen war. Er hatte begonnen, über die Dinge, die ihn umgaben, nachzudenken und sich ein eigenes Urteil zu bilden. Und dies mit der Absolutheit eines jungen Mannes, der, wie er meinte, in der Welt immerhin schon ein bißchen herumgekommen war.

Schon die Schiffspassage von New York nach Port Maria an der Nordküste von Jamaika, nur wenige Kilometer von St. Ann's Bay entfernt, wo Christoph Kolumbus vor nahezu fünfhundert Jahren bei seiner vierten Reise in die Neue Welt gestrandet war und mit seiner Mannschaft ein Jahr auf der Insel verbracht hatte, übertraf alle seine Erwartungen. Bisher war Harry Belafonte aus seinem Kietz in Black Harlem kaum herausgekommen. Schon das Herumstromern im nicht weit entfernten St. Nicholas Park, ein Ausflug zum Harlem River oder gar bis an die Südspitze von Manhattan zum alten Fulton Fish Market, wo sein Vater ihm stolz und wehmütig Schiffe gezeigt hatte, auf denen er einst zur See gefahren war, hatten ihn als besondere Erlebnisse beeindruckt.

Nun waren sie an Bord eines großen Bananendampfers gegangen, auf dem man, wie das auf solchen Handelsschiffen üblich war, auch Unterkünfte für einige Passagiere eingerichtet hatte. Die kleine Kabine, eigentlich nur für zwei Personen gedacht, bot nicht allzuviel Platz, doch Melvine Love Belafonte und ihre Söhne waren ja nicht verwöhnt. Die Reise dauerte mit dem Schiff zwar länger, aber sie sparten eine Menge Dollars. Per Bahn über Tausende Kilometer bis hinunter nach Florida hätte die Fahrt ebenfalls fast eine Woche gedauert, jedoch erheblich mehr gekostet. Und dazu wären dann noch die Billetts für die Überfahrt von Miami oder Fort Lauderdale via Kuba nach Jamaika gekommen. Außerdem, sie hatten ja Zeit.

Harry entdeckte für sich eine neue Welt. Die Seeleute bei ihrer Arbeit, die klare Luft, die Weite des Himmels, die Unendlichkeit des Atlantischen Ozeans und der Schwarm kreischender Möven, der ihnen folgte, solange ihr Schiff in Sichtweite der Küste südwärts durch eine sanfte Dünung stampfte, ihm war, als erlebte er ein Märchen. Stundenlang stand er an der Reling und schaute aufs Wasser. Die Matrosen fanden Gefallen an dem Burschen, der mit großen dunklen Augen bestaunte, was ihnen alltäglich war. Einmal nahm der Kapitän ihn sogar mit auf die Kommandobrücke. Offiziere und Mannschaft machten der hübschen jungen Mutter auf ihre Art den Hof. Wenn Harry etwa in der Kombüse helfen durfte, geschah es wiederholt, daß der Smutje einen besonders appetitlichen Happen für Madam und die ewig hungrigen Mäuler ihrer Söhne mit in die Kabine schickte. Es war lange her, daß ihr jemand soviel Aufmerksamkeit geschenkt hatte, und so bemerkten die Brüder amüsiert, daß Melvine Love verlegen wurde, aber auch stolz war, sich geschmeichelt fühlte und immer noch mal prüfend in den Spiegel schaute, ehe sie die Kabine verließ. So herrschten Harmonie und eine beständig heitere Stimmung in der kleinen Familie. Es war, als hätten sie mit New York und Black Harlem auch den Kummer der vergangenen schlimmen Monate hinter sich gelassen.

Doch eines Abends, als es im engen Raum besonders stickig war und er nicht einschlafen konnte, überfiel Harry, ohne daß er es sich erklären konnte, eine unbestimmte Traurigkeit. Ihre Kabine befand sich unmittelbar über dem Maschinenraum. Der Junge lauschte auf das dumpfe, rhythmische Stampfen der starken Kolben, er spürte das leichte Vibrieren des Schiffs bis in die Fingerspitzen. Das verstärkte seine innere Unruhe noch. Und plötzlich mußte er ganz intensiv an seinen Vater denken. Wie wehmütig wurde ihm dabei. Schade, daß Joshua nicht auch mit ihnen an Bord sein konnte. Womöglich sogar als Matrose, als Mitglied der Besatzung! Nicht auszudenken wäre das gewesen ...

Sein tiefer Seufzer erregte die Aufmerksamkeit der Mutter. Harry zerstreute ihre Besorgnis schnell mit einer ausweichenden Antwort und wälzte sich auf die andere Seite. Er war froh, daß Melvine Love wieder lachen konnte, und wollte sie mit seinen Gedanken nicht auch noch traurig machen. Aber im stillen reifte während der Überfahrt sein Entschluß, daß er später mal Seemann werden wollte wie sein Vater.

Jamaika liegt auf halbem Wege zwischen der Südspitze Floridas und der Nordküste von Südamerika, knapp 1 000

Kilometer von Miami entfernt und etwa 150 Kilometer vor der Südküste Kubas. Nach Kuba und Haïti ist Jamaika die drittgrößte Insel der Karibik: 235 Kilometer lang und bis zu 82 Kilometer breit.

Vom ersten Tage an war Harry überwältigt von diesem Eiland, von dem der erste verbürgte «Jamaika-Tourist» Christoph Kolumbus gesagt haben soll: «Die schönste Insel, die je ein Auge erblickt hat.»

Urwaldartige Landschaft in den östlichen Regionen, im Innern der Insel dagegen der rauhe Cockpit Country, wo Regen in Jahrtausenden bizarre Formen aus dem Kalkstein gewaschen hat, palmengesäumte weiße Strände im Norden und bläuliche Nebelschwaden über den Blue Mountains, die sich bis zu 2258 m hoch erheben. Im Süden, am Rande der Hauptstadt Kingston, hatten die Großeltern ein bescheidenes Anwesen. Melvine Love bezog ihre frühere Mädchenstube. Die Abstellkammer wurde entrümpelt und diente den Brüdern als Schlafgemach. So einfach die Lebensverhältnisse in der Hütte waren, der Junge aus den Slums von Black Harlem erlebte das alles wie einen schönen Traum. Im Vergleich zu allem, was er bisher kannte, kam es ihm vor, als wäre er im Paradies angekommen.

Überall auf der Insel wuchsen Königs- und Kokospalmen, Orchideen in Hülle und Fülle, orangefarbene Flamboyants, flammende Weihnachtssterne, Hibiskusblüten in allen Farbschattierungen, so groß wie Untertassen, und zwischen den Brotfruchtbäumen gediehen grüne Bambuskathedralen und weiche Nester aus Farn. Auf den indischen Feigenbäumen, so überliefert es der Aberglaube, hausten allerlei Geister, «Duppies» genannt. Dazu das Pfeifen der Baumfrösche, das Krächzen ungezählter Eidechsen, das Schwirren der Kolibris, vermischt mit dem Chor von rund zweihundert verschiedenen Vogelarten.

*Etwa so alt wie dieser Junge war Harry,
als er nach Jamaika kam*

Wie betäubt war Harry Belafonte von der verschwenderischen Fülle der Farben und Düfte, der Klänge und der Legenden. Harlem war bald vergessen. Hier hatte er Licht, Luft und Sonne – und er brauchte nicht mehr zu hungern. Er kletterte auf einen Mangobaum, aß die Früchte, sah den weißen Wolken am Himmel nach und träumte.

Zwei Dinge waren für ihn besonders wichtig und sollten sein weiteres Leben entscheidend beeinflussen: Was das Aussehen der Menschen betraf, erschien ihm ganz Jamaika wie ein riesiges Black Harlem. Auf den Straßen, in den Geschäften, Restaurants, Behörden und in der Schule, überall begegneten ihm fast nur Schwarze oder Mulatten und Mestizen. Das gab dem Achtjährigen ein völlig neues Lebensgefühl. Empfindungen der Scham und der Minderwertigkeit, die ihn bisher gequält hatten, weil er ein Neger war, gingen auf Jamaika sehr bald und fast unmerklich verloren. Dazu kamen die strenge Güte, Wärme und Herzlichkeit der Großmutter. In der ersten Zeit geschah es öfter, daß Melvine Love ihn mit sanfter Ungeduld zur Ordnung rufen mußte, weil er die «englische Oma» allzu ungeniert überall mit staunenden Augen verfolgte, sie mitunter auch bei Tisch unverwandt anstarrte wie ein Naturwunder und dabei vergaß weiterzuessen.

Großmutter war die erste Weiße, die er so nah erlebte, die er scheu anfassen, auch streicheln durfte. Sie war seine Oma, deshalb werde er dafür nicht bestraft, erklärte ihm die Mutter. Anfangs hatte Harry hinterher verstohlen seine Finger betrachtet, ob vielleicht doch helle Spuren zu entdecken waren. Immer wieder faszinierte es ihn, die weiße Haut zu berühren. Und zufrieden stellte er fest, daß sie sich anfühlte wie seine auch: warm, menschlich.

Das zweite wichtige Erlebnis für Harry Belafonte in den fünf Jahren auf Jamaika: Überall auf der Insel war Musik.

Seinen überschwenglichen ersten Eindruck, direkt ins Paradies gelangt zu sein, sah der Junge bald etwas nüchterner. Nach seinen zunehmenden Alltagserfahrungen mochte er dieses schwärmerische Attribut allenfalls noch für die tatsächlich zauberhafte Flora und Fauna der Insel gelten lassen. Die Großmutter, in jungen Jahren im Schuldienst, schärfte dem Enkel nach und nach die Sinne für die schwelenden sozialen Konflikte auf Jamaika und deren geschichtliche Hintergründe.

*Wichtigstes Transportmittel der Armen auf der Insel
ist bis heute der Esel*

Von den rund zwei Millionen Bewohnern des Eilands waren nicht einmal zwei Prozent Weiße, doch die meisten von ihnen gehörten zu den Superreichen der Insel. Über 90 Prozent der Bevölkerung waren schwarzafrikanischen Ursprungs, die Nachkommenschaft von Sklaven. Diese 90 Prozent waren arm und größtenteils Analphabeten. Die Kleinunternehmen hatte eine zahlenmäßig geringe Schicht vorwiegend indischer, syrischer und chinesischer Einwanderer unter Kontrolle. Bei der Polizei, in den Behörden und Ämtern herrschte eine gemischte Mittelklasse, die sich an den Normen der weißen Pflanzeraristokratie der englischen Kolonialmacht orientierte. Auch auf Jamaika gab es Slums, hatte die Wirtschaftskrise der dreißiger Jahre zu Massenarbeitslosigkeit geführt, Armut und Kriminalität machten auch hier – in schrillem Gegensatz zur paradiesischen Natur – vielen Menschen das Leben zur Hölle.

Ureinwohner Jamaikas waren die Arawakindianer, die vermutlich um das Jahr 700 u. Z. von Südamerika auf die Insel herübergekommen waren. Sie lebten als freundliche, Fremden gegenüber scheue Fischer und Bauern in kleinen Dörfern mit strohbedeckten Häusern. Sie hatten reichlich zu essen und kannten offenbar keine kriegerischen Gelüste. Ihre neue Heimat nannten sie «Xaymaca» – nach manchen Quellen auch «Xamayaca» –, «Land der Wälder und Flüsse» oder «Land des Frühlings». Von den sanftmütigen und friedfertigen Arawaken blieben der Nachwelt kaum Zeugnisse erhalten, ausgenommen ein paar Wörter wie Tabak, Hurrikan, Kanu oder Jamaikas erster Name, die ihrem Sprachschatz entstammten. Außerdem sagt man den Arawakindianern nach, sie hätten die Hängematte erfunden.

Ihre Kultur war hochentwickelt, und es gab Anzeichen dafür, daß in ihren Ritualen, festlichen Zeremonien und Kunstformen Gesang, Instrumentalmusik und Tanz eine wesentliche Rolle gespielt hatten. Die Ankunft spanischer Eroberer bereitete dem idyllischen Dasein der Arawakindianer ein jähes Ende.

Auf der Suche nach Gold für Spaniens Krone fielen mit Christoph Kolumbus 1494 die ersten Kolonialherren auf Jamaika ein. Damals lebten auf der Insel etwa 60000 Arawakindianer. Es dauerte nicht lange, da hatten die Eindringlinge aus Europa die Ureinwohner des paradiesischen Eilands nahezu ausgerottet. Als die Spanier feststellten, daß es auf Jamaika kein Gold gab, ließ ihr Interesse an der Insel merklich nach. Sie versuchten es mit der Viehzucht und pflanzten Tabak, Zuckerrohr und Bananen an. Da dafür möglichst billige Arbeitskräfte gebraucht wurden, ließen die spanischen Feudalherren Anfang des 16. Jahrhunderts Häftlinge aus Europa als «weiße Sklaven» nach Jamaika zwangsdeportieren. Diese Methode erwies sich jedoch als wenig effektiv, da Krankheiten und Erschöpfung zu hohe Ausfälle verursachten. So erließ die spanische Krone eine Gesetzesproklamation, die den Handel mit schwarzen Sklaven aus Afrika in Gang setzte. Bereits 1518 erreichte die erste «Ladung» afrikanischer Sklaven die Inseln in der Karibik, wo sie auf den Zuckerrohrfeldern und weiteren entstehenden Plantagen schuften mußten.

Jamaika entwickelte sich zu einem der Hauptumschlagplätze des internationalen Sklavenhandels. Das geschah vor allem im 18. Jahrhundert, als inzwischen die Engländer als neue Kolonialherren auf der Insel erbarmungslos ein blutiges Plantagen-Feudalregime praktizierten, das den Besitzern vor allem der Zuckerrohrplantagen legendären Reichtum einbrachte.

Die Vorherrschaft der Spanier in Westindien war der britischen Krone schon lange ein Dorn im Auge gewesen, und im Jahre 1655 hatte Großbritannien Jamaika erobert. Die Engländer landeten an der Südküste im heutigen Kingston Harbour. Die Spanier zogen sich fast ohne Gegenwehr zurück und segelten von der Nordküste aus nach Kuba. Die wenigen, die Widerstand leisteten, wurden nach langwierigem Buschkrieg von den Briten unterworfen. Der Madrider Vertrag von 1670 besiegelte Großbritanniens Anspruch auf Jamaika. Damals gab es schon längst keine Arawakindianer mehr auf der Insel.

Wegbereiter für den Eroberungsfeldzug der britischen Krone im westindischen Raum waren gefürchtete Mordbanden britischer Seeräuber, die mit erbeuteten Schiffen vornehmlich spanische Galleonen angriffen, die, mit

Fort Charles bei Kingston

edlen Metallen und wertvollen Steinen beladen, nach Hause segeln wollten. Die Piraten machten damals die ganze Karibik unsicher.

In besonders lebhafter Erinnerung blieb Harry Belafonte jener Tag im Juni 1935, da sie bei strahlendblauem Himmel morgens losgezogen waren zu einem gemeinsamen Ausflug in die Umgebung von Kingston. Seine «englische Oma» entpuppte sich dabei als hervorragende Fremdenführerin ihrer wissensdurstigen Enkel. Sie wurde nicht müde, die tausend Fragen der Brüder geduldig und in bester Laune zu beantworten. Vor allem der Achtjährige wich der Großmutter nicht von der Seite.

Sie besuchten auch Fort Charles, bestaunten die wehrhaften Zinnen und kletterten über die mit mächtigen Kanonen bestückte Anlage, in der unter anderen im Jahre 1779 der berühmte Lord Nelson Posten bezogen hatte in Erwartung einer französischen Invasion, die allerdings nie stattfand. Und sie gelangten schließlich auch nach Port Royal, einem ruhigen Flecken am Ende einer Halbinsel in der Hafenbucht von Kingston. Hier hatte in der ersten Hälfte des 17. Jahrhunderts der Waliser Henry Morgan, ungekrönter König der Piraten, unumstrittener Anführer der «Bruderschaft der Küste», sein Hauptquartier eingerichtet. In ihren Schlupfwinkeln hinter der Halbinsel verborgen, lauerten die Seeräuber auf Beute, überfielen mit ihren schnellen, leichten Schiffen die vollbeladenen Lastensegler der Spanier.

Port Royal war einst die Stadt mit dem übelsten Ruf für Sünde und Ausschweifung in der Neuen Welt. Hier zechten die Piraten, flossen Rum und Blut in Strömen. Spanisches Gold und Silber waren die Währung der Stadt in ihrer Blütezeit. Kunsthandwerker, Perückenmacher und Schneider ließen sich nieder, Spielsalons und Freudenhäuser florierten, es gab mehrere Kirchen für die Bußwilligen und sogar eine «Besserungsanstalt für faule Huren».

Ein vorwurfsvoller Blick von Melvine Love ließ die Großmutter einen Moment verstummen. Dann lächelte sie über ihre peinlich berührte Tochter und sagte sinngemäß versöhnlich, laß nur, sollen die Jungen nur rechtzeitig wissen, wie die Welt beschaffen ist. Und ohne zu verweilen, erzählte die «englische Oma» weiter von jenem verheerenden Erdbeben, das am 7. Juni 1692 zwei Drittel der Stadt Port Royal mit einem Schlag im Meer versinken ließ. Mehr als eintausend Menschen waren jämmerlich in den Fluten ertrunken, wurden von einstürzenden Häusern erschlagen, Millionenwerte wurden zerstört, verschwanden auf Nimmerwiedersehen. So lebhaft und anschaulich schilderte die Großmutter die Geschehnisse, als sei sie bei dem Unglück selbst dabeigewesen. Schließlich führte sie die gebannt lauschenden Brüder noch auf den alten Marsch Gallows Point, wo 1831 die letzten Piraten gehängt worden waren.

Harry war von dem Gehörten nachhaltig beeindruckt. Und Henry Morgan, wollte er wissen, was wurde mit dem? Die Auskunft der «englischen Oma» prägte sich ihm tief ein: Eigentlich war der König der Piraten nach London geschafft worden, um ihm dort den Prozeß zu machen. Der König der Engländer jedoch billigte dem Verbrecher «vaterländische Motive» zu und ließ ihn freisprechen. Nicht genug damit. Henry Morgan sei zum Ritter geschlagen, also in den Adelsstand erhoben worden und schließlich als neuer Gouverneur der britischen Krone nach Jamaika zurückgekehrt, wo er nebenbei sein altes Piratengewerbe mit bestem Gewissen und noch besseren Möglichkeiten wiederaufgenommen habe. Die Erdbebenkatastrophe von 1692 habe er nicht mehr erlebt. Als Sir Henry vier Jahre zuvor in seinem Bett gestorben sei, habe man ihm die Ehre eines Staatsbegräbnisses zuteil werden lassen.

Mit offenem Mund, in den dunklen Augen einen zunehmend ungläubigen Ausdruck, hatte Harry zugehört und schließlich lautstark protestiert. Wie ihm später klargeworden war, hatte sein Eifer seine Mutter wie auch die Oma wohl ziemlich belustigt. Doch so interessant und abenteuerlich diese Geschichte auch war – und er liebte von klein auf interessante Geschichten –, sie widersprach entschieden seinem ausgeprägten Sinn für Gerechtigkeit. Was konnte das schon für ein König gewesen sein, der einen blutrünstigen Piraten und vielfachen Mörder – anstatt ihn an den Galgen zu bringen, wie er es verdient hätte – zum Ritter und Gouverneur machte? Nur, weil ihm dieser Verbrecher mit seinen Untaten nützlich gewesen war? – Womit ihn die Großmutter damals beruhigt hatte, war ihm wörtlich nicht mehr erinnerlich, doch ein Satz blieb ihm im Gedächtnis haften, dessen Wahrheitsgehalt er im späteren Leben leider nur zu oft bestätigt sah: In der Politik heilige der Zweck so manches Mittel – so etwa hatte sich die «englische Oma» geäußert.

Und er stieß in der Geschichte Jamaikas auf zahlreiche weitere Ungerechtigkeiten und Verbrechen, deren Opfer vor allem die brutal unterdrückten Sklaven, also auch seine Vorfahren, gewesen waren. Über Jahrhunderte lebten die Weißen auf der Insel in ständiger Furcht vor Sklavenaufständen. Dazu hatten sie auch allen Grund. Denn die Neger wurden nicht nur auf den Plantagen und später auch in den Fabriken bis zur Erschöpfung ausgebeutet, ihr gesamtes Dasein war ein einziges Martyrium.

Den Sklaven war es verboten, schreiben und lesen zu lernen, gegen einen Weißen als Zeuge auszusagen oder die Plantage ohne Erlaubnis zu verlassen. Taten sie es dennoch, so durfte ihnen der erste Weiße, auf den sie trafen, zwanzig Peitschenhiebe auf den bloßen Rücken geben. Gab einer einen Schlag zurück, dann war es gesetzlich erlaubt, ihn zu töten. Wenn ein Neger des Nachts außerhalb der Siedlung angetroffen wurde, peitschte man ihn aus, brandmarkte ihn im Gesicht oder schnitt ihm die Ohren ab. Wenn ein Sklave flüchtete, wurde er automatisch außerhalb des Gesetzes gestellt, und jeder Weiße, der ihn traf, konnte ihn auf der Stelle erschießen oder erschlagen.

Die Weißen auf der Insel unterhielten zu ihrem Schutz eine schwerbewaffnete Truppe, die bei geringsten Disziplinverstößen rigoros gegen die Sklaven vorging und kein Pardon kannte. Sie organisierten ein perfides Spitzel- und Zuträgersystem, um jeden Aufruhr im Keim zu ersticken. Und dennoch konnten die britischen Kolonialherren die Neger nicht einschüchtern, ihre Widerstandskraft nicht brechen. Allein auf Jamaika erhoben sich in den Jahren 1655, 1664, 1692, 1702, 1816 und 1831 schwarze Sklaven gegen ihr grausames Schicksal. Alle Aufstände wurden blutig niedergeschlagen. Harry verschlang die verbotenen Schriften, die ihm die «englische Oma» – entgegen vorsorglicher Bedenken seiner Mutter – zu lesen gab. Wenn er auch noch nicht alles verstand, was da zu lesen war, so wuchs in dem Jungen zum ersten Mal doch so etwas wie Stolz, weil auch er ein Schwarzer war.

Er lernte das Schicksal von Samuel Sharpe kennen, einem der Anführer der größten Sklavenrebellion, den das Volk von Jamaika als Nationalhelden verehrte. Hunderte Negersklaven flohen damals in die unzugänglichen Gebiete des Cockpit Country. Sie nannten sich Maroons (vom spanischen cimarrón: ungezähmt) und setzten von ihren Höhlen im unwegsamen Bergland aus den Kampf gegen die verhaßte Kolonialmacht fort. Zum Schutz vor den verwegenen Angriffen der ehemaligen Sklaven mußte England zum Beispiel 1730 zwei zusätzliche Regimenter nach Jamaika entsenden. Harry erfuhr auch vom Opfergang eines weißen Missionars (hatte seine Mutter zu ihm nicht schon in New York gesagt: Nicht alle Weißen sind schlecht?!), der im Jahre 1831 in St. James an der Seite der mißhandelten Neger gekämpft hatte. Zur Vergeltung ließen die Kolonialherren auch diesen Priester töten und seine Kirche anzünden.

Aber auch nach der Befreiung der Schwarzen auf Ja-

Geschäftsstraße in Kingston Mitte der dreißiger Jahre

maika aus den Fesseln der Sklaverei im Jahre 1838 verlief das Leben der Neger nicht friedlich. Die befreiten Sklaven hatten weder Stimmrecht noch sonst Einfluß auf die Regierungsgeschäfte. Wenn sie überhaupt etwas Land zur eigenen Bewirtschaftung zugewiesen bekamen, dann handelte es sich um dürrebedrohte Gebiete. In Morant Bay im Südwesten Jamaikas zogen 1865 Hunderte ehemalige Sklaven, angeführt vom Baptistenpfarrer Paul Bogle und dem Rechtsanwalt William Gordon, friedlich zum Rathaus, um mehr Gerechtigkeit und bessere Lebensbedingungen zu fordern. Als sie dort verhöhnt und beschimpft wurden, setzte die empörte Menge das Gebäude in Brand. Von den Kolonialherren heranbeorderte Truppen richteten ein Blutbad an. Über 400 Menschen – unter ihnen Paul Bogle und William Gordon – wurden erschossen oder später gehenkt.

Als Harry Belafonte diese anklagenden Schriften aus der bewegten Geschichte Jamaikas las, konnte er nicht ahnen, daß er kurze Zeit darauf selbst Zeuge blutiger Auseinandersetzungen auf der paradiesischen Insel werden sollte. Nach den schweren Jahren der Wirtschaftkrise kam es 1938 in verschiedenen Regionen Jamaikas zu Aufständen der schwarzen Bevölkerung. Ihr leidenschaftlicher Protest richtete sich gegen niedrige Löhne und die Willkür der englischen Kolonialmacht, die sich erst im August 1962 bereit fand, Jamaika die Unabhängigkeit zu gewähren. Betroffen und ohnmächtig vor Zorn, beobachtete der inzwischen Elfjährige, wie die sich verzweifelt wehrenden schwarzen – unter ihnen auch weiße – Bürgerrechtskämpfer mit Terror und Gewalt niedergemacht wurden. Melvine Love und die Großmutter konnten den Jungen nur durch äußerste Strenge davon zurückhalten, mit auf die Straße zu gehen.

Es würde einen falschen Eindruck von den Jahren auf Jamaika vermitteln, beließ man es nur bei diesen wichtigen Erfahrungen, die Harry Belafonte vor allem im Gedächtnis blieben. Natürlich lebte er auf der Insel wie viele andere Kinder auch. Er mußte bei der Feldarbeit helfen, übernahm bestimmte Pflichten im gemeinsamen Haushalt, ging – nicht gerade begeistert – in die Schule, schloß Freundschaften, zerstritt sich wieder, trieb sich mit der Clique im Hafen herum, wo es immer etwas zu sehen gab, kam schmutzig und mit zerrissenen Hosen nach Hause und ließ die Ermahnungen der Erwachsenen geduldig über sich ergehen.

In Erinnerung an Black Harlem waren die Jahre auf Jamaika für Harry Belafonte eine schöne, unbeschwerte Zeit. Erst viel später wurde ihm bewußt, daß er hier einen

*So lebten die weißen Kolonialherren.
Das Devon House ist heute städtisches Museum*

weiteren Abschnitt seiner Lebensschule absolviert hatte. Aufregend und anschaulich hatte sich ihm die eigene Herkunft und zugleich ein Stück Weltgeschichte erschlossen. Auf oftmals vergnügliche Weise hatte sich sein geistiger Horizont erweitert, sein Blick geschärft für die Dinge des Lebens.

Über Musik muß noch gesprochen werden. Die reiche Folklore Jamaikas hat offenbar ihre Ursprünge im Zusammenfließen altenglischer Volkstraditionen des 17. und 18. Jahrhunderts mit einer starken kulturellen Strömung afrikanischer Herkunft. Anders, als er es aus New York gewohnt war, machte Harry Belafonte auf Jamaika die Erfahrung, daß Musik ein bestimmender Bestandteil des Lebens auf der Insel war. An allen möglichen Straßenecken, bei den Plantagenarbeitern, im alten Hafen auf den Fischerbooten, in den ungezählten Rumbars, in den Häusern, in Parks, auf öffentlichen Plätzen und in den verdeckten Hinterhöfen, ob am Morgen oder abends – überall und jederzeit hörte der Junge Musik. Und immer tanzten die Leute dabei, immer waren wenigstens die Beine oder die Arme und der Oberkörper in rhythmischer Bewegung.

Dem Jungen vermittelte sich bald das Gefühl, die Menschen wollten sich auf diese Art nicht nur unterhalten, sondern als sei das Erleben von Musik und Tanz auf Jamaika ein elementares Bedürfnis wie Essen, Trinken und Schlafen, als würden die im Dreck und in Armut aufwachsenden Schwarzen singend und tanzend ihr Elend vergessen, in der Gemeinsamkeit Hoffnung finden auf eine menschenwürdige Existenz.

Zuerst verstand Harry kaum, was da gesungen wurde. Mit der Sprache auf Jamaika war es überhaupt so eine Sache. Offiziell sprachen die Inselbewohner aller Hautfarben Englisch, wenn auch mit einem irischen oder sogar walisischen Akzent. Das verdankten sie den weißen Aufsehern der Sklavenzeit. Untereinander verständigten sich die Schwarzen jedoch eher in einem englisch-spanisch-afrikanischen Kauderwelsch, das nur Eingeweihte verstanden. Das führte leicht zu Mißverständnissen und brachte Harry anfangs auch in der Schule manchen ungewollten Lacherfolg ein. Doch er wurde erstaunlich schnell ein «Einheimischer». Die Lehrer bescheinigten dem Jungen ein überdurchschnittlich musikalisches Gehör, was sich auch darin zeigte, daß er ohne Mühe viele Lieder nachsingen konnte, und zwar im richtigen Rhythmus.

Das war selbst für manchen seiner Mitschüler gar nicht so einfach. Denn es gab da schon feine Unterschiede in Form und Inhalt. Die rhythmusbetonte Rumba war von Kuba nach Jamaika gelangt. Die auf der Insel aufgenommenen und leicht veränderten Lied- und Tanzweisen Calypso und der akrobatische Limbo stammten aus Trinidad. Die älteste und am meisten verbreitete Art unverfälschter, wenn man so sagen will, angeborener jamaikanischer Volksmusik war jedoch der Mento, der später dem über die ganze Welt verbreiteten Reggae mannigfaltige Impulse gab.

Der Begriff «Mento» stammt vermutlich vom altspanischen «mentar» ab und bedeutet soviel wie «etwas sagen» oder «erwähnen». Die Texte des Mento kommentierten – oft übermütig oder ironisch, nicht selten anklagend – Geschehnisse des Alltags, überlieferten aber auch Ereignisse der Vergangenheit. Harry Belafonte blieben vor allem die Gesänge der Fischer und Plantagenarbeiter im Ohr, eine reizvolle Mischung des Calypso mit mento-ähnlichen Texten. Er lauschte begeistert den schlichten und mitreißenden, lebensfrohen und traurigen, klagenden und spöttischen Liedern seiner schwarzen Brüder und Schwestern, jenen Calypso-Gesängen, die sein späteres Leben so nachhaltig beeinflussen sollten.

Verlorene Generation

Als Melvine Love Belafonte mit ihren Söhnen im Herbst 1940 in die USA zurückkehrte, hatte in Europa mit dem Überfall der Hitlerwehrmacht auf Polen am 1. September 1939 der zweite Weltkkrieg begonnen. Im öffentlichen Leben der Vereinigten Staaten war davon so gut wie nichts zu spüren.

Sie fanden in New York eine kleine Wohnung in einer Gegend, in der vornehmlich Weiße lebten, und zusammen mit ihnen besuchten die Negerkinder die George-Washington-Highschool. Schwarze und Weiße gingen zwar in ein und dieselbe Schule, wurden jedoch in getrennten Räumen unterrichtet. Und auch in den Pausen auf dem Schulhof blieb das bessere Gelände den Sprößlingen der Weißen vorbehalten. Daß es da ständig zu Reibereien, auch zu handfesten Auseinandersetzungen kam, war fast unvermeidlich.

Harry war inzwischen dreizehneinhalb Jahre alt, hochgewachsen, ein harter Bursche, energisch und stolz, der sich nichts gefallen ließ, egal, von wem. Nicht selten wurden die Belafonte-Brüder als «Niggerjungs» beschimpft und mußten, sie hatten kein anderes Mittel, ihre Ehre mit den Fäusten verteidigen. Nach dem Unterricht kam es – wie in der Zeit in Black Harlem, als sie sich gegen die «Makkaronis» zur Wehr setzten – zu regelrechten Straßenschlachten. Die «Habichte» traten an gegen die «Skorpione», und meist waren ihnen die weißen «Skorpione» zahlenmäßig überlegen. Doch Harry Belafonte gab nicht auf. Bei den erbitterten Prügeleien wurde er wiederholt so übel zugerichtet, daß er dem Unterricht wochenlang fernbleiben mußte. Eine Augenverletzung und etliche Narben behielt er aus jener Zeit als «Andenken» zurück.

In diesem Alter war Harry besonders wild und undiszipliniert. Er reagierte empfindlich auf jedes Wort, ja selbst auf Andeutungen, die ihn als Schwarzen möglicherweise diskriminieren könnten. Und er setzte sich energisch auch für andere Negerkinder ein, die ungerecht behandelt wurden, aber zu eingeschüchtert waren, um sich zu behaupten. Mit dem Abstand der Jahrzehnte leistete Harry Belafonte mancher Lehrerin von damals betroffen und auch ein bißchen beschämt Abbitte. Zwangsläufig hatten vor allem die Pädagogen unter den sozialen Zwängen, unter den Aggressionen der 40 bis 60 Negerkinder in ihren Klassen zu leiden. Und Kinder, die ohne Frühstück losgeschickt worden waren oder die auf dem Weg zur Schule gerade einen Raubüberfall oder eine Messerstecherei miterlebt hatten, waren schlechte Schüler.

Der vom faschistischen Deutschland begonnene Krieg hatte inzwischen zahlreiche Länder Europas ins Unglück gestürzt. In Polen, Dänemark, Norwegen, den Niederlanden, Belgien und Frankreich brachten die militärischen Auseinandersetzungen vor allem der Zivilbevölkerung unermeßliches Leid. Am 22. Juni 1941 überfielen die Streitkräfte Nazideutschlands die Sowjetunion, obwohl die UdSSR mit Deutschland am 23. August 1939 für die Dauer von 10 Jahren einen Nichtangriffspakt abgeschlossen hatte. Trotz verzweifelten Widerstands der sowjetischen Truppen hatte die Wehrmacht zunächst Erfolg und erreichte im Dezember 1941 die äußeren Verteidigungsstellungen vor Moskau und Leningrad. Hitler verkündete, der Krieg sei gewonnen, und auch die meisten Militärexperten der Westmächte waren der Meinung, daß die UdSSR so gut wie geschlagen sei. In dieser Situation ging das mit Deutschland und Italien verbündete Japan in die Offensive mit dem Ziel, im asiatischen Raum von China über Indonesien bis Indien weite Gebiete zu okkupieren bzw. sich die Vormachtstellung zu sichern. Der heimtückische und verbrecherische Schlag der japanischen Luftwaffe gegen den bedeutenden Flottenstützpunkt der USA bei Pearl Harbor auf den Hawaii-Inseln sollte auch das Leben von Harry Belafonte verändern. Durch die Kriegserklärungen Japans vom 7. Dezember und die Deutschlands sowie Italiens vom 11. Dezember 1941 wurden die USA in den militärischen Konflikt, an dem sie bisher lediglich indirekt durch die Lieferung von Kriegsmaterial an die Sowjetunion auf der Grundlage von Leih- und

Pachtverträgen beteiligt waren, unmittelbar hineingezogen.

1944 meldete sich Harry Belafonte freiwillig zum Militärdienst. Er war zwar erst siebzehn Jahre alt, doch da sich die USA im Krieg befanden, wurden auch ganz junge Leute genommen. Weder seiner Persönlichkeit noch seinem Charakter und seinen damaligen Einsichten entspräche der Versuch, Harrys Freiwilligenmeldung etwa als den Ausdruck einer antifaschistischen Gesinnung deuten zu wollen. Er war seinerzeit bewußt weder Patriot noch Abenteurer. Obwohl der stattliche junge Mann seine Nase schon über New York hinaus ein bißchen in den Wind gesteckt hatte, war er – was exaktes Wissen und so etwas wie ein politisches Weltbild betraf – doch noch reichlich unbedarft und auch naiv. Darin unterschied er sich nicht von seinen Altersgefährten.

Im Grunde war alles ganz einfach: Er hatte keine Lust mehr, weiter zur Schule zu gehen. Er hatte es satt, sich täglich demütigen zu lassen. Außerdem hatte er erlebt, wie aus seiner Clique etliche Burschen in die kriminelle Szene abgedriftet und über Nacht unter zum Teil fragwürdigen Beschuldigungen im Gefängnis gelandet waren. Harry hatte Angst, es könnte ihm – ehe er sich's versah – genauso ergehen. Ein bißchen motivierte ihn auch die naive Hoffnung, mit dem Militärdienst in geordnete Verhältnisse zu kommen, in Verhältnisse vor allem, die ihm weitere Diskriminierungen ersparen würden. Nicht zuletzt lag ihm daran, sich einen Kindheitstraum zu erfüllen und Seemann zu werden, wie einst sein Vater. Aus allen diesen Gründen ging Harry Belafonte ohne Abschluß von der Highschool ab und meldete sich zum Dienst in der Navy. Er wurde Matrose der Kriegsflotte der USA.

Die Wirklichkeit bei der Marine war so ganz anders, als er es sich erträumt hatte. Harry blieb weit davon entfernt, ein «Held der sieben Weltmeere» zu werden. Sein Schiff gehörte zu einem Flottenverband, der offenbar zur strategischen Reserve zählte. Sie lagen fast nur im Hafen. Stumpfsinn bestimmte den Alltag. Die Decks mußten geschrubbt, die Geschütze und Waffen immer wieder gereinigt und gepflegt werden, Putz- und Flickstunden im Mannschaftsrevier, dazu Spindkontrollen, Appelle zu allen möglichen Anlässen. Nächtliche Alarmübungen und kleine Manöver auf dem Michigansee waren schon Höhepunkte seiner Militärzeit.

Oft herrschte eine gereizte Stimmung an Bord. Viele der Offiziere brannten vor Ehrgeiz, warteten ungeduldig auf ihre Feuertaufe, sie kommentierten neidvoll Meldungen über erfolgreiche Operationen der US Navy im Atlantik und im Stillen Ozean, fühlten sich in die Etappe abgeschoben, ohne Aussicht auf Auszeichnungen und Beförderung. Und sie ließen ihren Unmut an den Maaten aus. Die Ausbilder gaben den Druck verstärkt an die Mannschaften weiter. Unter den Mannschaften wiederum hatten zumindest die weißen Matrosen ebenfalls einen «Blitzableiter»: die farbigen Rekruten. Es war das alte Lied, den Letzten bissen die Hunde. Und die Letzten auch bei der Navy waren in den Augen aller, die befehlen durften oder auch nur von sich meinten, etwas zu sagen zu haben, ohne Zweifel die Schwarzen. Dies um so mehr, wenn man so hochgewachsen, so verdammt stolz war und so verdammt gut aussah wie dieser Harry Belafonte. Jeder weiße Giftzwerg fühlte sich herausgefordert, an ihm sein Mütchen zu kühlen.

Seinen Dienst versah er tadellos. Die ständigen und zunehmenden Schikanen jedoch reizten seinen Widerstand. Daß jemand einem Vorgesetzten widersprach – wenn auch noch so sachlich und wohlbegründet –, wurde nicht geduldet. Ausgangssperre und andere Strafen waren die

Folge. Die Situation spitzte sich zu, als Harry – in seiner Freizeit an Land – einen Vorgesetzten verprügelte, der ihn öffentlich beschimpft und gedemütigt hatte und offensichtlich darauf aus gewesen war, sich mit ihm anzulegen.

Als Harry seine Arreststrafe abgesessen hatte, gab ihm ein älterer Matrose, Schwarzer wie er, eine Broschüre. Der Name des Verfassers war ihm unbekannt, aber es war ein ungewöhnlich langer Name: William Edward Burghardt Du Bois. Lies das mal, meinte der Neger, der fast sein Vater hätte sein können, dann verstehst du manches vielleicht besser.

Da saß er nun da mit der Broschüre. Geradeheraus gesagt: Lesen war seit langem schon nicht mehr seine Stärke. Und nun gleich einen so schwierigen Text. Doch das Thema fand er interessant. «Die Welt in Afrika». Er kam nur langsam voran, legte das Heft öfter wieder zur Seite. In fast jedem Satz kamen Wörter vor, die er mühsam buchstabierte, sie manchmal sogar halblaut vor sich hin murmelte, von denen er aber keine Ahnung hatte, was sie bedeuteten. Am Ende mancher Sätze entdeckte Harry kleingedruckt eine Zahl. Auch damit wußte er nichts anzufangen. Bis er unten auf der Seite die gleichen Zahlen wiederfand, und dahinter – sehr häufig – das Wort: Ebenda.

Was hatte es nun damit wieder auf sich? Wer war das, dieser Ebenda? Nachts grübelte der Siebzehnjährige manche schlaflose Stunde darüber nach. Schule hin, Schule her – in diesen Stunden fühlte er sich regelrecht elend, wurde es ihm zum ersten Mal so richtig bewußt, wie schrecklich es ist, ungebildet – unwissend – zu sein.

Er hätte den netten Matrosen fragen können, den älteren Neger, der ihm die Broschüre gegeben hatte. Aber das traute er sich nicht, genauer gesagt, das wollte er nicht. Er schämte sich seiner Unwissenheit und wollte den anderen unter keinen Umständen zeigen, wie ungebildet er war. Sie konnten ihn gut leiden, hielten große Stücke auf ihn. So eine Blamage wollte er sich ersparen.

Da kam ihm die Idee mit der Bibliothek. Mein Gott, dachte er, wenn ein so glänzender Mann wie Du Bois so oft Ebenda erwähnt, brauche ich doch eigentlich nichts weiter, als diesen Ebenda zu lesen, um die Erklärung für das ganze Universum zu finden. So dachte er, ein junger schwarzer Matrose in der Marine der Vereinigten Staaten.

Beim nächsten Landgang besuchte Harry Belafonte eine Bibliothek. Er war noch nie in einer solchen Einrichtung gewesen. Eine weiße Frau mit schlohweißem Haar fragte ihn streng nach seinen Wünschen. Sie war schon ziemlich alt, sehr klein und dünn, wirkte beinahe zerbrechlich und sah den verlegen vor ihrem Pult stehenden baumlangen Neger über die Gläser ihrer randlosen Brille hinweg durchdringend an. Harry blickte der alten Dame in die Augen und lächelte, ein Anflug jenes jungenhaft-charmanten Lächelns, das später in aller Welt die Herzen aller weiblichen Wesen zwischen achtzehn und achtzig höher schlagen lassen sollte.

Die Miene der respekteinflößenden Bibliothekarin erhellte sich denn auch, sie wiederholte, um einiges freundlicher, ihre Frage. Da faßte Harry Belafonte Mut und bat, sie möge ihm alle wichtigen Bücher bringen, die ein gewisser Ebenda geschrieben habe. Die Bibliothekarin fragte erstaunt zurück, und er wiederholte seine Bitte. Einen Moment herrschte unheilvolle Stille. Dann äußerte die weißhaarige Dame spitz, sie verbitte sich solche Scherze, und wandte sich demonstrativ dem nächsten Besucher zu. Aber so leicht ließ sich der Siebzehnjährige nicht abwimmeln. Er drängte sich erneut vor das Pult,

*William E. B. Du Bois – 1892/94 Student in Berlin –
wurde 1958 Ehrendoktor der Humboldt-Universität.
Prof. Hermann Duncker (rechts) gratuliert
dem schwarzen Gelehrten zu dieser Auszeichnung*

beschimpfte die erschrocken blinzelnde Bibliothekarin als Rassistin, die wolle, daß er als Schwarzer ungebildet bliebe, kein Geringerer als Du Bois habe diesen Ebenda extra wiederholt erwähnt und er werde sich schon woanders dessen Bücher verschaffen. So etwa machte Harry seinem Herzen Luft und stürmte hinaus.

Kaum wieder auf dem Schiff und noch immer mit einer gewaltigen Wut im Bauch, erzählte er den Kameraden von seinem «diskriminierenden Erlebnis» in der Bibliothek. Er erntete wieherndes Gelächter. Die Jungs klärten ihn auf und klatschten sich vor Vergnügen auf die Schenkel. Harry, mit hochrotem Kopf, zog ab wie ein begossener Pudel.

Die Pleite mit dem Ebenda wurmte ihn mächtig, sie gehörte zu den Geschichten, die er sein Leben lang nicht vergaß. Nach langem Hinundherüberlegen machte sich Harry Belafonte etliche Zeit später erneut auf den Weg in die Bibliothek. Obwohl es ihm ziemlich peinlich war, er wollte noch einmal hingehen und sich bei der weißhaarigen alten Dame entschuldigen, die er in blindem Eifer angegriffen und sicher verletzt hatte. Er mußte das einfach tun. Sonst würde er doch keine Ruhe finden, soweit kannte er sich schon. Die betagte Bibliothekarin saß nicht mehr hinter ihrem Pult. Vielleicht war sie krank geworden oder inzwischen im Ruhestand? Er hat sie nie wieder getroffen.

Nach 18 Monaten Militärdienst wurde Harry Belafonte – vorzeitig, jedoch in Ehren – aus der US Navy entlassen. Es hatte sich herausgestellt, daß er auf einem Auge schlecht sehen konnte. Offenbar war das eins der «Andenken» an Prügeleien mit Weißen auf dem Schulhof, als einer ihn mit einem Messer im Gesicht verletzt hatte. Da er ja unbedingt Seemann werden wollte, hatte Harry die Sehschwäche bei der nicht besonders gründlichen Tauglichkeitsuntersuchung verheimlicht.

So kehrte er zurück nach New York und überlegte, was er nun mit seinem Leben anfangen sollte. Harry Belafonte war 18 Jahre alt und eigentlich guter Dinge. Zumindest anfangs. Wichtige Lebenserfahrungen lagen hinter ihm, und er hatte den Plan, Matrose zu werden, noch nicht aufgegeben. Vielleicht würde er auf einem Fischkutter oder auf einem Handelsschiff anmustern können? Vielleicht war es sogar möglich, eine Seefahrtsschule zu besuchen und die mittlere Laufbahn einzuschlagen? Weshalb denn nicht?

Wie viele junge Amerikaner – und unter ihnen vor allem die Schwarzen – war Harry Belafonte aus dem Krieg heimgekommen mit der naiven Hoffnung, daß sich etwas ändern würde im sozialen Klima, in den gesellschaftlichen Verhältnissen der USA. Hunderttausende Amerikaner hatten gegen den Faschismus gekämpft, Tausende waren gefallen. Man hatte ihnen gesagt, es gelte, die Demokratie zu retten und die Welt zu befreien, damit alle Menschen dieser Erde am «guten Leben» teilhaben könnten. Das hatte besonders für die Schwarzen eine große Bedeutung.

Manche Debatte hatten sie gehabt an Bord, mit Isaac, dem älteren Neger, der ihm die Broschüre von Du Bois gegeben hatte, und den anderen. Und natürlich hatten sie Wörter wie «Demokratie», «Freiheit» oder «gutes Leben» auf die eigene Situation angewendet. Und da war eigentlich alles ganz klar gewesen: Wenn sie gekämpft hatten, um die Welt für die Demokratie zu retten, wie würde es dann mit ihnen in den Vereinigten Staaten werden? Was würde aus den Gesetzen, die die Rassentrennung festgelegt hatten? Was aus der fehlenden Chancengleichheit? Müßten dann in den USA die rassistischen Vorurteile nicht endlich fallen?

Unter den Soldaten und Offizieren der US Army, die sich im Kampf gegen den Hitlerfaschismus und gegen den japanischen Aggressor durch besondere Tapferkeit ausgezeichnet hatten, war der Anteil der Farbigen überdurchschnittlich groß. Das konnte sogar amtlichen Statistiken entnommen werden. Wie viele andere war Harry Belafonte so naiv zu glauben, daß die Schwarzen nun von der Nation geehrt und als gleichwertig anerkannt würden, hatten sie doch Tapferkeit gezeigt und die Bereitschaft bewiesen, sich mit ihrem Leben für die «Rettung der Demokratie» einzusetzen.

Aber die Schwarzen fanden zu Hause kein verändertes Klima vor. Im Gegenteil. Die von Weißen beherrschte Gesellschaft ließ keinen Zweifel an ihrer Entschlossenheit, die Farbigen noch entschiedener auf den alten Platz zurückzuverweisen: in Sklaverei, in ein Leben ohne Würde, Gerechtigkeit und Hoffnung.

Im Krieg hatte man die Schwarzen an der Front gebraucht. Da schien es ratsam, sie zu Hause in den Staaten zu schonen. Doch diese Zeiten waren vorbei. Nach Jahren relativer Zurückhaltung wurde – vor allem in den Südstaaten – auch der Ku-Klux-Klan wieder aktiv, und die Anhänger der Rassentrennung im ganzen Land forderten ungeniert: Verweist die Nigger wieder an ihren Platz!

Da gab es einen Mann mit dem Namen Isaac Woudard, ein Soldat der Vereinigten Staaten, hochdekoriert auf dem Schlachtfeld: Er kam heim, nachdem er mit allen Ehren aus der Armee entlassen worden war. Er lebte im Süden. Er nahm einen Bus, um nach Hause zu fahren. Da sagte man ihm, er habe als Schwarzer hinten im Bus zu sitzen. Er weigerte sich, jemals wieder so zu leben wie vor dem Krieg. Der Busfahrer und einige Weiße holten die Polizei. Die weiße Polizei gebrauchte den Knüppel, das stumpfe Ende des Knüppels, und stach ihm beide Augen aus. Er wurde blind. Das war ein sehr berüchtigter Fall damals, der sogenannte Isaac-Woudard-Fall. Aber er war nur einer von vielen dieser Art.

Wie alle jungen Kriegsteilnehmer, die keinen Schulabschluß oder noch keinen Beruf hatten, erhielt Harry Belafonte von der Regierung der USA eine Zeitlang etwas Geld. Damit sollte die Wiedereingliederung erleichtert werden. Natürlich konnte er die paar Dollars gut gebrauchen, doch im Grunde war dieses Almosen das einzige, was er und die anderen Schwarzen für sich erreicht hatten. Ansonsten blieben sie, wie vor dem Krieg, Bürger zweiter Klasse. Als er vom Isaac-Woudard-Fall las, erfüllten den jungen Mann Zorn und Trauer. Isaac, so hieß auch sein väterlicher Freund auf dem Schiff, dem er soviel zu verdanken hatte, mit Nachnamen zwar nicht Woudard, aber in seiner aufrechten, klaren Haltung hätte er dieser unglückliche Neger aus dem Süden sein können. Was war das nur für eine ungerechte, brutale Welt, in der er lebte!

Es war schwer für ihn, sich zurechtzufinden. Und das Schlimmste an seiner Wut war das Gefühl, seinem Schicksal, all dem Elend, der Willkür der mächtigen Weißen hilflos ausgeliefert zu sein. Er fühlte sich ohnmächtig und sah keine Chance, daß sich das jemals ändern könnte.

Harry Belafonte schlug sich mit verschiedenen Gelegenheitsarbeiten durch und fand schließlich in Harlem einen Job als Hausgehilfe. Er machte die Treppen und Korridore sauber, übernahm Klempnerarbeiten und andere kleine Reparaturen. Einmal hatte er bei einer Frau eine Jalousie auszubessern. Als Trinkgeld gab sie ihm zwei Eintrittskarten für ein kleines Theater für Schwarze. Nach einigem Zögern ging er hin. Er hat es nie bereut. Eine neue Welt tat sich ihm auf. Was für ein Stück da gespielt worden war, hatte er bald vergessen. Doch bis heute lebendig blieb ihm das Ereignis, dieser erste Besuch in einem Theater, der sein Leben veränderte.

Es begann schon, ehe der Vorhang sich hob. Die Menschen, die hier zusammenkamen, waren alle schwarz. Keiner dachte auch nur daran, sich seiner Hautfarbe zu schämen. Lebhaftes Stimmengewirr erfüllte den Saal. Man unterhielt sich ganz zwanglos, in den Gängen, über mehrere Reihen hinweg. Viele hier kannten sich offenbar schon. Sie lachten miteinander und nahmen den stillen jungen Theaterneuling ganz selbstverständlich in ihren Kreis auf, als würden sie ihn schon lange kennen. Alle schienen sich auf den gemeinsamen Abend zu freuen – der Alltag draußen mit seinen mannigfaltigen Demütigungen, Sorgen, Nöten und Zwängen existierte hier nicht mehr.

Die heitere, gelöste Stimmung dieser Gemeinschaft übertrug sich auf den jungen Mann. Und die erwartungsvolle Befangenheit, mit der er den Weg ins Theater angetreten hatte, fiel nach und nach von ihm ab. Bald war er nur noch angenehm überrascht und neugierig, gab hin und wieder schon mal übermütige Antworten, anstatt verlegen zu schweigen, wenn er angesprochen wurde. Das alles hinterließ in Harry eine tiefe Wirkung, ein Gefühl der Zusammengehörigkeit, der Kameradschaft und Solidarität. Er fühlte sich einfach wohl als Schwarzer unter all diesen Schwarzen. Das war alles ganz anders als das, was er bisher im Kino gesehen hatte.

Künftig saß er öfter im Parkett einer Negerbühne, wenn auch meist ganz hinten. Er geizte mit jedem Cent, verzichtete lieber auf ein paar Tüten Popkorn, das damals groß in Mode kam, um sich wieder mal Theaterkarten leisten zu können. Und dann kam jener Tag, der bestimmend für sein ganzes weiteres Leben werden sollte. Das konnte Harry Belafonte damals natürlich nicht einmal ahnen. Aber im Dasein eines jeden Menschen gibt es Ereignisse, die sein weiteres Schicksal entscheidend beeinflussen, die alles, was bis dahin gültig war, in Frage stellen, unbedeutend werden lassen, die zwingend Weichen in die Zukunft stellen, dem Leben Sinn und ein Ziel geben. Solch ein Ereignis war für den Neunzehnjährigen die Begegnung mit Paul Robeson.

Plötzlich stand er auf der Bühne des kleinen Negertheaters in Harlem, der weltberühmte afroamerikanische Künstler, Sohn eines Sklaven. Es war wie ein Wunder. Ein Riese stand da, ein schwarzer Gigant, der mitten im rassistischen Amerika lebte, kämpfte und unerschrocken seinen Weg ging. Seine tiefe Stimme schien den Saal zu sprengen. Die sehr aufrechte Haltung, das breite, dunkel glänzende Gesicht, der gütig-wache Blick seiner Augen – welche Würde und Kraft strahlte dieser Mann aus!

Bereits zu Lebzeiten war Paul Robeson für viele Schwarze eine legendenumwobene Persönlichkeit. Isaac und die anderen Negermatrosen bei der Navy hatten oft von ihm gesprochen. Er hatte all das, was ihn für einen Jugendlichen, zumal einen mit dunkler Hautfarbe, zum Idol machte. Er sprach liebenswürdig, doch auch entschieden, mit Bitternis. Er schaute hinunter ins Publikum, und Harry hatte das Gefühl, als sähe er nur ihn an, als spräche er nur zu ihm.

Dann wurde es dunkel im Zuschauerraum, die eigentliche Vorstellung begann. Der junge Mann in einer der letzten Reihen saß da wie gebannt. Er vergaß alles um sich herum, hatte nur Augen und Ohren für das Geschehen auf der Bühne. Er erkannte Paul Robeson kaum wieder. Nicht nur wegen des Kostüms und der Schminke. Auch die Stimme, die ganze Haltung – von Gigant keine Spur mehr. Da litt ein alter Mann, beklagte ein Neger den sinnlosen frühen Tod seiner Enkeltochter, die gestorben war, weil die Familie keinen Arzt bezahlen konnte.

Totenstill war es im Saal. Sie alle litten mit dem Großvater da oben. Er war einer von ihnen. Sein Schicksal ging sie alle an, es war ihr eigenes Leben.

Meine Vaterfigur, sagte Harry über Paul Robeson, mein Mentor, mein Vorbild

Nach der Pause kam ein anderes Stück. Etwas Lustiges. Und wieder war Paul Robeson wie verwandelt. Nie hätte Harry gedacht, daß ein so bedeutender Mann derart komisch, so fröhlich sein könnte. Und auch das Publikum war nicht wiederzuerkennen. Es gab Gelächter, auch Zwischenrufe. Die Schauspieler reagierten prompt, machten witzige Bemerkungen, die gewiß nicht in den Textbüchern standen. Wie gut parierte Tennisbälle flogen die Worte zwischen Bühne und Zuschauerraum hin und her. Viel zu schnell ging die Aufführung zu Ende.

Der Vorhang fiel, ein paar Herzschläge lang herrschte atemlose Stille. Dann brach der Beifall los. Alle klatschten begeistert in die Hände. Viele im Publikum waren aufgesprungen, drängten nach vorn. Auch Harry versuchte, zur Bühne zu gelangen, doch er konnte mit Paul Robeson nicht sprechen. Er hatte zu weit hinten gesessen. So winkte er aufgeregt, fuchtelte mit seinen langen Armen herum und rief immer wieder Robesons Namen. Und in jenen Augenblicken, eingekeilt in der jubelnden, brodelnden Menge schwarzer Theaterbesucher, wurde Harry Belafonte schlagartig klar, welchen Weg er vor sich hatte: Er wollte ebenfalls Schauspieler werden! Er wollte die Menschen begeistern, sie zu Tränen rühren und zum Lachen bringen, sie aufrütteln und trösten wie Paul Robeson!

Fast erschrak er vor diesem Gedanken. War sein Wunsch nicht vermessen? Überschätzte er da nicht seine Möglichkeiten? Doch er war nicht in der Stimmung, Grübeleien nachzuhängen. Das widersprach ohnehin seinem optimistischen Wesen. Er wollte es zumindest versuchen.

Daß ein so hochgestecktes Ziel zu erreichen war, hatte Paul Robeson bewiesen. Der hatte in Harlem gelebt wie er. Hatte mit Auszeichnung studiert, wurde als berühmter Sportler gefeiert, war schließlich Anwalt und danach dann Schauspieler und Sänger geworden. Als Othello hatte er in Theatern der Weißen in London und am Broadway Triumphe gefeiert. Und er war bei allen seinen Erfolgen bescheiden, natürlich, den einfachen Menschen und vor allem seinen schwarzen Schwestern und Brüdern freundschaftlich eng verbunden geblieben.

Diesem Paul Robeson wollte er nacheifern!

An jenem denkwürdigen Abend konnte Harry Belafonte nicht ahnen, daß er den weltberühmten Künstler nicht nur schon bald wiedersehen und mit ihm sprechen würde, sondern daß er sogar dessen Freund und Kampfgefährte werden sollte. Aus tiefer Überzeugung und dankbar nannte er Paul Robeson später bewegt seine Vaterfigur, seinen Mentor, sein Vorbild. Und nach dem tragischen Tod des «schwarzen Giganten» setzte Harry Belafonte sein ganzes Talent und einen großen Teil seiner Kraft dafür ein, das Vermächtnis des unvergessenen Freundes zu erfüllen.

Ein «unfreundlicher» Zeuge

Er hatte Glück, jenes Quentchen Glück, das – glaubt man dem Sprichwort – auf die Dauer nur der Tüchtige hat, ohne das jedoch Vollendung kaum möglich ist. Und er fand gute Freunde. Auf Anhieb klappte es, er erhielt in Stanley Kubrick's «Dramatic Workshop» und in der von Erwin Piscator geleiteten «New School for Social Research» in New York einen Ausbildungsplatz. Mitstudenten von ihm waren unter anderen Marlon Brando, Walther Matthau und Tony Curtis. Abends schob Harry in «seinem» Negertheater Kulissen und bekam bald hin und wieder eine kleine Rolle übertragen. Dort spielte auch Sidney Poitier, und schon aus dieser Zeit datiert ihre Freundschaft.

In der zweiten Hälfte der vierziger Jahre hatte die Regierung in Washington den kalten Krieg entfacht – gegen die Sowjetunion und die anderen sich gerade erst entwickelnden sozialistischen Staaten sowie gegen alle fortschrittlichen Strömungen im eigenen Land. Harry und viele ehemalige US-Soldaten hatte diese Wende zunächst sehr verwirrt, weil bis dahin vieles, was man ihnen über die Sowjetunion mitgeteilt hatte, positive Dinge gewesen waren: Man hatte die Tapferkeit der russischen Soldaten als Bündnispartner der antifaschistischen Allianz gelobt, von Gleichberechtigung zwischen Mann und Frau, ökonomischer Gerechtigkeit und Gleichheit der Völker und Rassen war die Rede gewesen, von Dingen, wie man sie im Alltag der Staaten vergeblich suchte.

Plötzlich unternahmen die Politiker, unterstützt von den Medien, riesige Anstrengungen, um die Sowjetuion in einer anderen Perspektive zu zeigen. Die einstigen Verbündeten wurden regelrecht verteufelt, um deutlich zu machen, daß sie jetzt und in Zukunft die Gegner der USA waren. In den Vereinigten Staaten wurden einige Gesetze erlassen, die eindeutig verfassungswidrig waren. Diese Gesetzte richteten sich vor allem gegen die unzufriedenen Schwarzen. Jede Kritik an Washington, jeder Protest gegen die volksfeindliche Regierungspolitik der Truman-Administration wurde als «links» diffamiert. Hauptziel aller Angriffe waren «die Kommunisten», und auch jeder, der Kommunisten unterstützte oder auch nur Sympathie für Leute zeigte, die unter dem Verdacht standen, Kommunist zu sein, sah sich vielfältigen Repressalien ausgesetzt.

Diese politische Strömung in den USA – die 1950 mit

dem Erscheinen des erzreaktionären Senators Joseph McCarthy auf der politischen Szene auch ihren Namen erhielt – erfaßte alle Bereiche des Lebens in den Vereinigten Staaten. Im ganzen Land wurden sogenannte Bürgerwehr-Gruppen gebildet. Überall etablierten sich kleine Faschisten, kleine selbsternannte Diktatoren, kleine selbsternannte Hitler: der örtliche Bürgermeister, Priester verschiedener Kirchen, der Polizeichef. Nach dem Willen des Senators McCarthy sollte jeder jeden ausspionieren, jeder jeden verdächtigen und auch denunzieren. Allgemeines Mißtrauen, Unsicherheit und Angst waren die Folge.

Hunderte Kommunisten wurden verhaftet und zum Teil zu hohen Gefängnisstrafen verurteilt. Andere sahen sich gezwungen unterzutauchen, in die Illegalität zu gehen. Man stellte schwarze Listen auf. Vor allem Schriftsteller, Künstler und andere Intellektuelle wurden verdächtigt, «Agenten des Kommunismus» zu sein. Ihre Telefone und ihre Post nahm das FBI unter Kontrolle. Sie wurden verfolgt, boykottiert, verloren ihre Stellungen. Ihre Bücher ließ man aus den öffentlichen Bibliotheken entfernen. McCarthy griff auch Hollywood an. Arthur Miller, Albert Maltz und andere namhafte Autoren, Regisseure und auch Schauspieler wurden über Nacht arbeitslos. Man führte sie wie Schwerverbrecher ab und unterzog sie entwürdigenden Verhören.

Die Frage lautete stets: Sind Sie Mitglied der Kommunistischen Partei, oder sind Sie es nicht? Befinden sich unter Ihren Freunden Kommunisten? Haben Sie Sympathie für die Linke? Die meisten Leute, denen man diese Fragen stellte, waren keine Mitglieder der Partei. Aber aus prinzipiellen Gründen weigerten sie sich, diese Fragen zu beantworten, denn nach der amerikanischen Verfassung hat niemand das Recht, jemanden über seine politischen

Ansichten oder über die Auffassung seiner Freunde amtlich zu befragen. Es gab aber auch etliche Schriftsteller und Künstler, die sich einschüchtern ließen, die dem politischen Druck oder der materiellen Versuchung nachgaben und sich von ihren früheren Idealen lossagten.

Eine ebenso planmäßig wie demagogisch geschürte antikommunistische Hysterie verbreitete sich im ganzen Land. Diese Kampagne war Bestandteil einer Politik des «Roll back» imperialistischer Regierungen gegen die Sowjetunion und andere sozialistische Staaten, gegen jegliche fortschrittliche Bewegung in der ganzen Welt. Sie sollte die progressiven Kräfte in den USA mundtot machen, zumindest sie einschüchtern und zugleich das militärische Eingreifen der Vereinigten Staaten in Korea sowie die enorm erhöhten Rüstungsausgaben rechtfertigen, die etwa dem Rockefeller-Trust, Standard Oil und anderen Mammutunternehmen der Industrie Riesenprofite verhießen.

Natürlich ging das alles auch an der Schauspielschule nicht spurlos vorüber. Einige Aufregung gab es, als sich das Gerücht verbreitete, Erwin Piscator sei auf offener Straße festgenommen worden. Es war leider kein Gerücht. Der aus Hitlerdeutschland emigrierte antifaschistische Künstler erteilte dem McCharthy-Ausschuß – man nannte ihn «The House of Unamerican Activities Committee» (Ausschuß für unamerikanische Aktivitäten) – eine klare Abfuhr. Eine Zeitlang lag die Drohung in der Luft, die «New School for Social Research» könnte geschlossen werden. Doch offenbar hatte Piscator in den USA nicht nur Gegner, sondern auch einflußreiche Freunde und Fürsprecher.

Jene Jahre, die er später «eine Zeit des Irrsinns in der amerikanischen Geschichte» nannte, erlebte Harry Belafonte wie im Rausch. Soviel Neues, Aufregendes stürmte auf ihn ein. Schon der Studienbetrieb an der Schauspielschule erforderte seine ganze Aufmerksamkeit und Konzentration. Seine Bildungslücken machten sich mitunter empfindlich bemerkbar. Da er jedoch ehrgeizig war und in keinem Fach zurückbleiben wollte, büffelte er oft bis spät in die Nacht, um wenigstens das Nötigste nachzuholen.

Dazu kamen die Anforderungen in der ungewohnten Rolle als Familienvater. Ziemlich jung und möglicherweise etwas übereilt hatten Harry und eine angehende schwarze Kinderpsychologin aus wohlhabendem Haus geheiratet. Sie liebten sich und wollten zusammen sein. Zwei junge Menschen, beide noch nicht recht erwachsen, die Wärme, Geborgenheit suchten, die sich gegenseitig Halt geben wollten. Die Gemeinsamkeit brachte jedoch auch unerwartet so manche zusätzliche Belastung, vor allem später, als sich Nachwuchs ankündigte.

Nicht zuletzt waren die Wochen und Monate ausgefüllt mit politischer Kleinarbeit, die nicht nur viel Zeit erforderte, sondern auch mühsam war und nicht ungefährlich. Unter anderem ging es darum, Paul Robeson zu helfen. So unwahrscheinlich es klingt, McCharthys antikommunistische Hysterie hatte bewirkt, daß es bald kein maßgebender Veranstalter mehr wagte, den großen Künstler in seinem Konzertsaal auftreten zu lassen. Er war ein Weltstar, aber die US-Regierung hatte ihm den Paß abgenommen, so daß er nicht mehr reisen konnte. Sie hatten Robeson buchstäblich unter Hausarrest gestellt. Das FBI jagte ihn, verfolgte ihn überall hin.

Doch es durfte den Rassisten einfach nicht gelingen, diese gewaltige, populäre Stimme zum Schweigen zu bringen! Deshalb waren Freunde des «schwarzen Giganten», unter ihnen Harry Belafonte, im ganzen Land unterwegs, um Paul Robeson trotz alledem Auftritte zu ermöglichen, in Kirchen und in anderen öffentlichen Einrichtungen. Das erforderte Geschick und Umsicht, denn McCharthys gab es überall. Außerdem war es ständig notwendig, Geld zu beschaffen. Neben Verfahren auf regionaler Ebene gab es inzwischen zahlreiche Gerichtstermine beim Bundesgericht, und viele Opfer des Kesseltreibens McCharthys hatten Klage beim Verfassungsgericht eingereicht. Die oft langwierigen Prozesse und auch die Unterstützung der von Verfolgung und Arbeitslosigkeit betroffenen Familien mußten finanziert werden.

Mit wachen Sinnen verfolgte Harry die Ereignisse, nahm – wo immer es ihm möglich war – aktiv an den Auseinandersetzungen teil. Immer öfter erlebte er, daß von den Schikanen der Polizei und der Behörden Schwarze und Weiße betroffen waren. Damals fand er heraus, daß die Lebenssituation eines Menschen in der Gesellschaft nicht von Rasse und Religion, sondern von seiner Klassenzugehörigkeit abhängt.

Noch während seiner Ausbildung bot sich ihm die Chance zu einem ersten Bühnenauftritt. Sie hatten an der Schauspielschule verschiedene Szenen eines Musicals geprobt, und einem Produzenten, immer auf der Suche nach unentdeckten Talenten, war Belafontes Stimme aufgefallen. Der Produzent wollte O'Neills Drama ALL GOD'S CHILLUM GOT WINGS (Alle Kinder Gottes haben Flügel) herausbringen. Das war gerade in jener Zeit ein ausgesprochen mutiges Vorhaben. Er bot dem Studenten an, den als Antwort auf den hohen, nasalen Gesang eines weißen Tenors vorgesehenen populären Song eines Schwarzen zu singen. Harry war sofort Feuer und Flamme. Seine Begeisterung kühlte sich jedoch beträchtlich ab, als ihm klargemacht wurde, daß sein «Auftritt» vor dem ersten Akt, hinter geschlossenem Vorhang, vonstatten gehen würde. Immerhin, es war ein Anfang.

Der Regisseur war von Belafontes Erscheinung derart beeindruckt, daß er den Produzenten beredete, dem Neuling statt des anonymen Gesangsparts die männliche Hauptrolle anzuvertrauen. Harry traute seinen Ohren nicht. Es kostete ihn Mühe, äußerlich seriös und gelassen zu erscheinen. Im Innern schlug sein Herz Kobolz. Er sollte den Jim Harris spielen! Nicht auszudenken! Eine Rolle, in der Jahrzehnte zuvor kein Geringerer als Paul Robeson geglänzt hatte wie auch in KAISER JONES, ebenfalls von O'Neill. Und seine Partnerin würde eine weiße Schauspielerin sein, Caroline F., damals schon eine gewisse Berühmtheit im New-Yorker Theaterdistrikt rings um den Broadway.

Harry glaubte zu träumen. Und er kniete sich mit Hingabe und Leidenschaft in diese anspruchsvolle erste große Aufgabe. Gestik, Mimik und Sprache dieses Jim, der wie er den Slums von Harlem entstammte, lagen ihm im Blut. Da mußte er sich vor Übertreibungen in acht nehmen. Er büffelte den Text, ließ sich immer wieder abfragen, erschien eine halbe Stunde vor der festgesetzten Zeit zu den Proben. Ziemlich bange war ihm vor seiner weißen Partnerin gewesen. Doch Caroline war kein bißchen arrogant oder eingebildet, wie er befürchtet hatte. Dem blutigen Anfänger gegenüber verhielt sich die schlanke junge Frau, die im Stück ein Mädchen spielte, tolerant, fast kameradschaftlich. Vor allem: Sie war keine Rassistin, auch keine von der «kultivierten» Sorte, die Schwarze grundsätzlich mit herablassender Nachsicht behandelten. Das hatte er erleichtert schon bei ihrer ersten Begegnung bemerkt. So freute er sich schon immer auf die nächste Probe.

Im leeren Zuschauerraum verloschen die Lichter. Nur schemenhaft sah man unten am schwach beleuchteten Pult den Regisseur und seinen Stab.

Sie standen an einer Straßenecke im unteren New York, am Rande von Black Harlem. Die Gesichter der Darsteller in der linken Straße waren alle weiß; die in der rechten alle schwarz. Die Bühnenbeleuchtung imitierte den Glanz der allmählich untergehenden Sonne, die jungen Leute verschwanden nach und nach in den Kulissen. Nur Ella, ein weißes Mädchen, und Jim, ein schwarzer Junge, blieben zurück. Verlegen sahen die beiden sich an, gingen zögernd aufeinander zu, trafen sich auf der Vorderbühne genau an jenem Punkt, wo die beiden Straßen zusammenstießen.

Jim strahlte das Mädchen an: «Weißt du was, Ella? Seit ich dir deine Bücher zur Schule und zurück trag, trink ich dreimal am Tag 'ne Menge Kreide mit Wasser. Tom, der Friseur, hat gesagt, das macht mich weiß, wenn ich genug trink. – Seh' ich schon weißer aus?»

Ella betrachtete den Negerjungen und sagte nach einer Pause: «Ja – vielleicht –, 'n bißchen ...»

«Halt, Kinder, stopp!» rief der Regisseur aus dem Dunkel im Parkett. «Das war schon ganz gut. Aber, Harry, das: Seh' ich schon weißer aus?, das muß flehender kommen, irgendwie demütiger. Der Junge verknüpft doch eine Menge Hoffnungen mit dieser Frage, die die positive Antwort eigentlich schon so ein bißchen suggeriert. Du, Caroline, spürst das. Deshalb müßte dein: Ja – vielleicht –, 'n bißchen ... nicht nur zögernd, auf jeden Fall tröstender kommen. Alles klar? Also, bitte, die Szene noch einmal.»

Doch die Probe wurde durch eine Störung von außen unterbrochen. Eine Dame hatte sich vom Inspizienten nicht abweisen lassen. Sie verlangte höflich, aber mit Nachdruck, Mister Belafonte zu sprechen. Der Inspizient war schon länger als zehn Jahre an diesem kleinen Theater engagiert und ließ sich sonst nicht so leicht aus der

Fassung bringen. Doch als die resolute Besucherin ihre Karte zeigte, eine Legitimation des «House of Unamerican Avtivities Committee», hatte er sofort jeden Widerstand aufgegeben und sie beflissen sogar in den Zuschauerraum geleitet.

Die Dame mochte etwas über dreißig sein, war sehr blond und konservativ-elegant gekleidet. Sie wirkte keineswegs unsympathisch. Ihre Neigung zur Fülle gab ihrer Erscheinung sogar etwas Harmloses, Vertrauenerweckendes. Freundlich lächelnd winkte sie Harry Belafonte zur Seite.

«Ich habe Ihnen zugesehen», sagte die Dame. «Ihr Spiel gefällt mir, Sie haben Talent.»

«Danke, Miss.» Harry spürte verärgert, wie er verlegen wurde und ihm das Blut in den Kopf schoß. Diese verdammte Verlegenheit, sobald eine weiße Frau das Wort an ihn richtete.

«Ich persönlich bin davon überzeugt», redete die Dame weiter, «daß Sie auch ein guter Amerikaner sind. Aber Sie sind noch sehr jung, also leicht zu beeinflussen.» Sie schob sich näher an ihn heran und gab ihrer Stimme einen vertraulichen Ton: «Haben Sie nicht bemerkt, daß man Sie mißbraucht? Daß Sie das Opfer einer kommunistischen Verschörung sind?»

Mit dieser Bemerkung wußte Harry absolut nichts anzufangen. Wer war diese Frau? Was wollte sie von ihm? Weshalb kam sie hier hereingeschneit und störte die Probe? Er fühlte die Blicke von Caroline im Rücken, hörte den Regisseur hüsteln. Süßlicher Zigarettenduft stieg ihm in die Nase. Der Boß hatte also eine Rauchpause genehmigt. In fünf Minuten spätestens würde die Dame sich hoffentlich in Luft aufgelöst haben. Er war jetzt nicht Harry Belafonte, sondern Jim, und er wollte weiterspielen. Er war Jim aus den Slums von Harlem, der sich seiner Hautfarbe schämte, sich minderwertig fühlte und sich zu seinem Unglück auch noch in das weiße Mädchen Ella verliebt hatte – wie sie sich in ihn –, das alles spielte sich zwar hier auf der Bühne ab, aber es war ein Stück seines eigenen Lebens! Die Geschichte einer großen Liebe zwischen einem Negerjungen und einem weißen Mädchen, die tragisch endet. Die tragisch enden mußte in einem sozialen Umfeld, das jede «Mischehe» als Herausforderung, als schlimme Provokation wertete, das den Betroffenen, die ja selbst befangen waren in tradierten Vorurteilen, keine Chance ließ, über den eigenen Schatten zu springen. Ein wahrhaftiges, qualvolles Stück, das Wunden bloßlegte. Eine faszinierende Aufgabe für ihn, eine Möglichkeit, die eigenen Befürchtungen und Ängste, die eigenen Sehnsüchte zu artikulieren ...

Er begriff noch immer nicht, worauf diese Dame hinauswollte, doch instinktiv fühlte er sich bedroht, spürte er hinter ihrem freundlichen Lächeln Gefahr.

«Ich verstehe nicht, Miss», sagte er endlich, «wovon Sie reden.»

«Nicht?» Die Dame zog eine Augenbraue hoch und lächelte ungläubig. «Dann muß ich wohl deutlicher werden. Studieren Sie nicht an der ‹New School for Social Research›? Wissen Sie nicht, daß diese Schule eine kommunstische Tarnorganisation ist?»

Ach, daher wehte der Wind! Einen Moment war Harry sprachlos. Dann hielt er der Besucherin, ebenfalls lächelnd, vorsichtig entgegen, sie sei offenbar äußerst uninformiert. Erwin Piscator habe diese Schule gegründet und leite sie, ein bedeutender deutscher Theatermensch und Demokrat, der vor Hitler in die USA geflohen sei. Hunderte Studenten, Weiße und Schwarze, erhielten bei ihm eine durchaus solide Ausbildung, bekämen zugleich demokratische politische Grundhaltungen vermittelt, die dem Andenken des von ganz Amerika verehrten früheren Präsidenten Franklin D. Roosevelt verpflichtet seien ...

Die Dame unterbrach ihn und winkte ärgerlich ab. «Uns ist ebenfalls bekannt», sie setzte die Worte mit effektvollen Kunstpausen und sah ihn dabei lauernd an, «uns ist bekannt, daß Sie ein Freund von Paul Robeson sind. Sie paktieren mit einem der größten Feinde Amerikas, Mister Belafonte.»

Noch ehe er seinen Protest formulieren konnte, gab sie ihm zu verstehen, daß das Gespräch für sie beendet sei. Unmerklich atmete Harry auf. Nur mit halbem Ohr hörte er die Dame noch bemerken, er sei offensichtlich schon stärker infiziert, als sie befürchtet habe. Er werde demnächst einen Brief erhalten und sie könne ihm nur dringend raten, der Vorladung Folge zu leisten und vor dem Committee eine weniger verstockte Haltung an den Tag zu legen. Sie sagte tatsächlich «verstockte Haltung».

Die Proben zu ALL GOD'S CHILLUM GOT WINGS gingen weiter. Unter der Hand ließ der Produzent Belafonte wissen, man habe versucht, ihn unter Druck zu setzen. Er solle diesen «aufsässigen Schwarzen» aus dem Stück entfernen, andernfalls würde eine Bürgerwehrgruppe mit Plakaten aufmaschieren und dazu aufrufen, das Theater zu boykottieren. Harry war es unangenehm, weil der Mann seinetwegen Scherereien hatte. Doch der Produzent, von dem man wußte, daß er von der US Air Force mit höchsten Tapferkeitsauszeichnungen dekoriert worden war, beruhigte ihn. Er lasse sich nicht einschüchtern, versicherte er. Von denen schon gar nicht. Schließlich lebten sie in einem freien Land.

Die Premiere des Dramas von O'Neill verlief ohne Zwischenfälle und wurde ein großer Erfolg. Eine Woche später mußte Harry Belafonte im «House of Unamerican Activities Committee» erscheinen. Ein Anwalt aus dem

Freundeskreis von Paul Robeson, ein Weißer, der schon wiederholt Afroamerikaner vor Gericht verteidigt hatte und der öffentlich für die Gleichberechtigung der Schwarzen in den USA eingetreten war, hatte ihn beraten, ihm taktische Hinweise gegeben.

Dennoch trat Harry diesen Weg schweren Herzens an. Er betrat das imposante Gebäude durch ein mächtiges Säulenportal. Er sah wuchtige Bleiglasfenster, ging über breite, geschwungene Treppen mit schmiedeeisernem Geländer, kam sich verloren vor in endlosen Gängen, in denen selbst sein leiser Schritt widerhallte. An den hohen Wänden ganze Reihen respekteinflößender Porträts Oberster Richter aus der Geschichte der Vereinigten Staaten, die auf jeden Besucher streng herabschauten.

Und dann – auf einem Podest – das Tribunal. Weiße Gesichter, die ihn arrogant, abweisend, aufmerksam, gelangweilt taxierten oder auch durch ihn hindurchsahen. Harry fühlte sich bedrückt. Das Atmen fiel ihm schwer, als ruhte eine Zentnerlast auf seiner Brust. Sosehr er sich bemühte, dagegen anzugehen, er war eingeschüchtert – und genau diese Wirkung war ja wohl auch beabsichtigt.

Nach seinen Angaben zur Person, die vom Protokollanten penibel wiederholt und notiert wurden, erkundigte sich der Vorsitzende ohne Übergang, was der Zeuge – wieso war er denn hier plötzlich Zeuge? Was sollte er bezeugen? Für wen? Gegen wen? War das schon eine Falle, oder was sollte das bedeuten? –, was der Zeuge übermorgen vor fünf Wochen getan habe.

Übermorgen vor fünf Wochen? Weshalb fragte der so umständlich? So fieberhaft sich Harry auch zu erinnern suchte, auf Anhieb fiel es ihm nicht ein.

«Soll ich nachhelfen?»

Harry hob verunsichert die Schultern. Im Dramatic Workshop hatten sie etwa in jener Zeit das Examen im

Fach Klassische Literatur Großbritanniens abgelegt, und natürlich war er nahezu täglich auf den Proben zum Stück von O'Neill gewesen, sein Schwiegervater hatte im September Geburtstag, darauf kam er noch.

Die Miene des Vorsitzenden verhieß nichts Gutes. Er ermahnte ihn erneut, die Wahrheit und nichts als die Wahrheit zu sagen. Und dann sprach der weiße Mann da oben nur ein Wort: «Peekskill». Sehr leise sagte er das, doch dem jungen Neger vor der Barriere dröhnte das Wort in den Ohren.

Peekskill! In seinem Kopf überschlugen sich die Gedanken. Er sah sich in dieser kleinen Stadt im Hudsontal nördlich von New York. Ein sonniger Tag im September. Es wimmelte von Menschen. Tausende waren gekommen. Schwarze und Weiße. Es herrschte eine großartige Stimmung. Vertraute Lieder erklangen. «This Land Is Your Land», jener mitreißende Folksong, den Woody Guthrie in der Zeit der großen Wirtschaftskrise geschrieben hatte und der an die Solidarität der Amerikaner appellieren sollte, und Pete Seegers beschwörendes «We Shall Overcome». Der Gesang pflanzte sich fort, schwoll an zum gewaltigen Chor.

Allen Verfolgungen, Verdächtigungen und Verleumdungen, allen Drohungen und Schikanen der modernen Hexenjäger zum Trotz hatten sich nahezu 25000 Menschen versammelt. Jedem war klar, was er mit seiner Teilnahme an diesem Meeting riskierte. Es wurde die bis dahin eindrucksvollste Protestaktion gegen Rassenhaß und faschistischen Terror in den USA. Eine machtvolle Demonstration der Verbundenheit schwarzer und weißer Bürger, die gemeinsam ihre Menschenrechte verteidigten.

Plötzlich hieß es: Paul Robeson ist da! Wie ein Lauffeuer verbreitete sich die Nachricht. Und dann stand der «schwarze Gigant» auf einer provisorischen Bühne. Die

Paul Robeson bei einer Demonstration der Vereinigung für gleiche Menschenrechte vor dem Weißen Haus in Washington

Menschen jubelten, winkten, schrien sich die Kehlen heiser, waren schier aus dem Häuschen, bis sich der Negerkünstler, die Arme lächelnd erhoben, allmählich Gehör verschaffte.

Es war ein großartiges Konzert, unvergeßlich allen, die das Glück und den Mut gehabt hatten, dabeizusein. Gebannt lauschte die vieltausendköpfige Menge der vertrauten, vollen und warmen Stimme, die von der uralten Sehnsucht der Menschen nach einem friedlichen und würdevollen Leben kündete, vom Verlangen der Völker nach einer Welt ohne Krieg.

«Sie können Ihre Loyalität zur Regierung der Vereinigten Staaten beweisen, wenn Sie dem Committee die Namen wenigstens einiger Teilnehmer an dieser amerikafeindlichen Veranstaltung nennen.»

Unverfänglich kam diese direkte Aufforderung zum Verrat über die schmalen Lippen des Vorsitzenden, im Plauderton, als lade er den Zeugen zu einem Whisky-Soda ein.

Das vor allem war es, was Harrys Unsicherheit schlagartig beendete, was Wut in ihm aufkommen ließ, seine Sinne hellwach machte: die Geringschätzung, die dieses Tribunal offenbar jedem Schwarzen von vornherein entgegenbrachte, die selbstverständlich zur Schau gestellte Gewißheit, er werde Seinesgleichen ohne weiteres ans Messer liefern, um die eigene Haut zu retten; die Arroganz in den Gesichtern der Männer dieses Tribunals, die sich nicht einmal die Mühe machten, zu verbergen, wie sehr sie ihn verachteten.

So saßen sie da und warteten auf seine Antwort. In distanzierendem Abstand zur Barriere, auf einem im Parkett aus edlen Hölzern extra markierten Punkt, stand hochaufgerichtet der zweiundzwanzigjährige Harry Belafonte, den Kopf stolz erhoben. Fast wähnte er sich im Theater. Es war irgendwie grotesk. Unwillkürlich huschte ein Lächeln über sein Gesicht.

Er sah sich selbst auf der Bühne, die Szene war ganz ähnlich arrangiert. Nur im Tribunal saß nicht der McCarthy-Ausschuß, sondern die Prüfungskommission der Juristischen Fakultät der Universität, die über die Zulassung oder Nichtzulassung der Bewerbung des Negerstudenten Jim Harris bei der New-Yorker Anwaltskammer zu befinden hatte. Seinen Mißerfolg beichtete er der Freundin. Ella wollte ihn trösten und nannte ihn, den schwarzen Jim, wegen seiner charaktervollen Haltung und unwandelbaren Treue den «besten und einzigen

Weißen in der ganzen Welt». Doch Jim war untröstlich über sein Versagen. Verzweifelt erzählte er Ella von seinen durchlittenen Qualen.

«Ich kann's nicht – genau – erklären, aber es schmerzt mich wie Feuer. Ich schwör dir, ich weiß mehr als alle meine Kameraden ... Wochenlang vorher büffle ich die Nächte durch; schlafen kann ich sowieso nicht. Ich lerne alles, es geht mir ein, ich versteh's ..., aber dann, wenn ich aufgerufen werde – stehe ich auf – während all die weißen Gesichter mich ansehen –, und ich spüre ihre Blicke –, hör meine eigne Stimme seltsam zittrig klingen ..., und mit einem Mal ist aus meinem Kopf alles weg, nicht das geringste mehr da, mein Kopf ist leer – blöde –, ich stehe da wie'n Idiot, und ich höre mich stottern, setze mich, gebe auf, obwohl ich's doch alles weiß!»

Das Tribunal sah immer noch zu ihm hin. Beinahe hätte er den Text deklamiert. Er verstand diesen Jim nur zu gut. Er kannte dieses Gefühl des Ausgeliefertseins, der Ohnmacht, der absoluten Hilflosigkeit, das auch jetzt wie eine Schlange auf der Lauer lag, um blitzschnell zuzubeißen und ihn zu lähmen.

Aber dieser Raum war kein Theatersaal, das Podium keine Bühne. Im Tribunal saß keine imaginäre Prüfungskommission, und sie spielten kein Drama von Eugene O'Neill. Der Auftritt hier war Realität, bitterernstes Leben.

Harry stand da. Er spürte sein Herz hämmern. Es war ein stummer, verbissener Kampf. Er zwang sich, jeden Muskel seines Körpers zu kontrollieren, entspannte sich. Das hatte er gelernt beim Tanzunterricht und im Fach Pantomime auf dem Dramatic Workshop. Eine große Ruhe überkam ihn.

Bisher war sein Leben vor allem von Emotionen bestimmt gewesen. Auch seine Freundschaft mit Paul Robeson beruhte anfangs auf jugendlicher Schwärmerei, aus dem ein starkes Gefühl der Zusammengehörigkeit erwachsen war. Sie verband ein gemeinsames Schicksal. Ideologische Fragen waren kaum Gegenstand ihrer Gespräche gewesen. Doch in jenen endlos scheinenden Minuten vor dem «House of Unamerican Activities Committee» begann Harry Belafonte zwangsläufig bewußt auch politisch zu fühlen und zu denken.

Er schaute ruhig in die weißen Gesichter und sagte nur zwei Wörter: «Kein Kommentar.»

Der Vorsitzende wechselte mit seinem Nebenmann einen Blick, der zu sagen schien: Wirklich ein verstockter Bursche.

Der Beisitzer, ein hagerer Fünfziger mit wettergegerbtem Gesicht, er hätte in jedem Western den Part eines Farmers aus den Südstaaten übernehmen können, ereiferte sich: «Sie sind Kommunist! Oder nicht? Jedenfalls haben Sie große Sympathien für den Kommunismus, überhaupt für die Linke – oder wollen Sie das bestreiten?!»

Obwohl ihm nicht danach zumute war, mußte Harry erneut innerlich lächeln. Auf eine ähnliche Frage hatten ihn die Freunde vorbereitet. Jetzt nur nicht provozieren lassen! Bekennermut an falscher Stelle war nichts als Dummheit.

Für einen solchen Fall hatte er sich eine wohlüberlegte Erklärung zurechtgelegt, und es war für ihn als gelernter Schauspieler nicht schwer, so zu reden, als antwortete er spontan. Es war ja auch durchaus nicht nur ein auswendig gelernter Text. Was er da sagte, das entsprach auch damals schon seiner Überzeugung. Jedes Wort überlegend, äußerte Harry Belafonte vor dem McCharthy-Ausschuß:

«Ich gebe Ihnen folgende Antwort. Ich habe Sympathie für alle, die sich für die Befreiung unterdrückter

Menschen einsetzen. Wenn es irgendeine Gruppe oder Menschen gibt, die sich gegen den Rassismus einsetzen, die sich für die Bekämpfung der Armut einsetzen, die sich für das Ende von Unterdrückung einsetzen, egal, wo, dann fühle ich mich dieser Gruppe zugehörig. Und mir ist es egal, wie sie sich politisch einordnet ... Wenn sich herausstellt, daß sie Kommunisten sind, gut. Wenn sich herausstellt, daß sie Katholiken sind, gut. Wenn sich herausstellt, daß sie der Mittelschicht angehören, gut. Und wenn sie einfache Landarbeiter sind, gut. Wer immer sich dieser Sache verschreibt, ich bin dabei. Also, wenn es das ist, was Sie mir vorwerfen, dann bin ich schuldig.»

Das Tribunal verlor offenbar die Lust an der Befragung. Der Vorsitzende beendete das Verhör, nicht ohne dem Protokollanten etwas zu diktieren, das wie «unfreundlicher Zeuge» klang. Zu dem schwarzen Schauspielstudenten sagte er kurz angebunden, die Sache werde für ihn Konsequenzen haben. Es gab damals zwei Gruppen von Zeugen vor dem McCharthy-Ausschuß – die «freundlichen» und die «unfreundlichen» Zeugen. Er gehörte also zur letzteren Kategorie.

Mit dieser indirekten Drohung wurde Harry Belafonte von dem Committee entlassen. Er nickte zufrieden und ging. Gegen jede andere Einstufung hätte er Einspruch erhoben.

Ersatzmann im Nachtklub

Zum erfolgreichen Abschluß der Schauspielschule veranstalteten sie eine Riesenfete. Die hitzigen Gespräche – wie hätte es anders sein können – drehten sich um die

Zukunft. Sie deklamierten in übertriebenen Posen Textpassagen ihrer Lieblingsrollen, schwelgten in freudiger Erwartung künftiger Triumphe auf den Bühnen namhafter Theater, beim Film oder auch im Fernsehen, das damals groß im Kommen war. Sie alle brannten darauf, der Welt endlich zeigen zu können, was sie in den vergangenen Jahren gelernt hatten. Sie wollten endlich heraustreten aus der Anonymität, wollten berühmt werden, waren wie süchtig auf Resonanz beim Publikum, warteten ungeduldig auf den ersten großen Beifall, träumten vom Erfolg. Angeregt von geistigen Getränken, schmiedeten sie verwegene Zukunftspläne, gelobten sie sich ewige Freundschaft.

Walter Matthau hatte schon ein Theaterengagement in der Tasche, für Marlon Brando und Tony Curtis interessierten sich Künstleragenturen in Hollywood. Harry Belafonte hatte sein Debüt als Bühnenschauspieler zwar erfolgreich bestanden, manche Kritiker nannten ihn ein vielversprechendes Talent und sagten ihm eine außergewöhnliche Karriere voraus, doch er wurde nicht fest engagiert. Er beauftragte bekannte Agenten mit der Vermittlung, bewarb sich auch direkt an verschiedenen Häusern, immer mit der Hoffnung, endlich mal einen positiven Bescheid zu bekommen. So saß er ungeduldig da in New York und wartete darauf, daß er entdeckt werden würde. Aber niemand entdeckte ihn. Es kamen höfliche Absagen, die ihn tief deprimierten.

Ein Theaterdirketor, der offensichtlich Gefallen gefunden hatte an dem gutaussehenden jungen Mann, der dazu noch Talent besaß, sagte ihm denn auch unter vier Augen schonungslos ins Gesicht, was Harry ohnehin längst empfunden hatte: Dem gutzahlenden Publikum, auf das jede Direktion Rücksicht nehmen mußte, gefiel Belafontes Hautfarbe nicht. Paul Robeson und andere Freunde ließen zudem keinen Zweifel daran, daß es zwischen seinem Auftreten vor dem McCharthy-Ausschuß und der an Boykott erinnernden «Zurückhaltung» der Theaterdirektoren einen Zusammenhang gab.

Später äußerte Harry Belafonte wiederholt selbstironisch, doch auch mit einer gewissen Bitterkeit: «Sänger bin ich nur geworden, weil mich beim Theater niemand haben wollte.»

Der gelernte Schauspieler schob weiter Kulissen, scheute keine Arbeit, sobald sich ein Gelegenheitsjob bot. Das waren schwere Zeiten, und es gehörte schon ein stabiles Selbstbewußtsein dazu, weiter an sich und die Zukunft zu glauben.

Zum Bekanntenkreis des arbeitslosen jungen Schauspielers zählte der Besitzer des renommierten New-Yorker Jazzklubs «The Royal Roost». Der hatte Belafonte in dem Stück von O'Neill gesehen und davon gehört, daß der attraktive Neger auch singen könne. Ganz bestimmt hatte der Barbesitzer auch an sein weibliches Publikum gedacht, vor allem jedoch wollte er dem jungen Künstler und Familienvater aus der Klemme helfen, als er ihm vorschlug, in seinem Haus zu arbeiten: als Ersatzmann und Pausenfüller. Zwischen den Hauptattraktionen, wenn neue Besucher kamen, sollte er die Leute gefällig unterhalten. Das war nun weiß Gott kein Angebot, um vor Begeisterung in die Luft zu springen! Er hatte so was noch nie gemacht, hielt sich kaum als Stimmungssänger geeignet und hatte tatsächlich von etwas anderem geträumt, als ausgerechnet Pausenfüller in einem Nachtklub zu werden. Aber er war auf jeden Dollar angewiesen, und es blieb ihm gar keine Wahl. So nahm er an.

Viele Nächte verbrachte Harry in dem rauchigen Lokal im New-Yorker Künstler- und Amüsierviertel Greenwich Village. Aus dem Probeauftritt wurden zwanzig Wochen, aus dem Ersatzmann – nein, nicht gleich die Hauptattraktion, das wäre schöngefärbt und nicht wahrhaftig – ein beachteter Sänger. Ohne Übertreibung kann man sagen, es wuchs die Zahl der Stammkunden, die extra kamen, um den Pausenfüller zu sehen und zu hören.

Für Harry war dieser ungewöhnliche Einstieg in die amerikanische Popmusikszene und damit – mal etwas anspruchsvoll formuliert – ins Show-Busineß in vieler Hinsicht wertvoll und eine wichtige Lehrzeit. Er lernte gestandene Musiker wie Charlie Parker, Miles Davies und Max Roach kennen, die ihm auch künftig verläßliche Freunde blieben. Die Branche wurde auf den vielversprechenden Newcomer, diesen verdammt gut aussehenden Outsider aufmerksam. Und das bedeutete in diesem Metier fast schon die halbe Miete. Besonders wichtig aber: Der Schauspieler konnte sich unter professionellen Bedingungen als Sänger ausprobieren, Möglichkeiten und Grenzen seiner Stimme herausfinden, Wirkungen beim Publikum testen. Für seinen späteren Weg hatte das alles Bedeutung. Doch davon wußte er damals noch nichts.

Andere Nachtklubs engagierten ihn. Lokale, in denen niemals vorher ein Negersänger aufgetreten war. Wenn überhaupt Schwarze beschäftigt wurden in solchen Unternehmen, dann als Toilettenwart, in der Küche oder gerade noch als Portier in Phantasieuniform. Vom Pausenfüller war inzwischen keine Rede mehr. Der Auftritt von Harry war Bestandteil des offiziellen Programms, und die Gunst des Publikums veranlaßte den Besitzer bald, Belafonte in jeder Nacht wiederholt auf die kleine Bühne zu schicken.

Sein Erscheinen gab der Show eine gewisse Exotik. Aus den Augenwinkeln registrierte der junge breitschultrige Sänger die unverhohlen neugierigen Blicke etlicher aufgemotzter weißer Damen mit ringbeladenen Händen, die ihn ungeniert beäugten, als wäre er ein besonders seltenes Exemplar im Tierbestand eines zoologischen Gartens. Nur gut, daß die nicht seine Gedanken lesen konnten.

So nötig er Geld brauchte, wichtiger als Dollars war ihm von Anfang an die Achtung, die Anerkennung als Mensch, als Künstler. So ödete der Job ihn bald an. Nicht nur wegen der gaffenden Reichen, deren Interesse er als gesteigerte Form von Geringschätzung empfand. Unabhängig davon hatte er es satt, dauernd die gängigen, seichten Unterhaltungstitel zu trällern.

Wieder hatte Harry Belafonte Probleme mit der Disziplin, er lernte die Lieder – die nicht seine Lieder waren und die ihn nicht interessierten – schlecht, erschien zu spät oder auch gar nicht zu Vorstellungen. Schließlich einigte er sich mit dem Manager, und jeder ging seiner Wege.

Es gab verschiedene Pläne. Fast wäre der stellungslose schwarze Schauspieler und Sänger Kneipier geworden. Harry spielte ernsthaft mit dem Gedanken, gemeinsam mit Freunden in Greenwich Village ein kleines Restaurant oder besser noch ein Kellerlokal zu übernehmen. Außer Drinks und Snacks – so schwebte es ihnen vor – würden sie den Gästen ab und zu auch musikalische Leckerbissen servieren, etwa aus der amerikanischen Folklore. Das sollte ihre eigentliche «Spezialität» sein. Aus irgendwelchen Gründen zerschlug sich das Vorhaben. Statt dessen machte der immer noch optimistische und unternehmungsfreudige junge Neger an einer der Hauptstraßen des New-Yorker Künstlerviertels eine Würstchenbude auf. Mit Elan kniete er sich in diese neue Aufgabe. Harry Belafonte sah sich schon als Besitzer einer Budenkette – aber nach wenigen Monaten war er pleite.

Wieder fing er von neuem an. Er blieb bei der Musik, aber diesmal ging es ihm nicht um die Interpretation trivialer Schlager, sondern um die in Arrangement und Gesang möglichst originelle Gestaltung alter und neuer Volkslieder.

Auf diesen zweiten Start als Sänger bereitete sich der junge Schauspieler gründlich vor. Tage- und nächtelang saß er mit Freunden zusammen, mit Komponisten, Arrangeuren, Textern und Musikern, in kleinen Hinterstuben der Restaurants, in bescheidenen Studios. Sie diskutierten, probierten aus, verwarfen das Ergebnis, veränderten die Instrumentation, redeten sich die Köpfe heiß.

Harry Belafonte suchte nach etwas Neuem, Eigenem, und er erinnerte sich an seine Jahre auf Jamaika. Ganz aus dem Kopf waren sie ihm ohnehin nie gegangen, die ursprünglich aus Trinidad stammenden Calypso-Balladen, diese originelle, rhythmische Liedform, bei der es meist einen Vorsänger gab und einen Chor und in der Alltagsgeschichten von tieferer Bedeutung vermittelt wurden. Bei genaueren Hinsehen allerdings stellte sich heraus, daß manche Texte die Würde der schwarzen Frauen beleidigten, daß sie reaktionär, zum Teil sogar rassistisch waren. Es ging also darum, diesen Liedern einen neuen Inhalt zu geben. Dem jungen schwarzen Sänger lag daran, dem Lebensgefühl der Plantagenarbeiter, Fischer und anderer einfacher Menschen auf Jamaika und den anderen Inseln der Großen und Kleinen Antillen, ihren Sorgen und Freuden musikalisch Ausdruck zu geben, ohne eine Bevölkerungsgruppe oder -schicht zu diskriminieren.

So entstand zum Beispiel ein Lied über die Arbeit der Fischer. Blieben die Netze leer, klang es traurig. War der Fang gut, jubelten die Stimmen, perlten sie wie Sekt. Ein anderer damals entstandener Calypso-Song erzählte die Geschichte eines kleinen, alten, schwarzen Mannes aus Jamaika, der zum ersten Mal nach New York kam. Am

Flugplatz suchte er ein Taxi, das ihn nach Black Harlem bringen sollte. Aber ein Taxifahrer nach dem anderen winkte ab und ließ den Neger stehen. Schließlich mußte der kleine, alte Mann den weiten Weg zu Fuß zurücklegen. Er brauchte fünfeinhalb Tage.

Wertvoller Mitstreiter in jener Zeit war ein Vollblutmusiker, Komponist und Arrangeur, der sich Lord Melody nannte. Ebenso jung, voller Ideen und Tatendrang wie Harry, entdeckten und gestalteten sie den Calypso neu. Früchte jahrelanger Zusammenarbeit waren – neben der bereits erwähnten Ballade «New York Taxi» – Songs wie «Olga», «Evolution of Man» und «Sweetheart from Venezuela».

So baute sich Harry Belafonte – unterstützt von den Gitarristen Millard Thomas und Craig Work – ein Repertoire alter und neuer Calypso-Balladen auf, ergänzt durch Volkslieder aus Nord- und Südamerika. Das waren ursprüngliche Gesänge, wie man sie in den Kolonnen der Straßenbauarbeiter in Kalifornien, an den Lagerfeuern in Brasilien oder bei Volksfesten in Guatemala hören konnte.

Die Arbeit an diesem Repertoire erlebte der fast Vierundzwanzigjährige wie einen Rausch. Er vergaß Zeit und Stunde, das Privatleben, Vergnügungen, die Mahlzeiten, alles war unwichtig. Er arbeitete mit eiserner Disziplin, feilte an jedem Titel so lange, bis er und seine Freunde wirklich zufrieden waren. Und er schrieb selbst viele der Melodien und Texte. Die Sache war entschieden: Popmusik lag ihm nicht, sie entsprach weder seiner Neigung noch seinem Temperament. Seine Liebe galt dem Folksong. Und alle, die ihn kannten und mochten, spürten es: Seitdem Harry seine Calypsos sang und dabei war, seinen eigenen Stil zu entwickeln, war er ein verwandelter Mensch.

Sein Debüt als Folksänger gab er 1951 im exklusiven Klub «Village Vanguard» in New York. Auf Anhieb brachte ihm dieses Gastspiel volle Anerkennung beim Publikum und in der Fachwelt. Das unnachahmliche «Day-O» erklang damals in einer ersten Version, das stimmungsvolle Lied der Bananenpflücker, die – angefeuert von ihrem Vormann – flußaufwärts zu den Plantagen rudern und den beginnenden Tag mit melodischen Rufen begrüßen. Der «Banana-Boat-Song», der so etwas wie ein Markenzeichen für Harry Belafonte werden sollte, seine Erkennungsmelodie, aber auch «Matilda», «Cocoanut Woman», «Cotton Fields», «Jamaica Farewell», «Cu Cu Ru Cu Cu Paloma» und viele andere populäre Titel jener ersten Jahre haben nach Jahrzehnten bis heute nichts von ihrer Frische verloren, begeistern über Generationen hinweg nach wie vor jung und alt.

Das Publikum und die meisten der Kritiker waren begeistert. So etwas hatten sie noch nicht gehört. Dieser junge schwarze Künstler lag weder auf der Linie der beliebten Jazz-Sänger, noch brachte er Titel, die eigens für den Geschmack des amerikanischen Publikums zurechtgemacht worden waren. In seinem Programm gab es weder erprobte Film-Songs noch Schlager berühmter Bühnenkomponisten. Das war kein Swing, kein Rock 'n' Roll, keine Sweet-Musik, das klang anders, ließ sich nirgends einordnen, es klang irgendwie fremd und doch bald schon sehr vertraut. Der packende Rhythmus, die Melodien blieben im Ohr. Man konnte sie leicht mitpfeifen und bekam Lust zum Tanzen. Es waren mal klagende, mal übermütige, mal sanfte und dann wieder hart aufpeitschende, in jedem Fall anrührende Weisen, die schlichte, sehr verständliche Botschaften vermittelten. Sie erzählten von Freuden und Leiden, vom Leben einfacher Menschen.

Seine außergewöhliche Musikalität, sein persönlicher Stil, das unverwechselbare Timbre seiner Stimme machten Harry Belafonte und den Calypso über Nacht populär. Sein bescheidenes und doch selbstbewußtes Auftreten fand Anklang, hinterließ Eindruck auch bei Leuten, die für Schwarze sonst nichts übrig hatten. Da war etwas von der Würde des Menschen, da schwang Hoffnung mit.

Engagements in anderen exklusiven Klubs folgten, in Las Vegas, Chikago, San Franzisko, Hollywood, Los Angeles, Philadelphia und immer wieder Las Vegas. Aber er wäre nicht Harry Belafonte gewesen, hätte er sich damit begnügt, vor aufgetakelten, meist nicht mehr ganz jungen Damen und deren Anhang zu singen, vor Weißen, deren dickes Bankkonto genauso zu ahnen war wie die Verachtung, die sie im Grunde für ihn, den «Nigger», empfanden. Als ein Belafonte-Konzert im New-Yorker Lewisohn-Stadion zustande kam, bestand Harry im Vertrag auf für jedermann erschwinglichen Eintrittspreisen. Mehr als 25 000 Menschen drängten sich schließlich auf den offiziell 19 900 Plätzen. Das war ein neuer Besucherrekord! Tausende standen noch draußen, lauschten der von Riesenlautsprechern übertragenen Stimme und tanzten auf den Straßen.

Von dem selbst für amerikanische Verhältnisse sensationellen Erfolg war keiner mehr überrascht als Harry und zunächst auch einigermaßen irritiert. Der Beifall der Farbigen aus Puerto Rico, Mexiko, auch aus China und Japan erfüllte ihn wie der Jubel seiner schwarzen amerikanischen Schwestern und Brüder mit beinahe kindlicher Freude und auch mit Stolz. Er war glücklich, daß gerade sie ihn und seine Lieder liebten und verstanden.

Aber in den sündhaft teuren und vornehmen Klubs saß nur weißes Publikum. Wenn er hinaustrat ins Licht der Scheinwerfer, war er geblendet und konnte einzelne

Gesichter nicht unterscheiden. Es war heiß da oben auf der Bühne. Doch die Atmosphäre in diesen supereleganten Schuppen jagte ihm eher Kälteschauer über den Rücken. Mit allen Fasern seines Körpers spürte er die frostige Ablehnung, die aus den bequemen Sesseln zu ihm heraufwehte.

In solchen endlosen Sekunden dachte Harry manchmal unwillkürlich an seine Eltern, an seine Kindheit in Harlem, an das Elend von Millionen Schwarzen in den USA und an die Weißen, die ihren Kampf unterstützten, weil es im Grunde um die gemeinsame Sache ging. Paul Robeson kam ihm in solchen Momenten öfter in den Sinn, er sah sich vor dem McCarthy-Ausschuß stehen, und es wurde ihm klar, daß er an diesem Abend besonders gut sein mußte. Das nahm er sich jedesmal vor. Und es ging ihm dabei nicht nur um die Unterhaltung, für die diese Leute bezahlt und damit einen Anspruch hatten. Vielmehr war ihm daran gelegen, seit Jahrhunderten existierende, verkrustete Vorurteile in den Köpfen dieser Weißen aufzubrechen, sie zumindest allmählich «aufzuweichen».

Nach dem ersten Titel, meist schon nach den ersten Takten war in der Regel der Bann gebrochen. Bei den folgenden Songs bemerkte er kaum noch demonstrierte Langeweile im Parkett. Die ersten Lacher kamen, Beifall auf offener Szene. Das spornte ihn an, er holte alles aus sich heraus. Und es geschahen Dinge, die er für unmöglich gehalten hätte. In luxuriöser Umgebung, oft traditionellen Treffpunkten des Dollaradels, vergaßen zuerst vor allem die juwelenbestückten Damen fortgeschrittenen Alters ihre zur Schau gestellte Zurückhaltung. Ungeachtet der säuerlichen Mienen ihrer Begleiter applaudierten sie stehend dem großen, breitschultrigen schwarzen Sänger mit der seltsam rauhen und doch weichen Stimme.

Gelassen ließ Harry Belafonte den Beifall über sich ergehen. Gelassen verbeugte er sich. Er neigte den Kopf gerade so weit, wie es die Höflichkeit verlangte und sein Stolz es zuließ. Als letzten Titel hatte er die Ballade «New York Taxi» vorgetragen und die traurige Episode diesmal als humorvolle Satire gestaltet. Schon zu Beginn seiner Karriere reizte es ihn, von Zeit zu Zeit auch Bewährtes neu auszuprobieren. Nichts war ihm mehr zuwider im Leben als schlappe Routine. Das galt natürlich besonders im Show-Geschäft. So hatte er die tiefernste, philosophische Geschichte an jenem Abend mit Klamauk und Theatralik vermischt. Das weiße Publikum jubelte vor Vergnügen. Hatten sie seine Botschaft verstanden? Würden sie wenigstens mal ein bißchen darüber nachdenken, wenn sie beim Kaffeekränzchen zusammensaßen oder in der Morgenzeitung die Börsenkurse überflogen? Wie viele von ihnen hier hätten den kleinen, alten Mann aus Jamaika wohl ebenfalls stehenlassen?

Der Junge aus Harlem war so etwas wie ein Erfolg geworden. Ein Erfolg zu werden war das höchste Lebensziel der meisten US-Amerikaner. Er hatte es geschafft, wurde allmählich berühmt im Land. Zwar nicht als Schauspieler, dafür aber als Sänger mit einem sehr speziellen Repertoire im Show-Busineß. Waren damit seine Probleme gelöst? Bedeutete der Beifall der Weißen, daß sie ihn nun uneingeschränkt anerkannten, ihn respektierten, nicht nur als Künstler, sondern auch als Schwarzen, als Menschen?

So verlockend der Gedanke war, Harry blieb mißtrauisch und hütete sich davor, Illusionen nachzuhängen. Und tatsächlich wurde er wiederholt mit Realitäten konfrontiert, die seine Befürchtungen leider bestätigten.

Als erster Farbiger «durfte» Harry Belafonte auch im Waldorf-Astoria-Hotel, einem «Heiligtum» der herrschenden Weißen in New York, singen. Der Grund war offensichtlich: Die Veranstalter konnten Phantasiepreise verlangen und hatten dennoch ein ausverkauftes Haus. Wenn du da ein Zimmer wolltest, kommentierte ein Freund, würde der Pförtner dich nicht mal bis ins Foyer lassen. Die bittere Witzelei war nicht übertrieben. Nicht nur einmal mußte der schwarze Entertainer erleben, daß ihm vom selben Hotel, in dem er ein Konzert gegeben hatte, die Übernachtung verweigert wurde.

Bei einem Gastspiel im Nachtklub eines exklusiven Hotels in Miami, Bundesstaat Florida, im tiefsten Süden der USA, wurde der junge Künstler, der eben noch von einem amüsierten Publikum gefeiert und mit Blumen überschüttet worden war, vom Hotelpersonal kaltschnäuzig abgewiesen. Ab 20 Uhr herrschte damals in Miami für Neger Ausgehverbot. Schwarze brauchten einen besonderen Paß, um vom Ghetto in den nur von Weißen bewohnten Teil der Stadt überzuwechseln. Dieses wichtige Papier hatte Harry in der Eile vergessen. Als er das dem Empfangschef an der Rezeption klarmachen wollte, drohte der, er werde die Polizei rufen, falls Belafonte nicht auf der Stelle verschwände. Harry machte seiner Empörung Luft. Da rief der Boß zwei Muskelprotze, die ihn packten und unter üblen Beschimpfungen regelrecht vor die Tür setzten. Wie ein Schwerverbrecher schlich der «Stargast» des Luxushotels nach getaner Arbeit durch die nächtlichen Straßen, lief möglichst im Schatten, drückte sich in Nischen und an Häuserwänden entlang und war froh, daß er das Ghetto erreichte, ohne in eine Polizeikontrolle geraten zu sein.

Solche Erlebnisse hinterließen eine nachhaltige Wirkung. Sie machten dem jungen Harry Belafonte deutlich, daß Schwarze zwar zunehmend gut genug waren, die Weißen zu amüsieren, sie zu unterhalten, nicht wie bisher nur in Filmen, sondern auch in exklusiven Nachtlokalen, daß Schwarze auch im Sport Siege herausholen durften, die die Weißen dann quasi als ihren Erfolg feierten – daß alle diese «Zugeständnisse» aber nichts daran änderten, daß Farbige insgesamt im Alltag und im Bewußtsein der Mehrheit der weißen Bevölkerung der USA nach wie vor als Menschen zweiter Klasse galten.

Um so beachtlicher ist die über den Tag hinaus gültige Leistung von Harry Belafonte, der sein Talent, der all seine Fähigkeiten bewußt dafür einsetzte, diesen Teufelskreis zu durchbrechen. Der mit seinen Liedern nicht nur das Ansehen der Farbigen erhöht hat, sondern zugleich Brücken schlug zwischen Ländern und Kontinenten, zwischen Religionen und Rassen. Je mehr man über die Kulturen anderer Völker erfährt, äußerte der Sänger dazu, um so mehr versteht man die Völker selbst und kann Vorurteile abbauen.

Rückblickend kam sogar die konservative «New York Times» nicht umhin, den schwarzen Künstler und seine auf Annäherung und Verständigung zwischen den Völkern und Rassen dienende kulturpolitische Mission zu würdigen. Harry Belafontes Erscheinen als Folksänger, so schrieb der Star-Kolumnist John S. Wilson 1981, habe nicht nur in den USA eine neue Periode im Musikleben eröffnet. Fast vergessene Lieder der Völker aller Kontinente seien dem Publikum neu geschenkt worden. Sie hätten Liebe und Verständnis für deren Kulturen geweckt. Belafontes Songs, vor allem die Calypso-Balladen, fänden denn auch über Jahrzehnte hinweg Anklang und erzielten nach wie vor Massenwirkung.

Harry weigert sich, ein «King» zu werden

Frühzeitig sicherte sich der amerikanische Platten- und Mediengigant RCA alle Rechte für Tonaufnahmen. Unbekümmert und frohen Herzens unterschrieb Harry Belafonte die Verträge. Er hatte Erfolg, sein Typ war gefragt, seine Lieder sangen schon die Leute auf der Straße, die Plattenfirmen rannten ihm das Haus ein, und er war gerade erst fünfundzwanzig. Das alles übertraf seine kühnsten Erwartungen. Er war unbeschreiblich glücklich, und wer wollte ihm das verdenken.

Schon Belafontes erstes Calypso-Song-Album erreichte einen Verkaufsrekord. Immerhin war Harry Belafonte der erste Sänger der Welt, von dem über eine Million Schallplatten verkauft wurden. Mit karibischer Folklore überflügelte er den Rock'n' Roll von Leuten wie Elvis Presley. «Ein Schwarzer erobert Amerika!» und «Der Mann, der den Rock'n' Roll besiegte» lauteten damals die Schlagzeilen. Und «Modern Screen», eines der größten Filmmagazine der USA, widmete dem farbigen Senkrechtstarter im Show-Busineß eine Serie.

Harry Belafonte warf sämtliche Plattenrekorde weißer Superstars und Publikumslieblinge wie Bing Crosby, Frank Sinatra und des jungen Elvis Presley über den Haufen und zugleich – was für ihn mindestens genauso wichtig war – «unumstößliche» Rassengesetze besonders im Show-Busineß der USA. Nicht nur er hatte das folgende Phänomen beobachtet: Gegen alles, was mit Schwarzen zu tun hatte oder was von Schwarzen an die Öffentlichkeit gebracht worden war, bestand beim amerikanischen Publikum eine meist unausgesprochene Abwehr. Erst wenn ein «Übersetzer» gefunden wurde, wenn also die «große weiße Hoffnung» («great white hope») erschien, vollzog sich eine Wandlung. Und die dann meist gleich erdrutschartig.

Daß politische Unterdrückung und ökonomische Ausbeutung den Erfolg und Mißerfolg schwarzer Künstler bestimmten, hatte Harry besonders deutlich an der Rockmusik wahrgenommen: Die Basis dafür hatte in den Vereinigten Staaten schon lange bestanden, dennoch war diese Musik nie in die Kultur der USA integriert worden – bis Elvis entdeckt und zum «King of Rock'n'Roll» gemacht worden war. Presley, der nach eigenem Zeugnis durch eine ganze Anzahl schwarzer Künstler beeinflußt worden war, wurde zur «großen weißen Hoffnung». Er wurde derjenige, auf den das weiße Amerika seine Gefühle konzentrieren, mit dem es sich identifizieren konnte, für den das weiße Amerika in Raserei geriet, von dem es seine Idealvorstellungen, seine Zukunftsprojektionen ableiten konnte, und zwar, weil er weiß war. Große Musikkonzerne konnten ihre Interessen verwirklichen und machten Riesengeschäfte. Und kaum jemand auf der Welt identifizierte Rockmusik mit den Schwarzen, verbreitet wurde diese Musik zum weißen Phänomen erklärt und auch so aufgenommen.

Harry Belafonte aber war ein Schwarzer, der – wie es in den Medien hieß – mit seinen Folksongs «Amerika eroberte». Und zwar schwarze und weiße Amerikaner. Und noch etwas verdient Beachtung: Nach den ungeschriebenen Gesetzen Hollywoods und der gesamten US-amerikanischen Unterhaltungsbranche wurden talentierte Neulinge stets systematisch aufgebaut und mit zum Teil enormen Kosten zum Schmieren der Public-Relations-Maschinerie zum «Star» gemacht. Anders lief (und läuft) es nicht in den USA, Außenseiter hatten (und haben) so gut wie keine Chance, groß herauszukommen und sich zu behaupten.

Auch in dieser Hinsicht ist Harry Belafonte eine Ausnahme. Wie war das möglich? «Ich hatte einfach Glück», äußerte Harry schlicht. «Ich bin nicht besser, intelligenter oder geschickter als die anderen. Ich hatte nur das Talent, singen zu können. Ein Geschenk der Natur. Und ich konnte es nutzen. Ich bin als Künstler und politisch engagierter Bürger zufällig populär geworden, durch das Volk, weil es mich als Künstler und Bürger verstanden und unterstützt hat.»

Für RCA war dieser junge schwarzer Sänger ein Bombengeschäft. Im «The New Grove Dictionary of American Music», New York 1986, sind auch die Belafonte-Titel aufgelistet. Danach warf der Plattengigant allein vom Oktober 1956 bis Mai 1957 in jedem Monat einen Song von Harry Belafonte auf den Markt. Von «Jamaica Farewell» und «Banana Boat» bis «Mama Look at Bubu», «Island In The Sun» und «Cocoanut Woman», insgesamt acht Titel. Die ohnehin hohen Auflagen waren schnell vergriffen. Die Preßwerke des Konzerns mußten Sonderschichten einlegen, zusätzlich wurden Aufträge an Fremdfirmen vergeben, damit die enorme Nachfrage befriedigt und optimaler Profit erzielt werden konnte. Seine Songs erschienen an der Spitze der Hitparaden vieler Rundfunkgesellschaften.

Harry verdiente nicht schlecht dabei, doch die Sahne schöpften die RCA-Bosse ab. Der in Vertragsangelegenheiten unerfahrene Künstler hatte das Kleingedruckte nicht aufmerksam genug gelesen. Aber nicht nur in dieser Sache gab es Auseinandersetzungen mit dem Konzern. Ehe er sich's versah, wurde der Junge aus Harlem von den Werbe-Experten mit dem Etikett «King of Calypso» versehen. Dieser Titel sollte den gutaussehenden schwarzen Sänger sozial isolieren und zugleich noch besser verkäuflich machen. Von Anfang an wies Harry Belafonte dieses Markenzeichen öffentlich und energisch zurück. Doch RCA stellte sich taub und ließ weiter die Werbetrommeln rühren für den «Calypso-König». Das war noch nicht alles. Die Manager verlangten seine Unterschrift unter einen Exklusivvertrag, der Harry Belafonte verpflichtete, künftig nur noch Calypsos zu singen, und zwar ausschließlich für RCA. Die weißen Bosse, die schon einen Haufen Geld mit seiner Musik verdient hatten, waren verständlicherweise scharf darauf, diese einträgliche Dollarquelle unbefristet weiter für sich sprudeln zu lassen. Sie wollten ihn mit Haut und Haaren kaufen, als wäre er (noch) ein Sklave.

Weitere öffentliche Proteste gegen Willkür und Machtmißbrauch des Medienkonzerns erschienen nun sinnlos. Harry beriet sich mit seinen Freunden. Er überstand dank cleverer Berater den Paragraphen-Fight mit RCA, dank guter Kondition auch den Marathonhürdenlauf durch die Behörden und gründete eine eigene Firma, die «Belafonte Enterprises», mit Sitz in New York. So wurde er zum ersten farbigen Platten- und später auch Filmproduzenten in den USA.

Weiße Kapuzen

Doch damit sind wir den Ereignissen zu weit vorausgeeilt. Harrys Anfänge beim Film lagen einige Zeit zurück. Als der Name Belafonte über den Nachtklub «Village Vanguard» und New York hinaus bekannt geworden war, meldeten sich jene Agenturen, auf die der schwarze Schauspieleleve als «unfreundlicher Zeuge» des McCarthy-Ausschusses Jahre zuvor ebenso sehnsüchtig wie vergeblich gewartet hatte. Es wäre ja auch fast verwunderlich gewesen, hätte Hollywood sich nicht gerührt, um den schwarzen Wunderknaben nach bewährtem Rezept zu vermarkten.

Aber auch Harrys Filmkarriere verlief anders als gewöhnlich. Im Hinterkopf hatte der umworbene Aufsteiger offenbar Kinoeindrücke aus den Kindertagen in Black Harlem, als schwarze Schauspieler – wenn sie überhaupt in Filmen mitwirken durften – den Part von Deppen, einfältigen Dienern oder gerissenen Halunken zu übernehmen hatten. Auf einer ersten Pressekonferenz, noch bevor die erste Klappe gefallen war, äußerte Harry Belafonte selbstbewußt: «Ich werde nur in Filmen mitwirken, die das Ansehen der Farbigen erhöhen.» Diesem selbstgestellten Anspruch ist er treu geblieben.

Sein Debüt als Filmschaupieler hatte er 1953 in dem Streifen «Bright Road». Aufsehen erregte der ein Jahr später von der 2oth Century Fox-Gesellschaft produzierte Film «Carmen Jones». Die unverwüstliche Oper von George Bizet war bereits mehr als ein dutzendmal aufs Zelluloid gebannt worden. Schon im Frühjahr 1916 hatte Charlie Chaplin den Carmen-Boom im Kino mit einem ihm gemäßen mehr zwerchfell- als herzerschütternden Beitrag zum Thema der lieblosen Leidenschaft parodiert. In dieser Verfilmung des gleichnamigen Musicals von Oscar Hammerstein II nun waren alle Rollen ausschließlich mit schwarzen Schauspielern besetzt. Das hatte es in der Geschichte Hollywoods noch nicht gegeben. Es fehlte denn auch nicht an «gutmeinenden» Stimmen, die einen Reinfall, ein finanzielles Fiasko voraussagten.

Das Gegenteil war der Fall. Und für Dorothy Dan-

«Carmen Jones» unter der Regie von Otto Preminger
wurde zur Festival-Sensation von Cannes 1955.
In den Hauptrollen des ersten ausschließlich
mit schwarzen Schauspielern besetzten Hollywood-Films
Dorothy Dandridge und Harry Belafonte

dridge wie für Harry Belafonte brachte dieser Film den Durchbruch in Hollywood, Erfolg und künstlerische Anerkennung. Zum besseren Verständnis die verfremdete Fabel in Stichworten: Joe (Don José) macht als GI Dienst auf einem Flugplatz und hat die Chance, bald auf die Pilotenschule zu kommen. Als seine Verlobte Cindy (Micaela) ihn besucht, will Sergeant Brown sie nehmen, wird jedoch zurückgestoßen. Carmen, Arbeiterin in einer Fallschirmnäherei, wird beim Streit mit einer Kollegin handgreiflich. Sergeant Brown nutzt die Gelegenheit und beauftragt Joe, die Missetäterin in das 100 Meilen entfernte Gefängnis von Masonville zu eskortieren. Unterwegs gelingt es Carmen, den widerstrebenden Joe zu verführen. Sie begegnen dem Schwergewichtsboxer Husky Miller (Don Escamillo), der Carmen einlädt, zum Weltmeisterschaftskampf mit nach Chikago zu kommen. Carmen lehnt zögernd ab. Sie bedrängt Joe, den Militärdienst sausen zu lassen und mit ihr ein ziviles Leben zu führen. Aber Joe will Pilot werden. Da taucht der von Cindy erneut entschieden zurückgewiesene Brown auf, provoziert einen Streit. Joe schlägt den Sergeanten k.o. Carmen ist inzwischen Miller nach Chikago gefolgt. Nun fliehen Joe und Cindy ebenfalls in die große Stadt. Während Miller als Sieger und Weltmeister gefeiert wird, stellt Joe Carmen zur Rede. Als die verführerische Frau ihn verhöhnt, erwürgt er sie. Diese außergewöhnliche «Carmen Jones» nach Bizet, unter der Regie von Otto Preminger mit Dorothy Dandridge und Harry Belafonte in den Hauptrollen, wurde zur Festival-Sensation von Cannes 1955.

Eine noch größere Herausforderung für Harry Belafonte war die Rolle des farbigen Kraftfahrers David Boyer in dem 1957 entstandenen Film «Island In The Sun» (Insel unter der Sonne). Mag man im Abstand der

Jahrzehnte darüber streiten, ob die künstlerische Umsetzung optimal gelang oder nicht, brisant war das Thema, in den USA und weiteren Teilen unserer Welt hochaktuell bis heute. Ein mutiger Film mit einer zutiefst humanen Botschaft: Liebe zwischen schwarzen und weißen Menschen.

Der deutsche Titel des Streifens lautete: «Heiße Erde». Doch nicht nur die Erde war heiß auf diesem idyllischen Eiland, heiß waren auch die Gefühle der in schwerwiegende Konflikte verstrickten Menschen. Im Mittelpunkt der Handlung standen Rassenprobleme, und rundherum brodelte ein gefährliches Gemisch von Leidenschaften: verletzter Stolz, Eifersucht, Vorurteile, Haß, Sehnsucht nach erfüllter Liebe und Geborgenheit, Streben nach Anerkennung, Selbständigkeit.

Die Wurzeln des Rassenhasses der Weißen reichen zurück bis zum Anfang des 17. Jahrhunderts, als erste Negersklaven aus Afrika an der Küste Virginias angelandet wurden. Schlimmstes Verbrechen in den Augen weißer Männer: Ein Schwarzer begehrt eine weiße Frau. An dieser Sicht hatte sich bislang grundsätzlich nicht allzuviel verändert. Zwei Jahre bevor man mit den Dreharbeiten zu «Island In The Sun» begann, war Vladimir Nabokovs Roman «Lolita» erschienen und hatte in der Öffentlichkeit einen Literaturskandal ausgelöst. Im Nachwort zu diesem Buch hatte Nabokov mit feiner Ironie konstatiert: Wenigstens drei Themen gibt es, die, was jedenfalls die meisten amerikanischen Verleger betrifft, tabu sind. Die beiden anderen sind: die Heirat zwischen einem Neger und einer Weißen, die zu einer glücklichen Ehe mit einer Unzahl von Kindern und Enkelkindern führt, und der absolute Atheist, der ein vergnügtes, nutzbringendes Leben führt und mit 106 Jahren sanft entschläft.

Im Film «Heiße Erde» war die erfolgreiche Hollywood-

Schauspielerin Joan Fontaine weiße Partnerin von Harry Belafonte. Sein am Ende unterlegener weißer Gegenspieler in diesem Mißstände nicht beschönigenden Streifen verkörperte der berühmte englische Schauspieler und Spitzenstar im internationalen Filmgeschäft James Mason. In einer parallelen Geschichte versucht ein weißer Offizier, dargestellt von John Justin, ein schwarzes Ladenmädchen, in dieser Rolle Dorothy Dandridge, davon zu überzeugen, daß die Liebe zwischen ihnen stärker und wichtiger ist als die verschiedene Farbe ihrer Haut.

Mit solchen Konstellationen war ein Skandal fast vorprogrammiert. Und öffentliche Auseinandersetzung mit diesem wichtigen Thema hatten die Schöpfer des Films ja auch angestrebt. Es kam jedoch weitaus schlimmer, als beabsichtigt worden war. Schon während der Dreharbeiten verschickte der Ku-Klux-Klan Drohbriefe. Die Hetz- und Diffamierungskampagne richtete sich vor allem gegen Harry Belafonte und Joan Fontaine. «Unbekannte» Täter beschädigten wiederholt Harrys Auto. Die weiße Schauspielerin erhielt anonyme Anrufe, wurde unflätig beschimpft. Die Repressalien steigerten sich, je näher die Premiere kam.

Schon Tage vor dem Ereignis verbrannten jugendliche Klan-Anhänger vor verschiedenen Kinos Fotos, die das schwarz-weiße Liebespaar zeigten. Die zum Commonwealth gehörende Südafrikanische Union mit strengster Rassentrennung als Staatspolitik protestierte bei der Regierung in London offiziell gegen «Island In The Sun» und verlangte, die Aufführung des Films zu verhindern. Dazu wurde in verschiedenen amerikanischen Zeitungen hochgespielt, daß der umstrittene Film mit englischem Geld finanziert und in der Karibik quasi auf britischem Hoheitsgebiet gedreht worden war. Um ein Haar wäre es zwischen Großbritannien und den USA deshalb

Terror des Ku-Klux-Klan gegen «Mischehe» im Film

zu diplomatischen Verwicklungen gekommen. Gleichzeitig hagelte es Anträge an das Weiße Haus in Washington mit der Forderung, diesen Film für Soldaten kategorisch zu verbieten, weil er dazu angetan sei, die Wehrkraft zu zersetzen.

Zur Premiere konnte Joan Fontaine nur unter Polizeischutz erscheinen. Die Hollywood-Prominenz blieb der Veranstaltung fern. Nun ging der Ku-Klux-Klan zu härteren Bandagen über. Über Wochen sah sich Harry Belafonte nachts einem zermürbenden Telefonterror ausgesetzt. Verzerrte Stimmen zischten immer wieder jene knappen Sätze durch die Leitung, die auch in den Drohbriefen standen, die sein Postfach füllten: «Nimm dich in acht, Nigger! Deine Stunde hat bald geschlagen! Dein Strick ist schon gedreht!» Dazu das Zeichen des Klans: weiße Kapuzen und ein hochaufgerichtetes brennendes Holzkreuz. Anderer Post waren Fotos beigefügt, die gelynchte Farbige zeigten.

In Alabama und in Georgia verübten «unbekannte» Täter – wie es in solchen Fällen im amtlichen Bericht und in Pressemeldungen hieß – Brandanschläge auf Filmtheater, die «Island In The Sun» in ihren Spielplan aufgenommen hatten. Im Staat Südkarolina wurden Kinobesitzer, wenn sie es wagten, den «unmoralischen Film» aufzuführen, mit 5000 Dollar Strafe belegt. Darryl F. Zanuck, Präsident der Centfox-Filmgesellschaft und Produzent von «Island In The Sun», sicherte jedem Kinobesitzer Schadenersatz zu. Dennoch mußte der Streifen auf behördliche Anweisung in den meisten Südstaaten der USA abgesetzt werden. Später gelangte dort eine «gemilderte Fassung» in die Filmtheater. Das Original war nicht durch die Zensur gekommen.

Aber auch Schwarze protestierten gegen den Film. In New York, Chikago und in anderen Städten der Nordstaaten wurden verschiedene Kinos, die «Island In The Sun» zeigten, von Farbigen boykottiert. Es häuften sich Meldungen, denen zufolge Vorstellungen abgebrochen werden mußten, weil schwarze Jugendliche Knallkörper gegen die Leinwand geworfen und im Saal Krawalle provoziert hatten.

Die erbitterten und zum Teil gewalttätigen Auseinandersetzungen gerade um diesen Film waren nur ein Symptom des verstärkten Rassismus, der geradezu fanatischen Zuspitzung der Konflikte zwischen Weißen und den Farbigen in den USA. Sie waren ein Ergebnis der veränderten innenpolitischen Verhältnisse.

Im Jahre 1954 waren Gesetze in Kraft getreten, die praktisch den Zusammenbruch des McCarthyismus signalisierten. Diese Niederlage der erzkonservativen, antikommunistischen Kreise war ein bedeutender Erfolg solcher furchtlosen Kämpfer wie Paul Robeson, Arthur Miller, William E. B. Du Bois und vieler anderer, ein Erfolg aller friedliebenden, demokratischen Kräfte des Landes. Dennoch hatten die inquisitorischen Praktiken des «House of Unamerican Activities Committee» landesweit viel Unheil angerichtet. So auch bei der Zersetzung der Gewerkschaften.

Zur gleichen Zeit hatte sich das Oberste Gericht der USA gezwungen gesehen, die Rassentrennung an allen öffentlichen Schulen der Vereinigten Staaten für ungesetzlich zu erklären. Selbstverständlich hätte diese neue Regelung Konsequenzen auch für das Zusammenleben der weißen und farbigen Erwachsenen haben müssen. Doch die Verwirklichung der neuen gesetzlichen Bestimmungen im Alltag erwies sich als ein komplizierter, langwieriger Prozeß, der von vielen Weißen sabotiert wurde. Die farbige Bevölkerung vor allem im Süden aber war nicht länger gewillt, Diskriminierungen als schicksalshaft und unabänderlich hinzunehmen, schon gar nicht dazu bereit, weiter in dumpfer Ergebenheit zu verharren.

Im Dezember 1955 weigerte sich Rosa Parks, eine farbige Näherin aus Montgomery, Bundesstaat Alabama, ihren Platz in einem Bus für weiße Fahrgäste frei zu machen. Mit ihrer selbstbewußten Haltung gab diese einfache, bisher völlig unbekannte Arbeiterin den ersten Anstoß für eine der größten und erfolgreichsten Massenbewegungen schwarzer Bürger in der amerikanischen Geschichte. Ihr individueller Protest löste eine Aktion aus, die zunächst die rund 50 000 Afroamerikaner in Montgomery, später dann das ganze Land erfaßte.

An die Spitze dieser spontan ins Leben gerufenen Bewegung trat mit Klugheit und Umsicht der damals noch nicht dreißigjährige Baptistenpfarrer Dr. Martin Luther King. Nach dem erfolgreichen Busboykott in Montgomery gründete er mit der Christlichen Führungskonferenz des Südens (Southern Christian Leadership Conference SCLC) eine Bürgerrechtsorganisation, die rasch an Einfluß gewann. An seinen Aufgaben wuchs King zu einem der fähigsten und mutigsten Führer der Negerbewegung unseres Jahrhunderts. Er wandte Kampftechniken des legendären Mahatma Gandhi an, die sich in erbitterten Auseinandersetzungen der Inder mit der englischen Kolonialmacht bewährt hatten. In diesem Sinne, gestützt auf Ideen und Theorien des amerikanischen Schriftstellers Henry David Thoreau über den «zivilen Ungehorsam», entwickelte King seine Methoden des «gewaltlosen Widerstandes» und der «direkten Aktionen» – Organisierung von Boykotts, Sitzstreiks und Massenmärschen –, mit deren Hilfe er von den herrschenden Weißen entscheidende Zugeständnisse erzwingen konnte.

Noch eine andere Negerbewegung prägte die innenpolitische Szene der USA Mitte der fünfziger Jahre. Viele Afroamerikaner, vor allem die Bewohner der Elendsviertel in den Industriestädten des Nordens, fühlten sich von den Gewerkschaften verraten, von liberalen Kräften im Stich gelassen, erwarteten von den Weißen keine Gerechtigkeit mehr. Dieser zerstörerische Prozeß wurde angesichts wirtschaftlicher Schwierigkeiten durch zunehmende rassenchauvinistische Stimmungen unter den weißen Arbeitern noch gefördert. Schwarzer Nationalismus griff um sich, die Afroamerikaner wandten sich in Scharen der bereits 1930 entstandenen Organisation Nation des Islam zu. Diese wurde schnell zur bedeutendsten nationalistischen Bewegung der Farbigen in USA.

Martin Luther King, seine Frau Coretta und seine Mutter Alberta King – die 1974 ermordet wurde – im Jahr 1958

Die Anhänger der Sekte nannten sich Schwarze Muslims und übernahmen viele Theorien des frühen Propheten der schwarzen Nationalisten, Marcus Garvey. Dessen Bewegung unter der Losung «Zurück nach Afrika!» hatte in den zwanziger Jahren besonders bei den bis an den Rand der Verzweiflung getriebenen Negern der untersten sozialen Schichten Hoffnungen geweckt. Als Angehörige einer Minderheit, so propagierte Garvey, würden die Neger in den USA Gerechtigkeit und volle Gleichberechtigung nie erlangen. Deshalb empfahl er den Afroamerikanern, nach

Malcolm X

Afrika, ihrer eigentlichen Heimat, zurückzukehren. Übersteigertes Rassenbewußtsein und unversöhnlichen Haß auf die Weißen machten die Schwarzen Muslims zu einem religiösen Glaubensbekenntnis. Erste Erfolge der nationalen Befreiungsbewegungen in Afrika und Asien, die nach dem zweiten Weltkrieg auf den Trümmern ehemaliger Kolonien unabhängige Nationalstaaten gründeten, förderten das Wiedererstarken des schwarzen Nationalismus in den Vereinigten Staaten.

In ihrem religiösen Fanatismus bei starrer, apolitischer Haltung, bedingungsloser Ablehnung der Integration der Farbigen in die amerikanische Gesellschaft und ihrer Ideologie des Hasses auf alle Weißen schwächten die Schwarzen Muslims nicht nur den gemeinsamen Kampf der Arbeiterklasse gegen Ausbeutung und Unterdrückung. Ihr Wirken behinderte und zersetzte zugleich die gerade entstehende Bürgerrechtsbewegung, deren wichtigstes Fundament das politisch-moralische Bündnis zwischen schwarzen und weißen Amerikanern war.

Zu einem Wallfahrtsort für Afroamerikaner aus nah und fern wurde in jener Zeit der Tempel der Nation des Islam in New York. Besonderen Zulauf dort hatte ein junger Priester, der sich Malcolm X nannte. Seine Predigten waren getragen von leidenschaftlicher Rhetorik. Mit starker Suggestivkraft entwarf er den an ihrem Dasein verzweifelten, verzückt lauschenden Schwarzen das stolze Bild einer visionären Zukunft. Malcolm X wurde zum vergötterten Führer der Schwarzen Muslims. In den fünfziger Jahren vertiefte sein Wirken leider die Polarisierung zwischen Schwarz und Weiß.

Die Schwarzen Muslims hielten sich für Märtyrer, sie lehnten jeden Kampf gegen ihr vermeintliches Schicksal ab. Die Nation des Islam verzichtete freiwillig weitgehend auf alle Rechte der Neger innerhalb der Vereinigten Staaten. Das konnte dem Ku-Klux-Klan und anderen weißen Extremistengruppen nur recht sein. Nach den Grundsätzen Garveys lehnten die Schwarzen Muslims jegliche Zusammenarbeit mit sozialistischen und kommunistischen Parteien und Organisationen, auch das Bündnis mit den Gewerkschaften ab, da diese von Weißen geleitet wurden.

Zum Glück bewahrte sich Malcolm X nach anfänglich blindem Eifer im Unterschied zu dem dogmatisch verbohrten Marcus Garvey den Blick für politische Realitäten. Mit wachsender persönlicher Reife wurde sein Weltbild immer klarer, und er näherte sich in seinen letzten Lebensjahren immer mehr den anderen schwarzen und auch den weißen progressiven Kräften in den USA. 1964 verließ er die Nation des Islam. Wie später auch Martin

Luther King wurde Malcolm X zu einem einflußreichen, scharfen Kritiker der amerikanischen Klassengesellschaft. Mit Leidenschaft verurteilte er den Vietnamkrieg.

Diese veränderte Haltung machte den jungen, dynamischen Negerführer offensichtlich zu einer Gefahr für das System der Herrschenden in den Vereinigten Staaten. Als Malcolm X im Februar 1965 auf einer Veranstaltung der von ihm neu gegründeten Bewegung in Harlem sprach, wurde er nach echt amerikanischer Gangstermanier von gedungenen Mördern zusammengeschossen. Er war erst knapp 40 Jahre alt. Der einstige Rassenfanatiker starb als bewußter Kämpfer für die Rechte der unterdrückten Negermassen. Überall in den Ghettos und vor allem von den militanten schwarzen Jugendlichen wird Malcolm X wie ein Volksheld verehrt.

In diese im Süden und im Norden der USA äußerst komplizierte Situation mit ihren Spannungsfeldern und tragischen Irrtümern platzte der Film «Island In The Sun», der in seiner Aussage ein Hohelied auf die Menschlichkeit war und dessen Botschaft Würde und Versöhnung hieß.

Der couragierte gewaltlose Widerstand von Rosa Parks hatte Harry Belafonte sofort beeindruckt und begeistert. Spontan bekundete der Filmstar der Näherin in einem Telegramm seine Bewunderung und Sympathie. Als ihn Nachrichten vom Busboykott der Neger in Montgomery erreichten, bildete er sofort einen Hilfsfonds zur Unterstützung der Aktion. Gemeisam mit schwarzen und weißen Freunden und Künstlerkollegen in Hollywood und in New York konnte er eine stattliche Summe aufbringen. Wie Geld für Solidaritätsaktionen zu beschaffen war, hatte Harry schließlich schon Jahre zuvor bei der Kampagne für Paul Robeson gründlich gelernt.

Der erfolgreiche Busboykott war ein erster Sieg gemeinschaftlichen Widerstandes schwarzer und weißer Amerikaner im Süden des Landes. Und als Martin Luther King später zu einem Marsch auf Montgomery aufrief, um den Forderungen der unterprivilegierten Bevölkerung friedlich, aber unübersehbar Nachdruck zu verleihen, war Harry Belafonte dabei. Ohne zu zögern, setzte er seine Popularität, seine gerade erst begonnene Karriere als Filmstar und Entertainer für die Sache seiner schwarzen Schwestern und Brüder aufs Spiel. In jenen bewegten Tagen lernten sie sich kennen, wuchsen Sympathie und Vertrauen, wurde das Fundament gelegt für die respektvolle, brüderliche Freundschaft zwischen Harry Belafonte und Martin Luther King, einer Verbindung nicht ohne Probleme, die sich jedoch vielfach selbst in heikelsten Situationen und über den Tod des 1968 hinterhältig ermordeten Bürgerrechtskämpfers hinaus bewährt hat.

Und noch ein anderes für sein Leben bedeutsames Ereignis nahm damals seinen Anfang. In Montgomery waren sie sich zum erstenmal begegnet. Danach sahen sie sich öfters wieder, meist auf Veranstaltungen von Bürgerrechtskomitees, die überall im Land gebildet wurden.

Die besten Romane schreibt das Leben, sagt der Volksmund. Ein Dramaturg hätte vermutlich diese Geschichte stirnrunzelnd als allzu konstruiert zurückgewiesen. Aber es war nun mal so. Der weißen Julie und dem schwarzen Harry passierte genau das, was zur gleichen Zeit in «Island In The Sun» zu sehen war und was allenthalben für Aufregung gesorgt hatte: Die beiden verliebten sich ineinander. Filmgeschichte und Wirklichkeit vermischten sich.

Die zierliche Julie Robinson war Tänzerin und kam aus einem russisch-jüdischen Elternhaus. Jahrelang war sie als einzige Weiße mit der berühmten schwarzen Ballett-

Kampf- und Lebensgefährten: Julie und Harry Belafonte protestierten im Oktober 1958 gegen Rassenschranken an den Schulen und Universitäten in den USA

gruppe von Katherine Dunham durch die Welt gezogen. Nach mehr als 30 Jahren Ehe mit Julie, ohne Skandale, ohne Affären, wie sie sonst in dieser Branche oft üblich sind, sagte Harry ernst: Es war einfach Liebe. Wir liebten uns und wollten uns haben.

Wie stets, wenn der Autor das seltene Glück hatte, ihm zu begegnen, strahlte er viel Herzlichkeit und innere Ruhe aus. Ein unaufdringlicher, bescheidener, nachdenklicher, liebenswerter Mensch, der offenbar mit sich im reinen ist und keine Probleme hat mit dem Älterwerden.

Amerika sei wie besessen von der Idee ewiger Jugend und ewigen Glücks, fügte Harry Belafonte lächelnd hinzu. «Ich bin weder ständig glücklich verheiratet noch überhaupt ständig glücklich. Julie ist mein bester Freund. Aber wir brauchen und respektieren beide unsere Freiräume.»

Seine erste Ehe wurde in Mexiko geschieden, und in Mexiko fand im März 1957 auch die Hochzeit mit Julie statt. Sie bezogen eine Mietwohnung im Gebäudekomplex einer Baugenossenschaft auf der Westseite von Manhattan, in der Nachbarschaft von Harlem und dem Zentralpark. Sie hätten sich eine komfortablere Unterkunft in einer exklusiveren Gegend von New York leisten können, doch vornehmere Hausbesitzer nahmen keinen Schwarzen, und erst recht nicht eine «rassengemischte» Familie auf. Und als später weiße Eigentümer signalisierten, sie würden bei ihm, dem inzwischen weltbekannten Künstler, eine Ausnahme machen, lehnte Harry Belafonte kommentarlos ab.

Zu Adrienne und Shari aus erster Ehe gesellten sich bald David und Gina. Harrys Kinder wuchsen in einem Viertel mit kunterbuntem Menschen- und Rassengemisch auf. Christen, Juden, Weiße, Puertorikaner, Chinesen, Schwarze, alle teilten sich hier das Pflaster. Und ihr Vater sang ihre Lieder.

«Meine Kinder brauchten das», erläuterte das Familienoberhaupt, «um von vornherein Gerechtigkeit zu lernen. Ich habe sie nie verwöhnt. Sie mußten Bus und Underground fahren, im Park spielen, die Gefahren der Stadt kennenlernen und ihre Schönheiten – ganz von allein. Ich habe nur versucht, ihnen Werte zu vermitteln. Sie mußten lernen, zu kämpfen, sich durchzusetzen, zu bestehen. Und sie mußten lernen, daß man die Brutalität nur mit Menschlichkeit besiegen kann. Denn kein Mensch kommt brutal auf die Welt, er reagiert nur auf den Druck.»

Armut zum Beispiel nannte Harry eine brutale Erfahrung. Auch die Unterernährung des Geistes und der Seele sei eine gefährliche Form von Hunger und sehr brutal. Und wenn irgendwo zwei Menschen zusammensäßen und nicht miteinander reden dürften, weil sie weiß ist und er schwarz, dann sei auch das brutal. Ebenso, wenn ein Mensch spüre, daß er nicht studieren, nicht Arzt werden könne oder Präsident dieses Landes, nur weil er schwarz ist – das sei eine Art psychologisches Lynchen.

Brutal reagierte auch ein Teil der Umwelt auf die Ehe von Julie und Harry. Das junge Paar wurde beschimpft, angefeindet und bedroht. Das geschah offen, meist jedoch anonym. Schwarze Rassisten warfen Belafonte Verrat vor. Er habe sich «weißgeheiratet» und verleugne damit seine Herkunft. Julie wurde über Nacht von vielen Weißen gesellschaftlich geschnitten, verleumdet und boykottiert. Man versuchte sie zu isolieren. Auch bei vermeintlichen Freunden und Bekannten stieß ihre Gemeinschaft anfangs auf kühle Distanz und Ablehnung. Mehrfach bei Leuten, die sich sonst sehr weltoffen gaben, von denen sie so viel Intoleranz nie erwartet hätten. Für Julie und Harry war das eine schwere Zeit, die ihre Gefühle auf eine harte Probe stellte.

Seine Heirat mit Julie und ihr gemeinsamer engagierter Einsatz in der Bürgerrechtsbewegung blieben für die Karriere von Harry nicht ohne unerfreuliche Folgen. Er hatte längst den Sprung zum Broadway geschafft, und gemeinsam mit Marge und Gower Champion konnte er in dem Bühnen-Musical «Three For Tonight» (Drei für heute nacht) einen schönen Erfolg feiern. Mit diesem Stück gingen sie auf Tournee und gelangten zu einem Gastspiel auch in die Stadt Spartanburg im Norden von Südkarolina.

Mitten in einer Vorstellung wurde im Theater die

Nachricht verbreitet, der Ku-Klux-Klan sei im Anmarsch, um das Haus anzuzünden, falls dieser «kommunistische Nigger» und «Schänder weißer Frauen» nicht vorher die Stadt verlassen habe. Im Theater brach eine Panik aus. Der Direktor flehte seinen Stargast an, unverzüglich zu verschwinden, sonst würde ein Unglück geschehen. Verbittert mußte Harry Belafonte die Aussichtslosigkeit seiner Lage erkennen. Um es nicht zu einer Katastrophe kommen zu lassen, willigte er schweren Herzens ein. Er hätte lieber mit den Leuten diskutiert, doch er wußte selbst, daß das sinnlos gewesen wäre. Im Auto des Bürgermeisters erreichte er den Flugplatz von Spartanburg. Dieser von den Rassisten organisierte beschämende Abgang, diese erzwungene Flucht aus dem Theater machte ihm lange Zeit zu schaffen.

Für das Fernsehen produzierte Harry als Entertainer einige Zeit später die ersten geschlossenen Musiksendungen, und er gewann dafür zwei «Emmy Awards», eine in den USA begehrte Auszeichnung. Doch plötzlich wurde er von einem Tag zum anderen gefeuert. Dies geschah auf Betreiben des Sponsors, also jener Firma, die die Musical-Shows finanzierte und für deren Produkte während der Sendungen wiederholt Reklame gemacht wurde. Was war geschehen?

Als der schwarze Harry Belafonte ein aufrüttelndes Lied über die Ungleichheit der Bürgerrechte in Amerika sang, hatte die weiße britische Sängerin Petula Clark eine Weile seinen Arm berührt. Ob das Zufall oder eine Geste der Solidarität gewesen war, ist nicht bekannt. Die Konsequenzen daraus waren sehr aufschlußreich für das gesellschaftliche Klima in den Massenmedien der USA in jenen Jahren.

«Ich bin in erster Linie Neger»

Solche Nackenschläge gingen ihm mehr unter die Haut, als er sich und der Umwelt eingestehen mochte. Schon viele Weiße in der Unterhaltungsbranche hatten es schwer, sich gegen Machtmißbrauch und Willkür der Medienbosse zur Wehr zu setzen. Zu den ohnehin kräftezehrenden politischen und sozialen Konflikten kamen bei ihm und allen Farbigen immer noch Rassenprobleme hinzu. Und nicht selten gab die Hautfarbe den Ausschlag, machte eine Lappalie zur Staatsaktion. Der «Zwischenfall» mit der britischen Sängerin Petula Clark war dafür nur ein Beispiel von vielen.

In jener Zeit war Harry Belafonte oft niedergeschlagen, und manchmal zweifelte er daran, daß sein Traum von einer Welt, in der sich Menschen aller Rassen und Religionen gegenseitig respektierten, brüderlich verbunden friedlich miteinander lebten, jemals Wirklichkeit werden würde.

Julie hörte ihm stets geduldig zu, machte ihm Mut. Von Anfang an war sie ihm weitaus mehr als nur seine Frau. Sie beide waren echte Partner, wirklich Lebensgefährten, durch tausend Fäden miteinander verbunden. Über ihr privates Glück hinaus hatten sie sich mit Leidenschaft und Konsequenz derselben Sache verschrieben. Er bewunderte ihr ausgleichendes Wesen, ihre Ideen, ihre Tatkraft, ihr Geschick im Umgang auch mit Menschen, die als schwierig galten, er schätzte ihren Mut, ihre Zivilcourage.

Manches Unangenehme – wie üble anonyme Pamphlete, die nach wie vor mit der Post eintrafen und die ihn immer wieder kränkten – versuchte sie von ihm fernzuhalten. Andererseits hatte sie damit begonnen, ein Archiv anzulegen. Besonders sammelte sie Artikel, in denen achtungsvoll und lobend über seine Arbeit berichtet wurde, Kritiken, auch Äußerungen von Kollegen und anderen Persönlichkeiten über Harry Belafonte. Es machte ihr Freude, solche Beiträge auszuschneiden, säuberlich aufzukleben, zu beschriften und abzuheften. Er war gerührt von ihrem Beteiligtsein an allen Dingen, die ihn bewegten, von ihrer umsichtigen und unaufdringlichen Fürsorge. Julie wurde mehr und mehr sein guter Geist.

Wie wohltuend war ihr Trost, wenn er deprimiert war. Harry hatte es gelernt, sich zu behaupten. Doch gegenüber Intriganten fühlte er sich wie gelähmt. Unverschämtheiten und Bösartigkeit verschlugen ihm die Sprache. Und da er Erfolg hatte, fehlte es auch an Neidern nicht. Manchmal holte Julie ohne Ankündigung die «Erfolgsmappe» heraus und las ihm einfach etwas vor. Ihm schien das nicht recht. Zumindest tat er so, als wäre es ihm peinlich. Doch Julie ließ sich nicht davon abhalten, ihren angeschlagenen Mann seelisch und moralisch neu aufzurüsten. So umschrieb sie augenzwinkernd das spielerische Ritual mit fröhlichem Ernst. Sie wich seinen Attacken geschickt aus, verteidigte den Hefter. Und im Nu war eine jener liebevoll-verspielten Kabbeleien im Gange, die nur unter Ausschluß der Öffentlichkeit stattfinden und die mehr als Schwüre oder große Worte aussagen über die Liebe zweier Menschen, die einander unbegrenzt vertrauen und in tiefem Einverständnis miteinander leben. In der Öffentlichkeit fühlte sich das ungleiche, attraktive Paar oft belauert. Nur in den eigenen vier Wänden konnten Julie und Harry ganz sie selber sein. Schließlich hielten sie atemlos inne, sahen sich an, lachten und spürten beide, welch ein Glück es war, daß sie sich hatten. Und alles andere wurde daneben klein und unbedeutend.

Die Gemeinschaft mit Julie und den Kindern, Wärme und Geborgenheit in seiner Familie, für die er verantwortlich war, halfen Harry Belafonte, Zweifel an sich selbst zu überwinden. Wie jedem Menschen, erst recht jedem Künstler, war ihm die Resonanz seiner Umwelt wichtig, brauchte er Erfolg, Anerkennung, das Gefühl, verstanden zu werden. Und natürlich tat es ihm gerade in Krisenzeiten gut, wenn Julie daran erinnerte, daß ein auch von ihm bewunderter und geschätzter Kollege wie Bing Crosby mal geäußert hatte, Harry sei unübertrefflich. Und Kardinal Stritch aus Chikago hatte Belafonte einen der bedeutendsten Amerikaner der Gegenwart genannt, als Farbiger der Bedeutendste. Und die Fachzeitschrift «Modern Screen» kam zu dem Urteil: «Er ist der größte Volkssänger der USA und für uns eine nationale Einrichtung geworden.»

Nun ist ja bekannt, daß Amerikaner auch aus Höflichkeit gern übertreiben, oft enthusiastisch reagieren. Ungeachtet dieser Einschränkung ist sicher viel Wahres an dem, was Dorothy Dandridge, Joan Fontaine und Joan Collins über ihren Filmpartner Harry Belafonte sagten: «Er weckt in jeder Frau den Wunsch, geprügelt und gestreichelt zu werden. Er ist ein Mann im wahrsten Sinne des Wortes ...»

Darryl F. Zanuck, Produzent des Films «Island In The Sun», meinte, Belafontes Wirkung auf das Publikum sei «magisch», und Otto Preminger, Regisseur von «Carmen Jones», attestierte seinem Hauptdarsteller: «Einer der begabtesten, sensibelsten und intelligentesten Menschen, die je vor einer Kamera standen.»

Trotz solcher schmeichelhaften Äußerungen zeigte Hollywood jedoch wenig Neigung zu weiteren, thematisch brisanten Filmexperimenten mit Harry Belafonte. An finanziell verlockenden Angeboten fehlte es nicht. Doch überwiegend handelte es sich da um seichte Stoffe, die dem Nimbus einer Traumfabrik vollauf gerecht wurden. In anderen Fällen konnte sich Harry mit dem Charakter der Rollen, die er gestalten sollte, nicht anfreunden. Also lehnte er ab.

Da Harry Belafonte aber keineswegs auf das massenwirksame Medium Film verzichten wollte, blieb ihm gar keine andere Wahl, als die Flucht nach vorn anzutreten. Um die Welt der Farbigen in Amerika mit den Augen der Farbigen unabhängig von Hollywood-Klischees darstellen zu können, wagte er selbst ein Experiment und gründete 1959 eine eigene Filmfirma, die Har Bel Production Company.

Zehn Jahre zuvor hatte er seine künstlerische Laufbahn als Ersatzmann und Pausenfüller in einem New-Yorker Nachtklub begonnen. Nun war Harry Belafonte der erste schwarze Platten- und Filmproduzent der USA. Dazwischen lagen harte Arbeit, große Erfolge und manche Enttäuschung. Doch sein Weg hatte sich als richtig erwiesen. Als Präsident der Belafonte Enterprises Inc. realisierte er fortan nicht nur eigene Musik- und Filmproduktionen, sondern auch die meisten der zahlreichen Gastspiele und Konzertreisen, die ihn und sein Ensemble bald durch die ganze Welt führen sollten. Es war ihm gelungen, sich für seine künstlerischen und politischen Ambitionen ein ökonomisches Fundament zu schaffen, das weitgehend unabhängig war von den konservativen bis reaktionären und vor allem kommerziell interessierten Mediengiganten der USA. Das politische und künstlerische Credo Harry Belafontes blieb unverändert: Ich bin in erster Linie Neger, dann Schauspieler und Sänger.

In diesem Sinne produzierte er noch 1959 seinen ersten Film. Dessen Titel «Odds Against Tomorrow» (sinngemäß übersetzt etwa: Keine Chance für morgen) beschreibt ziemlich genau die Situation der Helden des Streifens, die – jeder für sich und aus anderen Gründen in die Enge getrieben – mit einem Gewaltakt ihr Schicksal überlisten wollen. Ein wegen Unredlichkeiten entlassener Ex-Polizist plant einen Banküberfall. Dafür braucht er Komplizen. Von möglichen Kandidaten bleiben nur zwei Männer übrig: ein glückloser Weißer, Sohn armer Farmer aus Oklahoma, der sich vor dem Altwerden fürchtet, und ein farbiger Barsänger, der von der fixen Idee besessen ist, nur viel Geld würde ihm helfen, dem Fluch eines zweitklassigen Bürgerdaseins zu entrinnen.

Tiefverwurzeltes Mißtrauen bestimmt ihr Verhältnis zueinander. Das einzige, was sie eint, ist ihre verzweifelte Jagd nach dem vermeintlichen Glück. Aber gegenseitiger tödlicher Haß vernichtet sie. Eine tragische Geschichte mit mehrfachen Parabeln. Das Leben in einer Kleinstadt der USA, von unten gesehen, aus der Perspektive an der Gesellschaft gescheiterter, verlorener Menschen.

Er sei glücklich und es mache ihn stolz, äußerte Harry Belafonte bei der Uraufführung, daß er in diesem Film wenigstens einige seiner Rassenbrüder – den Drehbuchautor, Schauspieler, Techniker und sonstige Mitarbeiter –, die in Hollywood nur selten oder nie eine Chance hätten, mit anspruchsvollen Aufgaben betrauen konnte.

Belafontes Vorliebe für dramatisch zugespitzte Parabel-Geschichten belegte auch der zweite, im selben Jahr produzierte Film THE WORLD, THE FLESH AND THE DEVIL. Der reißerisch-bombastische Titel (deutsch ebenfalls: Die Welt, das Fleisch und der Teufel) sollte offenbar hollywoodverdorbene Zuschauer anlocken und ihr Interesse wecken für Anliegen, die dem schwarzen Künstler bis heute vor allem am Herzen liegen: die Würde des Menschen unabhängig von seiner Rasse und die Sorge um die Zukunft der Menschheit.

Harry verkörperte in diesem Film den farbigen Bergbauingenieur Ralph Burton, der verschüttet wird, und – so paradox das zunächst auch klingt – diesem Unfall sein Leben verdankt. Die Rettungsmannschaften arbeiten fieberhaft, schon kann Burton ihre Klopfzeichen hören, doch plötzlich wird es totenstill im Schacht. Unruhe, Angst bemächtigen sich des Verschütteten, der nicht begreift, weshalb die Kameraden ihn aufgegeben haben. Mit letzter Kraft kann er sich selbst befreien. Doch über Tage hat sich inzwischen noch viel Schlimmeres ereignet: Alles Leben ist einem atomaren Inferno zum Opfer gefallen, nur die materiellen Werte blieben unzerstört. Burton irrt durch eine Geisterwelt.

Wie durch ein Wunder hat ein weiterer Mensch überlebt, eine junge Frau, Sarah Crandall, eine Weiße. Einer ist auf den anderen angewiesen. Vorurteile werden überwunden, aus gegenseitiger Achtung wird Sympathie, erwachsen tiefe Gefühle. Doch selbst in dieser außergewöhnlichen Situation schreckt der Neger vor der Rassenschranke zurück.

Da stößt – mehr tot als lebendig – Ben Thacker zu den beiden. Aufopferungsvoll pflegt der Farbige den Weißen gesund. Kaum wieder auf den Beinen, entpuppt sich der Gerettete als verbohrter Rassist und maßt sich an, Sarah vor Ralph Burton in Schutz nehmen zu müssen. Ein Duell auf Leben und Tod beginnt, es ist weit mehr als der uralte Kampf zweier Männer um die Gunst einer Frau. Bevor sich beide gegenseitig umbringen, erweist sich der dunkelhäutige Ralph als der moralisch Stärkere. Er erhebt sich über diesen ebenso törichten wie unmenschlichen Streit und verzichtet. Sein Beispiel bringt auch Ben zur Besinnung.

Dieser betroffen und nachdenklich machende Film, der seinen Schöpfern mutiges Engagement und Weitsicht bescheinigt, hat seine Aktualität bis heute nicht verloren: Rund zwei Jahrzehnte vor der realen Bedrohung der Menschheit durch die Neutronenbombe hat Harry Belafonte mit künstlerischen Mitteln die Horrorvision einer Welt ohne menschliches Leben projiziert als einen aufrüttelnden Appell an die Vernunft und die Verantwortung jedes einzelnen. Beachtlich war ferner, daß Regisseur Ronald MacDougall die Hollywoodstars Inger Stevens und Mel Ferrer als Mit- und Gegenspieler Belafontes in diesem brisanten Streifen gewinnen konnte und keine geringere Firma als Metro-Goldwyn-Mayer (MGM) den Weltverleih übernahm.

Durchbruch in Europa

Mit seinen Liedern und Filmen, Theatergastspielen und ungezählten Konzerten – in Luxushotels in Florida und Las Vegas, viel lieber noch zu erschwinglichen Eintrittspreisen vor Massenpublikum in Sportstadien – war Harry Belafonte in den USA zu einem Begriff geworden. Außerhalb der Vereinigten Staaten kannte man nur seine Schallplatten, seine Stimme. Über die ersten begeisterten Briefe, die den weiten Weg über den Atlantik bis in sein Studio in New York zurückgelegt hatten, freute sich Harry noch wie ein Kind. Aber schon bald war es ihm bei bestem Willen nicht mehr möglich, jede Zuschrift selbst zu beantworten. Er mußte eine Sekretärin einstellen, deren einzige Aufgabe es war, die Post zu erledigen.

Das liest sich vielleicht bürokratisch, doch das Gegenteil war der Fall: Der termingehetzte Star ließ es sich nicht nehmen, jeden Brief – wenn er es irgendwie einrichten konnte, ob unterwegs im Auto oder im Flugzeug – selbst zu überfliegen, oft machte er Randnotizen. Es war ihm wichtig, was den Menschen an seiner Musik gefiel und was nicht, welche Gedanken und Emotionen er mit seinen Liedern auslöste. Dabei war es egal, ob es sich um Teenager handelte, die ihm schrieben, Frauen im gesetzten Alter oder auch männliche Fans. Die Post war ihm eine Hilfe, sich zu kontrollieren. Und meist bestätigte sie ihm, auf dem richtigen Weg zu sein.

Die zunehmende positive Resonanz bei seinen Anhängern auch außerhalb der USA ließ Pläne für eine erste Konzert-Tournee reifen. Einen günstigen äußeren Anlaß dafür bot die Weltausstellung in Brüssel 1958. Um es vorweg zu nehmen: Diese erste Reise durch mehrere Länder Westeuropas wurde für Harry Belafonte und sein Orchester zu einem triumphalen Erfolg, brachte dem Künstler aus Black Harlem auch internationale Anerkennung.

Daß er singen konnte, daß seine Songs nicht nur Schwung und Pfiff, sondern darüber hinaus meist noch eine jedem verständliche humane Botschaft hatten, war für ihn zu dem Zeitpunkt schon selbstverständlich. Das besondere Erlebnis für Harry Belafonte in Europa war das beglückende Gefühl, erstmals voll anerkannt und respektiert zu werden, als Künstler und als Mensch. Kein Hotelier dachte auch nur im Traum daran, ihm ein Bett zu verweigern. Im Gegenteil. Die ersten Häuser waren stolz darauf, eine Persönlichkeit wie Harry Belafonte unter ihren Gästen zu haben. Die Bühnenausgänge und seine Nobelherbergen wurden von Autogrammjägern belagert, auf den Straßen hörte er die Leute seine Lieder pfeifen. Das war in Belgien so und noch leidenschaftlicher dann in Frankreich, in Paris.

Die Franzosen waren fast aus dem Häuschen, und sie feierten das Ehepaar Belafonte und deren Kinder – es war Harrys inniger Wunsch, seine Familie dabeizuhaben bei dieser ersten großen Reise – wie den Besuch eines Fürsten. Bewegt und tief beeindruckt von der Herzlichkeit, Sympathie und Begeisterung, die sie überall spürten und die ihn fast schwindlig machten, sagte Harry Belafonte fassungslos-glücklich: «In Europa haben mich die Menschen gern, obwohl ich ein Neger bin.»

Im August 1958 kam die Familie Belafonte zum erstenmal in die BRD. Auf dem Programm stand auch ein dreitägiges Gastspiel in Berlin (West), im damaligen Titaniapalast in Steglitz. Alle Vorstellungen waren im Nu ausverkauft. Ein Riesenschwarm seiner Verehrer bereitete Harry Belafonte einen jubelnden Empfang, obwohl sich seine Ankunft in Tempelhof um zwei Stunden verzögert hatte. Auf einer Pressekonferenz im Hotel Windsor entschuldigte sich der Weltstar wegen dieser Verspätung. Und diese Erklärung, aufgestöbert in einem vergilbten Zeitungsblatt, gibt einiges preis von seinem ungewöhnlichen Charme, seiner bescheidenen, heiteren Liebenswürdigkeit, die zu den Geheimnissen seiner Wirkung zählen.

«Wir hatten so viele Instrumente mit», sagte Harry Belafonte lächelnd, «daß wir uns lange überlegen mußten, ob wir entweder einen Teil des Gepäcks oder einige Musiker oder eine Tragfläche des Flugzeuges zurücklassen sollten, um die Maschine nicht zu überladen.» – «Wofür entschieden Sie sich schließlich», wurde gefragt. Harry Belafonte: «Irgend etwas hat die PAA wohl zurückgelassen. Ich glaube, den Piloten.»

Es kamen auch gewichtigere Themen zur Sprache. Und ein Teil der Journalisten war offensichtlich überrascht, weil sich die Äußerungen dieses dunkelhäutigen Gastes aus den USA von den unverbindlichen Nichtigkeiten vieler anderer Stars im internationalen Show-Busineß auffallend unterschieden. Immerhin herrschte damals kalter

Krieg zwischen West und Ost, und deren Verfechter hatten Berlin (West) die Rolle einer Frontstadt, eines Pfahls im Fleische des Sozialismus zudiktiert. Unter solchen Vorzeichen ließ die Forderung des damals 31jährigen Sängers nach einem ständigen internationalen Künstler- und Kulturaustausch aufhorchen. Die Kultur der Völker müsse mithelfen, betonte Belafonte, die politischen Feindseligkeiten zu überwinden. Vor allem deshalb fasziniere ihn immer wieder das Volkslied, weil es die Menschen nicht nur unterhalte, sondern Menschen und Völker einander näherbringe. Es bleibe nicht nur im Ohr hängen, es rühre auch an die Seele.

Solche humanen Worte hatten damals Seltenheitswert. Nicht weniger, daß ein so prominenter amerikanischer Künstler es wagte, in Berlin (West) in aller Öffentlichkeit den Wunsch zu äußern, er würde gern auch in Moskau singen, um Brücken zu schlagen zwischen den USA und der Sowjetunion. Selbst Springers Zeitung «Die Welt» kam nicht umhin, diesem «intelligenten Negersänger» Respekt zu zollen.

Der gelungene Auftakt von 1958 ermunterte zu weiteren Reisen. Zu einer regelrechten Mammuttournee durch drei Kontinente starteten Harry Belafonte und sein Orchester zwei Jahre später. Sie spielten und sangen in Japan, auf den Philippinen, wurden in Australien ebenso verstanden und gefeiert wie in Israel und in Griechenland. Mit den neuen Ländern erschlossen sich ihm andere Kulturen. Das Wenige, das wir von anderen Ländern wissen, äußerte Harry, ist oft nichts als der Ausdruck einer feindseligen Propaganda. Nicht zuletzt deshalb sei er später auch in die Sowjetunion gefahren. Erfahrungen aus erster Hand sind nach der Auffassung von Belafonte die Grundlagen der Verständigung und des Vertrauens zwischen den Völkern.

*Julie und Harry Belafonte und ihr einjähriger Sohn David
im Herbst 1958 nach dem ersten
erfolgreichen Gastspiel in Europa*

Was dieser sensible und verantwortungsbewußte Künstler im Großen anstrebte und praktizierte, galt zuallererst und von Anfang an für sein eigenes Ensemble, für seinen persönlichen Mitarbeiterstab. Es ist schon interessant und aufschlußreich, an dieser Stelle etwas Näheres über sein Orchester zu sagen. Harry Belafonte hat sich dazu wiederholt geäußert.

«Ich suche die Künstler für meine Arbeit immer nach mehreren Gesichtspunkten aus», erklärte der Team-Chef. «Das wichtigste ist natürlich die künstlerische Eignung.

Wenn sie gute Künstler sind, erwarte ich außerdem, daß sie eine bestimmte Wellenlänge für die Arbeit haben – sie kommen ja meistens aus verschiedenen Kulturkreisen und unterschiedlichen Gesellschaften. Und wenn sie eine bestimmte Wellenlänge, bestimmte Ansichten und neue Einflüsse mitbringen, gut. Mit anderen Worten, ich verspreche mir viel davon, unterschiedliche Leute zusammenzubringen, ob Brasilianer, Kubaner, Afrikaner oder Juden, ob weiße oder schwarze Musiker. Die einfache Tatsache, daß sie alle aus verschiedenen Kulturkreisen kommen und dann an einer gemeinsamen Sache arbeiten, garantiert, daß ihre Kultur, ihre Sprache, ihre Ansichten und auch ihre Rhythmen und bestimmte Harmonien in die Arbeit einfließen.

Ich wähle sie nicht nach ihrer politischen Einstellung aus, ich wähle niemanden aus, weil er zum Beispiel Marxist ist oder Buddhist oder Katholik. Alle meine Leute befinden sich auf unterschiedlichen politischen Entwicklungsstufen, haben unterschiedliche politische Einstellungen oder ordnen Geschichte und Politik jeweils auf ihre Weise ein. Durch das, was ich an Arbeitsmaterial anbiete, die Lieder und die Inhalte, und durch das, was wir dem Publikum vermitteln wollen, entwickelt jeder eine eigene Verantwortung für das, was auf der Bühne und mit den Zuschauern geschieht.»

Wohl jeder, der mal ein Konzert mit Harry Belafonte direkt oder auch nur auf dem Bildschirm erlebt hat, wird fasziniert gewesen sein vom Einfallsreichtum der Arrangements, von der exotisch-brillanten Art des Musizierens. Die Musiker, die Damen und Herren des Chores – jeder Mitwirkende ist ein ausgeprägter Individualist, doch sie alle sind locker und mit spürbarem Vergnügen bei der Sache, finden sich anscheinend mühelos zu harmonischem Zusammenspiel. Jede Show ist absolut perfekt, durch und durch professionell. Da scheint alles kalkuliert, und doch wirkt vieles spontan, jedenfalls nicht einen Moment steril. Harrys Auftritte sind musikalisch glänzend verpackt. Die Musiker beeindrucken vor allem durch stimmungsvolle, leise Töne, niemand wird durch irgendeine Elektronik erschlagen. Das Publikum ist dafür dankbar.

Innerhalb weniger Jahre konnte sich Harry Belafonte in der ganzen Welt Anerkennung und Sympathie erwerben. In Europa hatte er bald mehr Anhänger als etwa der legendäre Frank Sinatra. Das lag mit Sicherheit zwar auch, aber nicht nur an den unterschiedlichen Liedern, die sie sangen. Die Öffentlichkeit registrierte durchaus, daß Harry im Gegensatz zu «Frankieboy» zum Beispiel auf Whisky und erotische Ausfälle, aber auch auf Leibwächter verzichtete.

Belafonte paßt nicht in das Klischee eines Hollywood-Stars, eines Entertainers im Show-Busineß der USA. Er ist verletzbar und in sehr zurückhaltender Art stolz, aber nicht übermütig oder gar arrogant. Sein unaufdringliches, bescheidenes Auftreten ist keine Masche, es entspricht seinem Wesen. Er lebt und arbeitet seriös, ist in keine Skandale verwickelt, liefert der Boulevardpresse keine Schlagzeilen. Er war und ist ein Star ohne exzentrische Allüren. Das macht ihn den Menschen liebenswert.

Und noch etwas Wichtiges kommt hinzu: Manche schwarze Musiker, wie Louis Armstrong oder Duke Ellington, haben die Demütigungen ihrer Kinder- und Jugendzeit durch Talent, durch mit Fleiß und eiserner Disziplin errungenen Erfolg kompensiert. Sie erreichten, daß ihre einstigen Demütiger und deren Nachkommen ihnen nun zujubelten, und haben ihre Vergangenheit damit zumindest verdrängt. Für sie persönlich hatten sich die Rassenprobleme gelöst. Andere – wie Harry Belafonte – haben aus den bitteren Erfahrungen früherer Jahre für sich und andere Betroffene politische Schlüsse gezogen und sie in Handlungen umgesetzt.

Der Junge aus Harlem war zu einer künstlerischen und politischen Persönlichkeit herangereift, beides gleichermaßen stark und aufrichtig. Ohne Zweifel hat er sein Talent, seine Stimme mit außerordentlichem Geschick verkauft, doch um keinen Deut verkaufte er sich selbst. Über die Jahrzehnte hinweg blieb er sich grundsätzlich treu. Und das Publikum spürt, daß ihnen hier ein Mann gegenübertritt, ein Sänger, dessen politische und künstlerische Haltung sich decken. Das macht Belafonte glaubwürdig.

Ob man mit ihm spricht oder ihn auf der Bühne erlebt, überall spürt man sein starkes Engagement, seinen Mut, seine Lust zu überzeugen. Dieser Mann ist beseelt vom unerschütterlichen Glauben an das Gute im Menschen. Und: Er wird sich nie abfinden mit gesellschaftlichen Verhältnissen in der Welt, die den Menschen bedrohen, die ihn daran hindern, gut zu sein, Gutes zu tun.

Manches Unheil, äußerte Harry Belafonte, habe sich über Jahrhunderte in den Menschen festgefressen und wirke verhängnisvoll bis in unsere Tage. Rassismus zum Beispiel sei solch eine unglaublich verbreitete menschliche Gemeinheit und er sei beileibe nicht bloß eine Angelegenheit von Schwarz und Weiß. Rassismus und chauvinistisches Denken wucherten in vielen Völkern und Regionen. Eine Volksgruppe dünke sich besser als die andere, meine, sie sei mehr wert. Und oft gebe es dafür außer der Hautfarbe religiöse oder politisch-ethnologische Hintergründe.

Diesem Unheil mit Gefühl und Verstand entgegenzuwirken gehöre zu den Anliegen der Künste. Denn die Aufgabe eines Künstlers bestehe nicht nur darin, zu zeigen, wie das Leben ist. Wir haben auch Verantwortung, zu zeigen, wie es sein sollte.

Das sagt sich so einfach, schränkte Harry nachdenklich ein. Er selbst sei schließlich auch ein Kind seiner Zeit und Realist genug, um zu wissen, daß es in den Vereinigten Staaten zum Beispiel für viele Künstler schwer sei, sich über den Hunger, soziale Ungerechtigkeiten und Rassenhaß zu empören, weil sie sehr gut lebten: sie hätten große Häuser, sie äßen gut, sie besäßen viele materielle Dinge und entwickelten sich oft zu «Taufpaten» der Befriedigung und nicht zu Kämpfern für die Befreiung.

«Ich muß ehrlich zugeben», gestand Belafonte in diesem Zusammenhang, «daß auch ich diese Schwierigkeit habe. Manchmal lebt man so bequem, daß man zum Opfer seines Besitzes wird. Ich versuche, mir dessen stets bewußt zu sein. Auch deshalb reise ich. Wenn ich unterwegs bin, am Leben der Menschen teilnehme, ihre Freuden, aber auch ihre Probleme sehe, in Afrika, in Japan, auf Kuba, in Nikaragua, in Mexiko oder irgendwo in Europa, und es stellt sich heraus, daß es oft ganz ähnliche oder die gleichen Probleme sind, überall in der Welt, wenn ich mit Werktätigen oder Künstlern zusammen bin, die sich dieser Dinge bewußt sind und wissen, was alles noch getan werden muß – das ist für mich das Beste im Leben. Oder ich gehe an die Universitäten, zu den Studenten. Ich höre ihnen zu. Die jungen Menschen haben viel zu sagen. Sie wissen, mit dem Establishment stimmt vieles nicht. Sie haben Ideen, es zu verbessern. Manchmal habe ich Angst», sagte Harry mit selbstironischem Lächeln, «ein reicher, bequemer, langsam alternder, zufriedener Bürger zu werden. Das Reisen und die jungen Leute bewahren mich davor.»

Seine Kritik an den Mißständen, seine Vorstellungen von einer Welt, wie sie sein müßte, sind klar und eindeutig. Politische und soziale Ungerechtigkeiten empören ihn, machen ihn maßlos traurig, doch er will weder Vergeltung noch Zwang, er ist kein Radikaler. Belafonte steht auf der linken Seite der Barrikade, sieht die Lösung der Konflikte jedoch nicht in der Konfrontation, sondern in der Verständigung. Er will die Menschen aufrütteln, sich gegen ihren Platz in der Gesellschaft zu empören, ihnen Mut machen, ihre Rechte anzumelden. Und er appelliert an die politische Verantwortung der Mächtigen, hofft auf den Sieg der Vernunft. Er selbst sucht mit bewundernswerter Beharrlichkeit, mit geradezu missionarischem Eifer, was sich ohne Blutvergießen, ohne weitere Verkrampfung, ohne neuen Haß unter den nun einmal gegebenen Umständen verändern, verbessern läßt. Bei aller Unrast ist Geduld seine Devise, er will Beispiele schaffen, durch Beispiele überzeugen.

Dabei beließ und beläßt es Harry Belafonte nicht bei Worten. Obwohl er wenig Aufhebens davon machte, hatte sich in den Jahren seiner ersten Welttourneen herumgesprochen, daß der Junge aus Harlem seit seinem Millionenhit «Calypso» einen beträchtlichen Teil seines erarbeiteten Vermögens verwendete, um Bedürftigen zu helfen, um Leiden zu lindern.

Nun ist auch von Elvis Presley bekannt, daß der gefeierte «King of Rock'n'Roll» mitunter sehr großzügig war, daß er beispielsweise den Kirchen – und zwar allen Konfessionen – in seiner Wahlheimatstadt Memphis im Bundesstaat Tennessee um Weihnachten herum Summen überweisen ließ, daß er Freunden, Gönnern und einflußreichen Bekannten wie dem Bürgermeister, dem Sheriff oder einfach auch wildfremden Menschen aus einer Laune heraus einen Chevrolet oder ein anderes Luxusauto schenkte.

Die Freigebigkeit Belafontes ist von anderer Art. Mit

Ein Verbot der Kernwaffenversuche forderten im Mai 1960 Tausende amerikanischer Bürger in New York

Hunderttausenden Dollars unterstüzte er von Anfang an die von Martin Luther King gegründete Bürgerrechtsbewegung Christliche Führungskonferenz des Südens (SCLC) und das später ins Leben gerufene Students Nonviolent Coordination Committee (Studentenkomitee zur Koordinierung des gewaltlosen Widerstandes SNCC). Sein Entstehen verdankte es dem couragierten Protest von vier Studenten der in North Carolina gelegenen Stadt Greensboro.

Im Februar 1960 hatten sie in einer Woolworth-Kaufhalle einen Sitzstreik organisiert, um die Bedienung an dem für Neger gesperrten Imbißstand zu ertrotzen. Etliche Zeitungen, Rundfunk- und Fernsehstationen berichteten über diese mutige, originelle Aktion. Das Beispiel der Studenten von Greensboro begeisterte vor allem die jungen Leute, und innerhalb nur weniger Wochen organisierten schwarze und weiße Studenten in mehreren südlichen Städten ebenfalls Sitzstreiks. Bald ging es nicht mehr nur um die Abschaffung von Rassendiskriminierung an Imbißständen, sondern zum Beispiel auch um die Aufhebung der in den Südstaaten bestehenden Rassentrennung im zwischenstaatlichen Reiseverkehr, die Abschaffung getrennter Wartesäle auf den Busbahnhöfen, getrennter Toiletten und sogar getrennter Waschbekken in öffentlichen Einrichtungen und vieles mehr. Die Aktionen der Studenten wurden zu einem wichtigen Bestandteil der Bürgerrechtsbewegung, und Harry brachte eine Menge Geld auf, damit das SNCC überhaupt eine Organisation werden konnte, die in der Lage war, solche Kampagnen in den Städten und Gemeinden des Südens zu starten.

Zusammen mit dem Augenspezialisten Dr. Edward Norton, der ihm 1957 durch drei Netzhautoperationen das Augenlicht gerettet hatte, gründete Belafonte in Florida eine Augenklinik, in der schwarze und weiße Kinder aus armen Familien kostenlos behandelt werden. In Black Harlem finanzierte er ein Waisenhaus. Dazu kommt seit Jahren ein Stipendienprogramm für afrikanische Studenten in den USA.

Er hat es nicht gern, wenn man ihn nach diesen Dingen fragt. Doch wenn man sich ein Bild machen will von diesem Mann, darf man seine engagierte Hilfsbereitschaft nicht übersehen. Nicht nur, weil sie alles andere als selbstverständlich ist.

Und auch die Benefiz-Konzerte zugunsten der New

Lincoln School und der Wiltwyck School am 19. und 20. April 1959 in der altehrwürdigen Carnegie Hall Ecke Seventh Avenue/57th Street in New York zeugen vom Mitgefühl, vom sozialen Engagement des Weltstars. Fairerweise muß gesagt werden, daß der Mediengigant RCA (Radio Corporation of America) diese Veranstaltungen angeregt hatte. Belafonte – verbindlich im Ton, hart in der Sache – und RCA hatten einen Modus vivendi gefunden, der dem Künstler weitgehende Unabhängigkeit sicherte und zugleich auch den Interessen der Aktiengesellschaft entsprach.

Im Ergebnis dieser öffentlichen Veranstaltungen im ehemals bedeutendsten Konzerthaus New Yorks – es war auch die Heimat des New York Philharmonic Orchestra und entging vor wenigen Jahren nur auf Grund heftiger Proteste der Musikfreunde dem Abbruch – entstand eine der schönsten Langspielplatten, BELAFONTE AT CARNEGIE HALL. Natürlich waren darauf auch die beliebten Songs aus der Karibik. Doch außerdem Folksongs und Spirituals der Neger sowie Volkslieder u. a. aus Mexiko, Frankreich, Israel, Spanien und Haïti. Die Fronten waren geklärt: Harry Belafonte war kein «King of Calypso».

Die Kritiker feierten die Doppelveranstaltung als ein bemerkenswertes Ereignis in der langen Geschichte des 1891 von Andrew Carnegie erbauten Musentempels. Es sei ein Fest anspruchsvoller musikalischer Unterhaltung und zugleich ein Fest der Nächstenliebe gewesen. Das Belafonte-Konzert erbrachte in einer Nacht allein 58000 Dollar für die Wiltwyck School, in der vor allem seelisch gestörte Jungen betreut werden.

Alles zusammen – bescheidenes Auftreten, liebenswürdiger Charme, Glaubwürdigkeit im politischen und sozialen Engagement, künstlerische Meisterschaft, menschli-

che Größe – erklärt vermutlich das kleine Wunder
Belafonte, wenn man bedenkt, daß sein Erfolg nun auch
in Asien, Australien und in Europa den Erfolgsgesetzen
des Show-Busineß widersprach, jener gnadenlosen Branche, die «über Leichen» geht und in der es heißt: Wer
sich ins Show-Busineß begibt und sich ihm nicht einfügt,
kommt darin um; diese Branche kenne keine Charaktere,
sondern nur Erfolge.

Wenn jemand diese «ewigen Gesetze» mißachtet und
sich dennoch behauptet, wie eben Harry Belafonte, dann
ist das schon ein Zeichen von besonderen Qualitäten.
Das hat das Publikum wahrscheinlich auch außerhalb der
USA wohl empfunden, als es dem großartigen Menschen
und Sänger aus Black Harlem 1960 in Tokio, in Tel Aviv,
in Port-au-Prince und in Athen umjubelte. Nun war er
wirklich ein Weltstar.

Ein unerwarteter Anruf

Während Harry Belafonte 1960 auf seiner ersten großen
Welttournee durch Asien, Australien, den Nahen Osten
und Europa unterwegs war, tagte zu Hause in den Vereinigten Staaten der entscheidende Wahlkonvent der Demokratischen Partei. Der Parteitag nominierte den damals gerade erst 43jährigen John F. Kennedy zum
Kandidaten für das Amt des Präsidenten der USA, das
im kommenden Jahr erneut zur Wahl stand. Gegenkandidat war der Jurist Richard M. Nixon, ehemals eifriges
Mitglied im berüchtigten McCarthy-Ausschuß, seit Jahren Vizepräsident unter Präsident Dwight D. Eisenhower,
der einst im zweiten Weltkrieg Oberkommandierender

der US-Truppen in Nordafrika, in Westeuropa und danach Generalstabschef der USA sowie Oberkommandierender der NATO-Streitkräfte gewesen war.

Mit dem Namen Kennedy wußte der farbige Sänger und Entertainer zunächst nicht viel anzufangen. Gerade so viel, daß es sich um eine der vermögendsten Familien im Lande handelte, deren Einfluß in allen Bereichen von Politik und Wirtschaft entsprechend groß war. Es gab mehrere Brüder, John, der älteste, hatte an den besten Universitäten der USA studiert, auch als Journalist gearbeitet, im Krieg war er als ganz junger Kerl Offizier bei der US Navy gewesen. Das machte ihn Harry auf den ersten Blick sympathisch: Sie liebten offenbar beide den Seemannsberuf. Aber sonst? Was konnte die Bürgerrechtsbewegung, was konnten die Millionen Schwarzen in den Slums von diesem Sproß einer weißen Familie des Dollar-Adels schon erwarten?

Noch während er so überlegte, wurde sich Belafonte ärgerlich bewußt, was für ein Klischee ihm seine grauen Zellen da geliefert hatten. Vorurteile waren doch ein übles, zähes Unkraut, mit verdammt tiefen Wurzeln! Ein Weißer? Dazu superreich? Aus arrogantem Familien-Clan? – Der konnte nicht viel taugen, weder als Mensch noch als Politiker. Klarer Fall. Das saß so tief drin, das ging ganz automatisch. Und war womöglich falsch! Man müßte sich den Mann doch erst mal genauer ansehen, in Ruhe anhören, was er zu sagen hatte. Zumindest das gebot die Fairneß im Umgang auch mit politisch Andersdenkenden. Jemanden blindlings verurteilen, ohne ihm auch nur die Chance zu lassen, Profil zu zeigen, das war einfach und ging schnell. Der Lösung dringlicher Probleme allerdings kam man mit dieser Methode keinen Schritt näher. Und es fehlte Harry und seinen Freunden nicht an folgender Erfahrung: Mit vorgeprägten Feindbildern hatten sie sich schon öfter ins eigene Fleisch geschnitten und ihre voreilige Haltung dann korrigieren müssen.

Das war noch gar nicht so lange her. Eisenhower war 1953 Präsident der Vereinigten Staaten geworden, und zu seinen Pflichten gehörte es, einen neuen Richter als Vorsitzenden des Obersten Bundesgerichts der USA zu ernennen. Auf diesen außerordentlich wichtigen Posten stellte der General einen Mann, der vorher Gouverneur von Kalifornien gewesen war. Er hieß Earl Warren.

Nun hatte dieser Warren den Ruf eines sehr konservativen republikanischen Gouverneurs. Er war ein Mann, der nach allem, was man von seinem politischen Lebenslauf wußte, sehr viel mehr der Rechten zuneigte und der die vorherrschenden Praktiken vielfältigster Ausbeutung in der USA-Gesellschaft durchaus rechtens fand. Kurz: Der neue Mann an der Spitze des Obersten Bundesgerichts der Vereinigten Staaten schien alles andere als ein Menschenfreund zu sein. So dachten ziemlich alle Unterprivilegierten.

Dieser Earl Warren nun sorgte für etliche Überraschungen. Als zum Beispiel die – nach Meinung der Bürgerrechtler längst überfällige – Aufhebung der Rassentrennung in den Schulen erneut heftig diskutiert wurde, waren Eisenhower und der größte Teil seiner Regierung natürlich dagegen. Das Oberste Bundesgericht unter Earl Warren jedoch erklärte 1954 die Rassentrennung in allen öffentlichen Schulen der Vereinigten Staaten für ungesetzlich. Und das Warren-Gericht – wie es allgemein genannt wurde – traf noch eine ganze Anzahl von Entscheidungen, die alle zugunsten des Volkes ausfielen. Das war eine sehr, sehr große Hilfe und Unterstützung für Martin Luther King, Jesse Jackson, Ralph Abernathy, für Harry Belafonte und weitere Kämpfer gegen die Rassendiskri-

Richter Earl Warren

minierung. Die neuen, von Warren verkündeten Gesetze gaben der jungen Bürgerrechtsbewegung, die sich vor allem im Süden, aber auch im Norden der USA zu entfalten begann, spürbaren Auftrieb.

Eisenhower war außer sich. Der Präsident hatte selbstverständlich nicht erwartet, daß sich der von ihm geförderte Warren so verhalten würde. Und auch Harry Belafonte und dessen Freunden gab der Vorsitzende des Obersten Bundesgerichts zunächst Rätsel auf. Im stillen leisteten die Schwarzen dem Mann Abbitte. Der junge farbige Künstler begann zu verstehen, daß man sich nicht nur auf das verlassen sollte, was man zu sehen glaubt. Nicht jeder, der sich liberal gab, nicht jeder, der sich fortschrittlich gebärdete, handelte auch fortschrittlich. Und nicht jeder, der seiner Herkunft nach zum konservativen Lager gehörte oder der ein Vokabular gebrauchte, das reaktionär zu sein schien, verhielt sich dann immer unbedingt auch entsprechend. Das war eine Sache, die man verstandesmäßig schlecht erklären konnte. Im menschlichen Bewußtsein passierten offenbar manchmal Dinge, die nicht mal der Betreffende selbst vorauszusehen vermochte: Eine andere Sicht auf bestimmte Probleme, eine neue Überzeugung, die herangereift war und die alles Vorherige in Frage stellte. So ähnlich mochte es bei Earl Warren gewesen sein.

Und der frühere Gouverneur von Kalifornien war kein Einzelfall. Als Paul Robeson vom FBI gejagt worden war, man dem großen Künstler unter fragwürdigen Anschuldigungen den Paß abgenommen und ihn buchstäblich unter Hausarrest gestellt hatte, gelang es, den Fall bis zum Bundesgericht zu bringen. Um einen so langen Weg durch die Instanzen über Wochen, Monate und manchmal Jahre durchzustehen, müßte allerdings sehr viel Geld aufgebracht werden. Aber als es dann endlich geschafft war, landeten die Akten auf dem Tisch des Richters William O. Douglas. Der galt als einer der besten Juristen im Land, einer der kompetentesten Weißen, die es auf dem Gebiet von Verfassungsfragen, Fragen der persönlichen Freiheit, der Bürgerrechte gab. Sein Ruf war makellos, und es war bekannt, daß er nie nachgab, wenn er eine Sache als gesetzlich oder nicht rechtmäßig erkannt hatte. Es stellte sich heraus, daß er seine Überzeugung auch nicht preisgab, als es sich um einen Schwarzen handelte.

Richter William O. Douglas

Vor allem dem Richter William O. Douglas, der von ihm vertretenen und im Obersten Bundesgericht durchgesetzten Entscheidung war es schließlich zu verdanken, daß man Paul Robeson den Paß nicht länger verweigern konnte.

Die Lage vor dem Präsidentschaftswahlkampf 1960/61 war für die Bürgerrechtsbewegung in den USA besonders kompliziert. Schon unterwegs, noch in Europa, hatte

Harry Belafonte davon gelesen, und bei seiner Rückkehr in die Heimat bestätigte sich die unerfreuliche Nachricht: Das Lager um Richard Nixon hatte es fertiggebracht, einen populären schwarzen Sportler auf seine Seite zu ziehen. Es handelte sich um Jackie Robinson. Das war wirklich ein untadeliger, außergewöhnlich erfolgreicher Baseballspieler, der schon 1947 als erster Farbiger bei den Brooklyn Dodges in der Ersten Liga spielen durfte. Zum ersten Mal in der Geschichte des US-amerikanischen Sports spielte ein Schwarzer in einem weißen Team! Inzwischen hatte Robinson sämtliche Rekorde gebrochen, war eine nationale Institution geworden. Vor allem jeder Schwarze war stolz auf ihn. Für die Farbigen war Robinson ein sportlicher Held wie einst der Boxer Joe Louis – von 1937 bis 1949 Weltmeister im Schwergewicht – oder in der Gegenwart der Box-Champion Mohammed Ali alias Cassius Clay.

Für die Bürgerrechtskämpfer war es ein schwerer Schlag, als Robinson sich Nixon anschloß. Mit diesem Manöver wollte der Präsidentschaftskandidat der Republikaner den schwarzen Wählern suggerieren, wie Robinson sollten auch sie ihm ihre Stimme geben, er habe sie verdient. Robinson wurde so als eine Art Kronzeuge mißbraucht, der beweisen sollte, daß Nixon nichts so sehr am Herzen liege wie das Schicksal der Schwarzen.

Das Direktorium der SCLC stimmte mit der schon seit 1942 bestehenden Bürgerrechtsorganisation Kongreß für Rassengleichheit (CORE) und dem Studentischen Koordinierungskomitee für gewaltlose Aktion darin überein, daß Nixon für die Bürgerrechtsbewegung einen Rückschlag bedeuten würde. Es mußte also alles getan werden, um zu verhindern, daß dieser Mann Präsident der Vereinigten Staaten werden würde. Aber wie? Das war die große Frage.

Da bekam Harry Belafonte unerwartet einen Anruf aus dem Lager Kennedys. Frank Montero war am Apparat und sagte, der Präsidentschaftskandidat der Demokraten möchte ihn sprechen. Der Name Montero sagte Harry damals absolut nichts, das ganze Telefonat war ungewöhnlich. Vielleicht ein Trick? Ein Täuschungsmanöver? Aber mit welchem Ziel? Andererseits, weshalb sollte John F. Kennedy nicht den Wunsch haben, mit ihm zu sprechen? Nicht nur in Künstlerkreisen, beim ganzen Volk und vor allem bei den Schwarzen in den USA war Harry Belafonte damals schon bekannt. Er galt als sehr kompetent in politischen Fragen und hatte besonders bei den Farbigen und anderen Unterprivilegierten eine starke Position. Harry beriet sich mit seinen Freunden, und sie entschieden, es sei sinnvoll, erst einmal anzuhören, was Kennedy von Belafonte wolle.

Kennedy besuchte Harry in seiner Wohnung. Der Präsidentschaftskandidat der Demokratischen Partei zeigte sich sehr beunruhigt, weil sich Jackie Robinson für Nixon einsetzte. Das schaffe eine Menge Verwirrungen und bringe Probleme. Er selbst habe keinen Draht zu den Schwarzen. Seinerzeit war er Senator. Kaum jemand wußte damals, wer Kennedy war, und mit Sicherheit wußten es die Schwarzen nicht. Schließlich fragte Kennedy unverblümt, ob Harry Belafonte bereit wäre, ihn im Wahlkampf zu unterstützen, als eine Art Gegengewicht zu Jackie Robinson.

Mit einer solchen Frage hatte er gerechnet, zusammen mit seinen Freunden hatte Harry die Antwort beraten, die er nun – wiederum verbindlich im Ton und hart in der Sache – John F. Kennedy gab. «Ihr Interesse ehrt mich, ich kann mich doch nicht einfach auf Ihre Seite schlagen, nur weil Sie jemanden brauchen, der ein Gegengewicht zu Jackie Robinson darstellt. Das einzige, was

John F. Kennedy und das Ehepaar Belafonte

Sie gegen Nixon und Jackie Robinson setzen können, ist Ihre Politik gegenüber den Schwarzen. Nur auf der Grundlage bestimmter Ziele kann ich mich mit Ihnen zusammentun, können wir Bündnisse eingehen.»

Kennedy war offensichtlich nicht ganz zufrieden mit dem Ergebins dieser ersten Zusammenkunft, erklärte sich jedoch einverstanden mit dem Vorschlag, Belafonte werde ihn mit Leuten zusammenbringen, die mit ihm ein Programm im Interesse der Afroamerikaner ausarbeiten könnten. Nur die Bereitschaft des Präsidentschaftskandidaten der Demokraten, einem solchen Programm zu folgen, biete die Chance, Nixon den Wind aus den Segeln zu nehmen und jene Schwarzen nachdenklich zu machen, die – unter anderem wegen der Haltung Jackie Robinsons – mit dem Gedanken spielten, ein Bündnis mit den Republikanern einzugehen.

Wochen danach traf sich Belafonte erneut mit John F. Kennedy und einer Gruppe von Leuten aus dessen Lager. Inzwischen lag ein Programm vor, demzufolge sich der demokratische Präsidentschaftskandidat u. a. für Bürgerrechtsfragen, Menschenrechtsfragen, Verfassungsfragen, Fragen der persönlichen Freiheit – also eindeutig auch für die Belange der Bürgerrechtsbewegungen – starkmachen wollte. Von da an war es für Harry klar, daß er für die Wahl John F. Kennedys und gegen Nixon arbeiten würde.

Das Wichtigste war zunächst, gegenseitiges Mißtrauen abzubauen. Bei den Gesprächen hatte sich durchaus gezeigt, daß Kennedy nur verschwommene Vorstellungen von dem hatte, wer dieser Dr. Martin Luther King eigentlich war und was er wollte. Belafonte organisierte ein Treffen zwischen beiden. Das blieb nicht ohne Folgen. Denn ohne Zweifel waren die Kontakte zwischen dem möglichen künftigen USA-Präsidenten und dem unumstrittenen Führer der schwarzen Bürgerrechtsbewegung in der politischen Öffentlichkeit nicht unbemerkt geblieben.

Kurze Zeit darauf geschah folgendes: Dr. King wurde wegen einer angeblichen Verkehrsübertretung festgenommen. Normalerweise hatte man für ein solches Vergehen eine Geldbuße zu zahlen. Daß jemand deshalb auch nur für ein paar Tage eingesperrt wurde, wäre schon außergewöhnlich gewesen.

Doch es geschah nicht nur das. Weiße Polizisten, die keinen Hehl aus ihrer Freude über den «guten Fang» machten, verschleppten Martin Luther King in ein Provinznest und steckten ihn in ein Untersuchungsgefängnis. Er kam aber nicht zu den anderen tatsächlichen oder angeblichen Verkehrssündern und auch nicht in eine Einzelzelle. Sie sperrten den Führer der schwarzen Bürgerrechtsbewegung in den USA mit weißen Rassisten – mit Mördern und Leuten, die andere schwere Verbrechen begangen hatten – zusammen und legten ihn in Ketten. Das ist eine besonders grausame Art, Gefangene zu halten. Mit Eisenmanschetten an den Fußknöcheln, immer mehrere Häftlinge aneinandergekettet, mußten die Gefangenen den ganzen Tag Steine schleppen. Das war in Georgia, im tiefsten Süden der Vereinigten Staaten. Die Freunde bangten um Dr. Kings Leben.

Er war schon öfter verhaftet worden. Und wiederholt ließ man ihn wieder frei, nachdem Harry Belafonte für seinen Freund die Kaution gezahlt hatte. Aber diesmal ließen sich die Behörden darauf nicht ein.

Natürlich hatte es sich hier um ein Komplott gehandelt. Daß die Verhaftung und die Art seiner Behandlung ungesetzlich waren, stellte sich bald heraus. Doch damit war leider nur wenig gewonnen. Es mußten sehr dringlich Mittel und Wege gefunden werden, um den Verschleppten herauszubekommen. Unter den Verbrechern fand sich womöglich sehr leicht ein Killer, der einen Streit provozierte und den verhaßten Bürgerrechtler dann «im Affekt» erschlug. Höchste Eile war deshalb geboten. Der lange Weg durch die Instanzen hätte viel zuviel Zeit gekostet.

Dank dem guten persönlichen Kontakt zu John F. Kennedy übermittelte Harry Belafonte den Appell des Direktoriums der SCLC an den Präsidentschaftskandidaten, seine ganze Macht einzusetzen, um Martin Luther King aus dem Gefängnis zu befreien. Nach einigen Tagen gelang das auch. Offiziell wurde der «Untersuchungshäftling» auf Weisung des Gouverneurs von Georgia entlassen. Und nun meinten Kennedys Leute, daß Martin

Luther King sich öffentlich für die Präsidentschaft von John F. Kennedy einsetzen müßte.

Auf einer Strategieberatung der SCLC wiesen Belafonte und einige andere Dr. King darauf hin, daß die öffentliche Unterstützung eines Kandidaten ihn leicht in Verruf bringen könnte. Als Führer der für alle politischen Strömungen offenen schwarzen Bürgerrechtsbewegung sei es ratsam, unabhängig zu bleiben von politischen Bindungen an einen Mann oder eine Partei, die er später möglicherweise kritisieren oder gar bekämpfen müsse. Sein Aufruf, für Kennedy zu stimmen, käme einem Freibrief gleich und könnte die Führung der Bürgerrechtsbewegung leicht unglaubwürdig machen. Jetzt und künftig müsse anhand konkreter Taten, auf Grund exakter Fakten immer wieder neu und differenziert entschieden werden, in welchen Fragen man Kennedy unterstützen könne und wo Kritik angebracht sei.

Viele Leute im Kennedy-Lager waren natürlich verärgert, weil Dr. King sich nicht bereit fand, ihren Kandidaten öffentlich und vorbehaltlos zu unterstützen. In dieser Situation empfahl Harry Belafonte eine Lösung, die sowohl für seine politische Reife, sein gewachsenes politisches Feingefühl spricht als auch sein Verständnis vom «Ausgleich» mit seinen Möglichkeiten und Grenzen deutlich macht. Belafonte schlug Dr. King vor, einen diplomatischen Brief abzufassen, der das politische Klima beschrieb, das seine Inhaftierung erst möglich gemacht hatte. In diesem Zusammenhang wäre es nur verständlich, wenn er diejenigen nennen würde, die ihm geholfen hätten, aus dem Gefängnis herauszukommen. Mit seinem Dank an die Personen, die seine Freilassung durchgesetzt hatten, würde deutlich werden, wer ihm geholfen habe. So könnte er die Öffentlichkeit über die Ereignisse informieren, ohne sich direkt für Kennedy einzusetzen.

Dieser offene Brief von Dr. King hat ohne Zweifel das Wahlverhalten vor allem der farbigen Amerikaner beeinflußt, ohne den Führer der Bürgerrechtsbewegung «ins Schlepptau» der Demokratischen Partei gebracht zu haben. Seriöse Analytiker des Wahlverhaltens der US-Bürger bei jenem Urnengang haben eindeutig nachgewiesen, daß die knappe Mehrheit für John F. Kennedy den Stimmen der Schwarzen zu verdanken war. Auch für Martin Luther King, Harry Belafonte und deren Mitstreiter war dieses Wahlergebnis ein Erfolg: Bestand doch die Hoffnung, daß mit dem neuen Präsidenten in Washington ein Mann an die Macht gekommen war, der den Belangen der schwarzen Bürgerrechtsbewegung zumindest wohlgesonnen war. Das hatte eine enorme Bedeutung für deren Arbeit in den sechziger Jahren.

Zwischenfall in Greenwood

Unter anderem wurde damals in den Südstaaten ein Sommerprojekt gestartet, dessen Ziel es war, Schwarzen das Lesen und Schreiben zu lehren, damit sie sich in die Wählerlisten eintragen lassen konnten. Die Ausübung des Stimmrechts wurde zu einem wichtigen Teil des Befreiungskampfes der Schwarzen in den Vereinigten Staaten. Denn viele der reaktionären weißen Senatoren und Kongreßabgeordneten des Südens waren nur zu ihren Posten gekommen und konnten sich nur halten, weil viele von ihnen aus Bezirken kamen, in denen die Schwarzen bisher nicht wählen durften.

In vielen innenpolitischen Fragen arbeitete die Bürgerrechtsbewegung mit den Kennedys zusammen – mit John

F., dem Präsidenten, und mit dessen Bruder Bobby, der als Attorny General (Generalstaatsanwalt) an den Schalthebeln der wichtigsten Gesetzesmaschinerie der USA saß –, so auch in der Frage der Wählerregistrierung. Daran waren die Kennedys sehr interessiert, weil mit verstärkter Registrierung der Schwarzen ihre eigenen Wahlchancen auch im Süden stiegen.

Zur Vorbereitung der Kampagne gingen Martin Luther King, Ralph Abernathy, Harry Belafonte und weitere führende Leute der SCLC an die Universitäten im Norden des Landes und sprachen mit den Studenten. Hunderte von ihnen erklärten sich bereit, in den Semesterferien als Sozialarbeiter in den Süden zu gehen. Es war eine begeisternde patriotische Bewegung, der sich auch junge Leute anschlossen, die sonst mit Politik nicht viel im Sinn hatten.

Mit den Kennedys hatte ein frischer Wind die politische Landschaft belebt, der junge, dynamische Präsident vermittelte vor allem auch der jungen Generation ein Gefühl von Hoffnung zumindest auf eine Reformierung wesentlicher Bereiche der amerikanischen Gesellschaft. Nicht zuletzt ging es darum, den Geist der Verfassung des Landes endlich mit Leben zu erfüllen. Und das bedeutete u. a. Recht und Gerechtigkeit für alle. Dafür wollten sich die meist weißen Studenten einsetzen, obwohl zu einem solchen Entschluß neben humaner Hilfsbereitschaft und einer gewissen Abenteuerlust auch Mut gehörte. Denn es mußte durchaus befürchtet werden, daß die verbohrten Rassisten in den Südstaaten, allen voran der Ku-Klux-Klan, den Einsatz der Studenten, bei dem es ja um weit mehr ging als um eine Alphabetisierungskampagne, nicht widerstandslos hinnehmen würden.

Die Aktion versprach, ein überwältigender Erfolg zu werden. Aus Mississippi, Arkansas und Alabama, aus Texas, Georgia und anderen Südstaaten trafen im Direktorium der SCLC erfreuliche Meldungen ein.

Und dann plötzlich die Schreckensnachricht: Drei junge weiße Bürgerrechtskämpfer werden vermißt! Es handelte sich um die Studenten Michael Schwerner, James Chaney und Andrew Goodman, die sich bereit erklärt hatten, als Sozialhelfer in Alabama zu arbeiten. Die schlimme Nachricht schlug in der Zentrale wie eine Bombe ein, und sofort stand ein furchtbarer Verdacht im Raum. Eine intensive Suchaktion begann. Zugleich wurden Ermittlungen eingeleitet, um die näheren Umstände des Verschwindens der Kampfgefährten aufzuklären. Die Polizei in Alabama wurde in diese Ermittlungen nicht nur nicht einbezogen, es wurde alles getan, die Behörden über die Nachforschungen der Bürgerrechtsbewegung im unklaren zu lassen.

Diese Vorsichtsmaßnahme erwies sich als nur allzu berechtigt. Als sich herausstellte, daß die drei Jugendlichen vom Ku-Klux-Klan erst verfolgt, dann regelrecht gejagt und schließlich nahe der Ortschaft Selma im Bundesstaat Alabama kaltblütig ermordet worden waren, kam man auf die Spur eines Informanten, der sich im Auftrag des FBI in die Alabama-Gruppe eingeschlichen und die jungen weißen Bürgerrechtskämpfer Schwerner, Chaney und Goodman dem Klan quasi ans Messer geliefert hatte. Indizien gab es ferner dafür, daß auch die Sicherheitspolizei von Mississippi in das Verbrechen verwickelt war.

Harry Belafonte hatte in jener Zeit alle Belange seiner beruflichen Karriere zugunsten der Bürgerrechtsbewegung zurückgestellt und arbeitete als einer der Direktoren der SCLC. Im Grunde stand das Sommerprojekt «Wahlregistrierung» planmäßig und offiziell vor dem Abschluß. Aber noch bevor es die traurige Gewißheit gab, daß die drei vermißten Gefährten ermordet worden waren, riefen

Sprecher der in Alabama und in Mississippi tätigen Studentengruppen bei ihm an. Wenn sie jetzt an die Universitäten zurückgingen, sagten sie, entstünde der Eindruck einer «Flucht», als würden sie nicht abfahren, weil das Semester beginne, sondern weil sie Angst hätten vor den Rassisten und vor den Gewalttätigkeiten des Ku-Klux-Klan. Und die Schwarzen würden verunsichert und sich im Stich gelassen fühlen, wenn man sie jetzt mit den feindseligen Weißen allein ließe. Eine ganze Reihe Studenten hätte sich daher bereit erklärt, freiwillig auf das Semester zu verzichten und auch den Herbst und Winter über ihre Arbeit im Süden fortzusetzen.

Das war eine couragierte, bewundernswerte Haltung, doch zwangsläufig ergaben sich aus dieser neuen Situation finanzielle Probleme. Eine Menge Geld mußte beschafft werden, für Nahrungsmittel, Kleidung, Unterkünfte, auch für Autos und den ganzen Organisationsapparat, der nötig war. Ohne zusätzliches Geld hätte die Bürgerrechtsbewegung diese Kampagne beenden müssen. Belafonte versprach den Studenten, sich darum zu kümmern.

Innerhalb kürzester Zeit hatte er 70000 Dollar zusammen. Wieviel davon aus der eigenen Tasche kamen, war aus Harry nicht herauszubekommen. Nun konnte man eine solche Summe weder telegrafisch noch per Bank anweisen, denn damit wären Weiße im Süden zu wichtigen Informationen und auch noch in den Besitz des Geldes gekommen. Nicht nur offen auftretende Rassisten waren an der Verschwörung gegen die Bürgerrechtsbewegung beteiligt, im Grunde konnte man da unten keinen Fremden trauen. Es blieb kein anderer Weg, als das Geld bar nach Mississippi zu bringen.

Zu diesem ungewöhnlichen Kurierdienst erklärte sich Harry Belafonte bereit. Er verstaute die gebündelten

Scheine zwischen normalen Reiseutensilien in einem Koffer und traf für seinen Weg von New York nach Greenwood im Bundesstaat Mississippi, wo er das Geld abzuliefern hatte, einige organisatorische Vorbereitungen. Dazu sollte eine Absprache mit Bobby Kennedy gehören. Vertrauenspersonen war bekannt, daß im Auftrag des Generalstaatsanwaltes der USA unten in Mississippi Polizeibeamte eingesetzt worden waren, die teils offen, teils verdeckt arbeiteten und die Aufgabe hatten, die Bürgerrechtsbewegung zu schützen. Doch der Bruder des Präsidenten hielt sich gerade in Europa auf, und so zog Harry den für die Bürgerrechtsbewegung zuständigen Assistenten Bobby Kennedys über den geplanten Geldtransport und dessen Hintergründe ins Vertrauen. Er gab ihm alle wichtigen Informationen über die vorgesehene Reiseroute und die Namen derjenigen, die mitfahren sollten. Der hohe Regierungsbeamte machte sich eifrig Notizen und versprach, unauffällig einige Polizisten zu postieren, damit Belafonte mit seiner wertvollen Fracht sicher nach Greenwood gelangen konnte.

Der Flug verlief ohne Zwischenfälle. In Mississippi mußte die aus sechs Männern bestehende Gruppe einige hundert Meter laufen und in eine kleinere Maschine umsteigen, weil auf dem winzigen Flugplatz, einige Kilometer von Greenwood entfernt, Düsenmaschinen nicht landen konnten. So aufmerksam sie sich umschauten, nirgends entdeckten sie einen Polizisten, weder in Uniform noch in Zivil, niemand gab sich als Kontaktmann zu erkennen. Harry hatte den anderen ausdrücklich gesagt, daß sie auf ein gewisses Maß an Sicherheit bauen könnten, schließlich hatte er das mit einem wichtigen Mitarbeiter von Bobby Kennedy so vereinbart. Also lobten alle die ausgezeichnete Tarnung ihrer Beschützer und waren guter Dinge.

Als sie auf dem Miniflugplatz landeten, war es Nacht. Sie wurden von ihren Leuten in zwei Wagen, die beide Sprechfunk hatten, erwartet. Den einen sahen sie erst beim zweiten Hinschauen, denn der hatte einen militärischen Tarnanstrich und war – wie die Freunde die Ankömmlinge informierten – außerdem extra gepanzert und mit einem starken Spezialmotor ausgerüstet worden, der im Notfall jedes gewöhnlich ausgestattete Fahrzeug mühelos abhängen konnte. Es sollte sich bald herausstellen, daß dies keine überflüssige Vorsichtsmaßnahme gewesen war.

In den ersten Wagen stiegen Harry Belafonte, dessen Freund Sidney Poitier und Jim Forman, ein Studentenführer aus New York. Wie ein Schatten folgte ihnen das präparierte Auto. Sie waren kaum ein paar Meter gerollt, als in einiger Entfernung Scheinwerfer aufleuchteten. «Ausgezeichnet», sagte Harry zuversichtlich und klopfte auf den Geldkoffer hinter der Sitzbank, «die Leute von Bobby Kennedy wissen genau, wo sie sein müssen». Aber Jim meinte skeptisch, er sei da nicht so sicher. Ein paar Sekunden später erkannten sie, daß es sich um zwei Fahrzeuge handelte. Hinter einem kleinen Laster fuhr ein großräumiger Pkw. In ihm saß der Ku-Klux-Klan. Die Autos der Bürgerrechtler wendeten auf der Stelle.

«Zum erstenmal fühlte ich so etwas wie Furcht aufkommen», erinnerte sich Harry Belafonte noch nach Jahren an dieses dramatische Ereignis, Furcht und Wut zugleich. «Ich werde nie vergessen, wie Jim sagte: Das ist der Klan, wie ich es vermutet habe. Also war nicht einmal einem engen Mitarbeiter von Bobby Kennedy zu trauen, oder weiter unten gab es undichte Stellen. Die Rassisten hatten ihre Leute offenbar überall.»

Sie änderten wiederholt die Fahrtrichtung und beschleunigten das Tempo. Doch die beiden Wagen des

Klan folgten ihnen wie siamesische Zwillinge. Harry saß im ersten Auto und konnte durch das Rückfenster sehen, daß der bullige kleine Laster vor der Stoßstange ein breites Kantholz montiert hatte. Ein Nummernschild war nicht zu erkennen. Immer wieder versuchte der Lastwagen, das getarnte Fahrzeug der Bürgerrechtler zu überholen, es wenigstens massiv zu rammen und abzudrängen. Mit Herzklopfen beobachtete Belafonte die riskanten Ausweichmanöver des attackierten Autos hinter ihnen, das ihren Wagen schützte. Da saß wahrhaftig ein Artist am Lenkrad. Rammstöße fing er elastisch ab, riß reaktionsschnell das Fahrzeug mal nach links, gleich danach auf die äußerste rechte Straßenseite, um zu verhindern, daß der Lastwagen vorbeikommen, sich auf die Höhe des Geldtransportes schieben und von dort aus auf die Bürgerrechtler das Feuer eröffnen konnte.

Jede Phase dieses gefährlichen Zwischenfalls hat sich in Harrys bildhaftes Gedächtnis eingeprägt. «Ich war völlig gebannt und verstand einfach nicht, warum wir nicht schneller fuhren», berichtete er weiter. «Ich fragte: Warum rasen wir nicht einfach los? Aber Jim Forman meinte: Wir müssen uns genau an die Verkehrsregeln halten. Wenn wir losrasen, könnte uns am Ende der Straße oder irgendwo seitlich ein Polizeiauto stoppen. Da wir annehmen müssen, daß die Polizei mit dem Klan unter einer Decke steckt, werden sie uns wegen Geschwindigkeitsüberschreitung anhalten, und sie erreichen auf diese Weise ihr Ziel.»

So fies konnte man normalerweise gar nicht denken, aber im Bereich des Möglichen lag das schon: rasendes Auto wurde gestoppt, an Bord – auch noch flüchtig getarnt – eine Menge Dollars, und alles mitten in der Nacht? Offenbar wurde da in einem Fluchtauto die Beute aus einem Banküberfall transportiert! Der Verdacht wäre

jedenfalls erst mal nicht von der Hand zu weisen gewesen, und alles hätte einen ganz legalen Anstrich gehabt. Bis dann die Ermittlungen eingeleitet worden wären, die man in diesem Fall für notwendig halten würde, ehe der wahre Sachverhalt geklärt war, konnten Wochen, ja Monate vergehen. Am Ende wäre man in Mississippi vermutlich sogar noch bereit gewesen, sich offiziell zu entschuldigen: Ein Mißverständnis, das konnte ja mal passieren. In jedem Fall aber hätten die Polizisten ihren Auftrag, für Recht und Ordnung zu sorgen, vorbildlich erfüllt, denn genügend Verdachtsmomente habe es schließlich gegeben. Das könnte niemand abstreiten. Und überhaupt: Weshalb hatte Mister Belafonte die örtlichen Behörden nicht offiziell von einem Vorhaben unterrichtet, wie es doch eigentlich zu erwarten gewesen wäre, dann hätte es dieses Mißgeschick – das man selbstverständlich bedaure – nicht gegeben ...
Ohne Zweifel, den Rassistenklüngel in den Südstaaten konnte man getrost mit einer Bande von Gangstern vergleichen, der war mit allen Wassern gewaschen und durfte nicht unterschätzt werden. Und die Polizei mischte mit, meist unter der Hand und manchmal auch ganz offen. Während Harry Belafonte solche Gedanken durch den Kopf schossen, hörte er die gehetzte Stimme von Jim Forman, der sich bemühte, über Funk Kontakt zum Hauptquartier der Bürgerrechtler in Greenwood zu bekommen. Endlich – Harry hatte das Gefühl, als seien sie schon hundert Kilometer durch die Dunkelheit gefahren – kam die Verbindung zustande.
Schon von weitem erkannten sie die Lichterkette, die sich ihnen näherte. Eine ganze Fahrzeugkolonne kam da angebraust und gab pausenlos Blinkzeichen mit den Scheinwerfern. Die Männer in dem Geldtransporter atmeten erleichtert auf. Die etwa 20 Wagen blockierten

eine Kreuzung, sie ließen nur eine Straße, die direkt nach Greenwood hineinführte, frei. Kaum waren die verfolgten Autos abgebogen, wurde die Lücke geschlossen.

Der balkenbewehrte Laster war vorsichtshalber schon vorher zurückgeblieben. Plötzlich rissen die Typen vom Ku-Klux-Klan ihre Gewehre hoch und schossen in die Luft. Provokation und Drohung zugleich.

Ohne weitere Zwischenfälle erreichten die Bürgerrechtskämpfer den vereinbarten Treffpunkt in Greenwood, eine alte Scheune. Hier stellte sich heraus, daß außer Mitarbeitern und bereits bekannten Sympathisanten der Bürgerrechtsbewegung auch Landarbeiter, Bauern, sogar ein Priester und andere Leute mitten in der Nacht losgefahren waren, um der bedrohten Abordnung aus dem Norden gegen den Klan beizustehen. Der feige Mord an den drei Studenten hatte die Gemüter aller rechtschaffenen Bürger erregt.

Unter den Sozialhelfern gab es eine Abstimmung, und alle sprachen sich dafür aus, im Süden zu bleiben und weiterzuarbeiten. Da hielt Harry Belafonte den schwarzen Koffer hoch, in dem sich die 70000 Dollar befanden, und trotz der traurigen Begleitumstände empfand jeder in der Runde das beglückende Gefühl brüderlicher Solidarität.

Dieses nächtliche Meeting in einer Scheune in Greenwood im Bundesstaat Mississippi war eine der bewegendsten Veranstaltungen, die Harry Belafonte je miterlebt hat – und er hatte an sehr vielen Veranstaltungen teilgenommen –, es vermittelte allen Teilnehmern Hoffnung und Zuversicht, ohne die kein Mensch auf Dauer leben kann. Und als jemand das alte Negerlied anstimmte, «We Shall Overcome», da sang der Weltstar mit nicht weniger innerer Anteilnahme, als stünde er in einem riesigen Konzertsaal.

«Ich habe einen Traum»

Für Harry Belafonte waren die sechziger Jahre eine äußerst bewegte Zeit, die ihn und die gesamte Bürgerrechtsbewegung in den USA vor komplizierte Aufgaben und vor manche Bewährungsprobe stellte. Im politischen Kurs der Kennedys gab es – was die Innen- und Teile der Außenpolitik betraf – eklatante Widersprüche, die einfach nicht hingenommen werden konnten.

Eine wichtige Entscheidung hatte Harry zu treffen, als John F. Kennedy ihn wissen ließ, er habe die Absicht, den international anerkannten und beliebten Schauspieler und Sänger als Kulturberater der amerikanischen Entwicklungshilfe-Organisation Peace-Corps zu berufen. Ganz offensichtlich hatte der Präsident erkannt, daß er die inneren Verhältnisse in den Vereinigten Staaten nicht stabilisieren konnte, ohne eindeutige Zeichen für das Ende der Diskriminierung der Farbigen zu setzen. Deshalb unterhielten seine Experten im Hinblick auf die Bürgerrechte, auch was Verfassungsfragen betraf, auf verschiedenen Ebenen Kontakte mit dem Kreis um Martin Luther King. Ohne Zweifel sollte auch die Berufung Belafontes nicht nur eine Geste des guten Willens sein. Dem Präsidenten ging es sicher auch darum, das ramponierte Ansehen der USA in nicht wenigen Entwicklungsländern aufzubessern.

Harry beriet sich mit seinen Freunden und nahm an. Von 1961 bis 1964 war er Kulturberater des Peace-Corps. Er nutzte seinen Einfluß, kulturelle Traditionen vor allem der Völker Afrikas neu zu beleben. Er bereiste auch zahlreiche andere Länder, spürte fast vergessene Gesänge der Völker aller Kontinente auf, instrumentierte sie für sein

Orchester und schenkte sie den Menschen neu. Gospels, Spirituals, Folk- und Protestsongs, auch Wiegen- und Liebeslieder aus afrikanischen Ländern, Volkslieder aus Griechenland, Spanien, Frankreich, den USA, Großbritannien, Mexiko, aus Japan und Deutschland, Lieder von allen Erdteilen. Es ging und es geht Harry Belafonte dabei um die Bewahrung von Kultur, und es war und ist zugleich sein innigster Wunsch, durch seine Kunst wenigstens einen kleinen Beitrag zur Verständigung zwischen den Menschen aller Rassen und Religionen zu leisten.

In jener Zeit konnte Harry einen seiner Träume verwirklichen und auf dem schwarzen Kontinent ein eigenes Kulturzentrum schaffen. In Guinea erforschte er die Musik, den Tanz, die gesamte Kunst des Landes, gründete ein Gesangs- und Tanzensemble, half beim Zusammenstellen und Einstudieren eines Programms.

Damals entdeckte und förderte er auch Miriam Makeba, die in Südafrika verfolgt worden war und ihre Heimat verlassen mußte. Sicher wäre schon die Vermittlung an Schallplattenfirmen oder Fernsehstationen für die junge schwarze Sängerin eine Hilfe gewesen. Harry beließ es nicht dabei. Er fand eine Möglichkeit, mit seinen ganz persönlichen Mitteln den unterdrückten und gepeinigten Brüdern und Schwestern in Soweto, Kapstadt und in anderen Ghettos Südafrikas und auch dem mutigen, vom Rassistenregime verfolgten ANC-Führer Nelson Mandela seine Liebe und Solidarität zu bekunden.

Gemeinsam mit Miriam Makeba sang er schwarzafrikanische Lieder, und er lernte dafür extra Suaheli und andere Sprachen der Eingeborenen. Es ist sicher kein Zufall, daß diese Platten zum schönsten gehören, was Harry Belafonte je geschaffen hat.

Miriam und Harry sangen da von Eingeborenen, die zum ersten Mal einen Eisenbahnzug sehen und seine Ge-

Bitteres Elend ...

... und brutaler Terror in Südafrika

räusche und Bewegungen beschreiben; von einer Frau, die nie wieder ins Zululand zurück möchte, weil dort ihr Vater verhungert ist; von südafrikanischen Bürgerrechtlern, die für ihre Überzeugung ins Gefängnis geworfen, gefoltert und ermordet wurden. An die Adresse des südafrikanischen Premiers war ein Warnlied gerichtet, in dem vom wachsenden Widerstand der Schwarzen die Rede ist. Sie sangen von Zulus, die von den Weißen ihr Land zurückforderten, und von den Söhnen des Sotho-Stammes, die in den Bergwerken der weißen Männer geschunden werden. Ein Wiegenlied nach einer uralten Melodie entstand damals, und zu den Aufnahmen gehörte auch ein schon seinerzeit zum Freiheitssong gewordenes afrikanisches Hochzeitslied, das Liebeslied eines schwarzen jungen Mannes, der zu arm ist, seine Liebste zu heiraten.

Während Harry Belafonte als Kulturberater des Peace-Corps ohne Zweifel eigene humane Ziele verfolgte, aber dennoch auch das Ansehen des USA-Präsidenten in den Ländern der Dritten Welt erhöhte, konnte niemand übersehen, daß Kennedy auf der anderen Seite eine Politik betrieb, mit der der Kulturberater des Peace-Corps absolut nicht einverstanden war. Zur selben Zeit eskalierte der unerklärte Krieg der Vereinigten Staaten gegen das Volk von Vietnam, gab es den heimtückischen Versuch einer militärischen Invasion gegen das sozialistische Kuba. Und sowohl für die Ausweitung des Krieges in Indochina wie für das gefährliche Abenteuer im April 1961 in der Schweinebucht trug John F. Kennedy die politische Verantwortung.

Für die Bürgerrechtsbewegung war es dringend erforderlich, auch zu diesen Dingen eine klare Haltung zu beziehen. Die verantwortlichen Leute der SCLC setzten

Kunst als Protest: Miriam Makeba

sich zu einer Strategiediskussion über die Kriegsfrage zusammen. Als einer der ersten sprach damals Martin Luther King, der glaubwürdige und beispielhafte Vertreter des gewaltlosen Widerstands. Die Lage war sehr kompliziert. Keiner wollte riskieren, die wohlwollende, zumindest partielle Unterstützung der gegenwärtigen Regierung in Washington in wesentlichen Fragen des Bürgerrechts aufs Spiel zu setzen. Andererseits blieb der Bürgerrechtsbewegung grundsätzlich keine andere Wahl, als sich entschieden und machtvoll gegen den Krieg in Vietnam zu wenden. In diesem Sinne sprachen Dr. King, Harry Belafonte und weitere Redner.

Martin Luther King, Andrew Young, UN-Botschafter unter Präsident Carter, Harry Belafonte und Melina Mercouri, später Kultusministerin Griechenlands, in Paris

Durch diese Entscheidung gerieten die Bürgerrechtler in eine Serie neuer Konfrontationen mit den Kennedys. Und auch in den eigenen Reihen gab es manchen, der diese Dialektik nicht verstand: Einerseits arbeitete die Bürgerrechtsbewegung bei wichtigen innenpolitischen Fragen Hand in Hand mit der Regierung, und auf der anderen Seite bekämpften Martin Luther King und seine Freunde die Administration in Washington wegen ihrer Außenpolitik, weil der Krieg gegen Vietnam ungerecht, illegal und unmenschlich war. Auch wegen der Politik Kennedys gegenüber einigen Entwicklungsländern gab es Probleme, die im wesentlichen durch die Vietnamfrage bestimmt waren.

Die Front der Bürgerrechtsbewegung wurde immer breiter und einflußreicher. Im Sommer 1963 nahm Harry Belafonte in New York an einer gewaltlosen Aktion für gleiches Recht auf Arbeit teil, die von der Polizei mit zum Teil brutalen Mitteln aufgelöst wurde.

Ohne Zweifel hatten wir in unserem Kampf bereits Fortschritte erzielt, erinnerte sich Harry an die Situation in jenem heißen Sommer. In den Ministerien der USA zum Beispiel habe es 1940 nicht einmal hundert Schwarze gegeben, und die wären in der Regel als Pförtner, Bote, Reinigungskraft oder Fahrstuhlführer beschäftigt worden. Inzwischen zählte man dort immerhin schon über dreitausend Farbige. In den wichtigen Sportarenen der USA habe man noch kurz nach dem zweiten Weltkrieg kaum eine interessante schwarze Figur finden können, inzwischen jedoch – Hockey vermutlich ausgenommen – würde das Fehlen eines Schwarzen in irgendeiner wichtigen Mannschaft stutzig machen.

Oft würden Leute wie Du Bois, Louis Armstrong, Duke Ellington, James Baldwin, Diana Ross, Sidney Poitier oder Belafonte – man könnte weitere Namen von Farbigen nennen – dazu benutzt, der Welt zu zeigen, daß Schwarze in den Vereinigten Staaten die gleichen Rechte, die gleichen Chancen und die gleichen Erfolge haben wie Weiße und auch zu gleichem Ruhm gelangen könnten. Aber so stimme das einfach nicht, betonte Harry Belafonte. Die Existenz der erwähnten Personen ist nichts als der Beweis dafür, daß wir Künstler, Wissenschaftler und Schriftsteller überleben konnten und populär geworden sind nicht wegen dieses Systems, sondern trotz dieses Systems.

Nur weil das Volk ihn als Künstler und politisch engagierten Bürger verstand und unterstützte, habe er sich unabhängig machen können von Institutionen, die ihn hät-

*Mit der Familie im Dezember 1961 zum Gastspiel
nach Las Vegas: Julie, Tochter Adrienne (14),
Sohn David und Baby Gina*

ten zwingen können, ihr Spiel zu spielen. Wenn er davon abhängig geblieben wäre, in Hollywood zu leben, wenn er seinen Lebensunterhalt bei den Fernsehgesellschaften oder in den Filmstudios der Weißen oder bei anderen großen Konzernen wie General Motors verdienen müßte, hätte er schon Probleme gehabt, sich offen gegen etwas auszusprechen. «Meine Stärke liegt im Volk», sagte Harry mit Wärme, «und das Volk ist meine Stärke.»

Trotz aller Teilerfolge aber seien die Schwarzen den Weißen noch immer unverhältnismäßig weit unterlegen.

Die Nichtbildung etwa sei nach wie vor eine schlimme Form des Rassismus. Obwohl es nach dem Bürgerrechtsgesetz so schien, als wären die alten Barrieren ein für allemal beseitigt, habe die Praxis alle Paragraphen Lügen gestraft. Überall fehle es an Geld, um Schwarze zu fördern. Die staatlich finanzierten Hochschulen, die zu besuchen nichts kostet, hätten keinen Platz für sie. Auf der einen Seite sage man den Schwarzen, sie sollten ihre Intelligenz ausbilden – auf der anderen Seite mache man es ihnen unmöglich. Nicht zuletzt: Uns gehören keine Bergwerke, Theater, Kinos, Flugzeugwerke usw., deshalb sind wir nicht imstande, unser ökonomisches Schicksal zu bestimmen.

An den Aktionen im Sommer 1963 beteiligte sich auch der weltbekannte Schriftsteller und Bürgerrechtskämpfer James Baldwin, ein Freund von Harry seit frühen Kindertagen. Drei Jahre älter als Belafonte, war auch Baldwin in Black Harlem in New York geboren worden. Er arbeitete als Tellerwäscher, Busschaffner, Fahrstuhlführer, als Laienprediger und Journalist, bevor er 1945 die Vereinigten Staaten verließ und fast zehn Jahre in Frankreich lebte. Hier begann er seine literarische Laufbahn als Romancier, Dramatiker und Essayist.

Wie bei Harry Belafonte prägten Kindheit und Jugend das Schaffen des schwarzen Schriftstellers. Sein Roman «Eine andere Welt» könnte als literarische Vorlage für einen Film Belafontes geschrieben worden sein. Rufus Scott, ein schwarzer Jazzmusiker, durch die seit seiner Jugend erduldeten Demütigungen seelisch verkrüppelt, vermag in dem weißen Mädchen Leona nicht mehr den Menschen zu erkennen, der allein ihn zu retten in der Lage gewesen wäre. Er macht sich und ihr in selbstzerstörerischer Haß-Liebe das Leben zur Hölle, und sein Verzweiflungstod hat auf den Freundeskreis der beiden

James Baldwin

schlimme Auswirkungen. Während seine schöne Schwester Ida nach einem entwürdigenden Ausflug ins Showgeschäft zu Selbstachtung und Würde gelangt, zerbricht die nach außen hin harmonische Ehe seines liberalen weißen Schriftstellerfreundes Richard an bedingungslosem Erfolgsstreben. Mit ungewöhnlicher Offenheit und Intensität behandelte Baldwin Probleme zwischenmenschlicher Kommunikation in einer rassisch gespaltenen Gesellschaft, in der der Alltag vieler Menschen von Vereinsamung und Gefühlsverlust sowie von der Hoffnung auf Anerkennung und ein sinnerfülltes Leben gekennzeichnet ist.

In Los Angeles versammelten sich am 26. Mai 1963 nahezu 35 000 Menschen schwarzer und weißer Hautfarbe zu einer Massenveranstaltung gegen die Rassentrennung. Berichterstatter von Rundfunk und Fernsehen erwähnten besonders die zahlreichen Stars aus dem benachbarten Hollywood, die sich durch ihre Anwesenheit mit der farbigen Bevölkerung der Stadt solidarisierten und forderten, die Schwarzen in den öffentlichen städtischen Betrieben nicht länger zu diskriminieren. Zu den Teilnehmern der Kundgebung sprach unter anderen Hollywoodstar Sammy Davis jr. Er rief zu einer Geldsammlung zugunsten erhöhter Bildungschancen für Negerkinder auf, die Tausende Dollar erbrachte. Sammy Davis jr. stellte als erster eine Wochengage in Höhe von 20 000 Dollar zur Verfügung.

Am Ende jenes denkwürdigen Sommers 1963, in dem die Rassenfanatiker des Südens einige empfindliche Niederlagen hatten hinnehmen müssen, riefen mehrere Bürgerrechtsorganisationen des Landes zu einem gemeinsamen Marsch auf Washington. Aus allen Teilen der Vereinigten Staaten strömten die Menschen in die Regierungsmetropole. Schulter an Schulter marschierten schwarze und weiße Männer, Frauen, junge Leute und Kinder, unter ihnen Julie und Harry Belafonte, Burt Lancaster, Charlton Heston und viele weitere Prominente aus Hollywood. Die Schauspieler und Sänger unterhielten die Massen mit besonderen Darbietungen auf provisorisch errichteten Bühnen.

Die friedliche Kundgebung am 28. August 1963 vereinte schließlich etwa 250 000 schwarze und weiße Teilnehmer unterschiedlichster politischer Richtungen und Kon-

*Burt Lancester, Harry Belafonte und Charlton Heston
(v. l.) beteiligten sich im August 1963
am «Marsch auf Washington»*

fessionen. Eine so eindrucksvolle Manifestation hatte es noch nicht gegeben in der Geschichte der Bürgerrechtsbewegung. Gemeinsam forderten sie Gleichheit vor dem Gesetz, Arbeitsplätze, menschenwürdige Wohn- und Lebensbedingungen auch für die Farbigen und alle Unterprivilegierten. Sie setzten damit die Tradition mächtiger Protestmärsche der dreißiger Jahre fort und demonstrierten unübersehbar die Kraft des Volkes.

Jubel brandete auf am Lincoln-Denkmal, als der greise Bürgerrechtler Philip Randolph das gewaltige Meeting zum Abschluß des Marsches auf Washington eröffnete. Er war ein Veteran der Bewegung, der schon 1925 die starke Negergewerkschaft der Schlafwagenschaffner aufgebaut hatte.

Und dann sprach Martin Luther King. «Ich habe einen Traum!» rief der spätere Friedensnobelpreisträger den Hunderttausenden zu. Und er beschwor die Vision eines anderen Amerika herauf. Die Vision von einem Land, in dem alle Kinder Gottes – Schwarze und Weiße, Juden und Heiden, Protestanten und Katholiken – vereint die Worte des alten Negerspirituals singen könnten: ENDLICH FREI! Mit unserem Glauben, sagte Dr. King, werden wir in der Lage sein, aus dem Berg der Verzweiflung einen Stein der Hoffnung herauszulösen. Mit diesem Glauben werden wir in der Lage sein, die Mißklänge unserer Nation in eine schöne Sinfonie der Brüderlichkeit zu verwandeln. Mit diesem Glauben werden wir in der Lage sein, gemeinsam zu arbeiten, zu beten, zu kämpfen, gemeinsam ins Gefängnis zu gehen, uns gemeinsam für die Freiheit einzusetzen mit der Gewißheit, daß wir eines Tages frei sein werden ...

Wir haben einen Traum, so klang es wie ein Gelöbnis über den weiten Platz. Friedlich und diszipliniert gingen die Menschen auseinander. Vielen standen Tränen in den Augen. Das gemeinsame Erlebnis war überwältigend gewesen und hatte alle erregt. Auch hier erklang das alte Lied der Neger, das überall in den Staaten mit neuem Text zur Hymne der Bürgerrechtsbewegung geworden war: «We Shall Overcome». Schwarze und Weiße, jung und alt hakten sich unter und sangen: «Wir glauben daran, wir werden siegen!» Es war ein bewegender Chor von Zehntausenden.

Doch die naive Hoffnung auf gerechtere, humane gesellschaftliche Verhältnisse in den USA währte nicht lange. Aus dem schönen Traum gab es schon allzu bald ein jähes Erwachen. Skrupellos und brutal wie in den

Martin Luther King spricht

schlimmen dreißiger Jahren wüteten die Rassisten. Nur achtzehn Tage nach dem Zug friedlicher Demonstranten auf Washington, an einem herrlichen Sonntagmorgen, explodierte in einer Sonntagsschule in Birmingham eine Bombe. Vier kleine Negermädchen wurden von dem Sprengsatz zerfetzt. Dieses grausame Verbrechen war wie ein Fanal für neue Terroraktionen des Ku-Klux-Klan. In verschiedenen Teilen des Landes, vor allem im Süden, zogen sie mit ihren brennenden Holzkreuzen durch die Ne-

gersiedlungen und verbreiteten Angst und Schrecken
Die Gewaltverbrechen und Greueltaten des Klan wurden
vielerorts offen oder insgeheim von der Polizei gedeckt

In diesem von den Rassisten aufgeheizten politischen
Klima wurde Präsident John F. Kennedy, den seine
Feinde in den todbringenden Ruf eines «Niggerfreundes»
gebracht hatten, am 22. November 1963 in Dallas in
Bundesstaat Texas das Opfer eines heimtückischen
Mordkomplotts.

Eine wichtige Stimme der Hoffnung für die Schwarzen
war gewaltsam zum Verstummen gebracht worden. Bei aller
Widersprüchlichkeit seiner Politik – viele innenpolitischen
Ziele hätten die Bürgerrechtler in den USA nicht
erreicht, wenn die Kennedys nicht im Amt gewesen wären.
Das galt besonders auch für Robert (Bobby) Kennedy,
denn nachdem John ermordet worden war, wurde
dessen jüngerer Bruder zur zuverlässigsten Stimme der
Schwarzen im Machtapparat der Vereinigten Staaten. Bis
auch er am 5. Juni 1968 von den Kugeln hinterhältiger
Mörder tödlich getroffen wurde.

Aber auch in der Außenpolitik hatte der junge Präsident
unbestreitbare Verdienste. So wahr es ist, daß er US-
Militär-«Berater» nach Vietnam entsandt hat und deshalb
von den friedlichen Völkern verurteilt worden war,
so bleibt es zum anderen eine Tatsache, daß sich nach
Jahren erbitterten kalten Krieges zwischen den Großmächten
USA und Sowjetunion mit Kennedy und
Chruschtschow zaghafte Ansätze einer Entspannungspolitik
abzuzeichnen begannen. Sie hatten sich zusammengesetzt
und gesagt: Wir wissen jetzt besser, wo wir Meinungsverschiedenheiten
haben; nun käme es darauf an,
herauszufinden, wo es Gemeinsamkeiten gibt.

Auch dieser Draht wurde mit der Ermordung Kennedys
gekappt. Im Verhältnis der Vereinigten Staaten zur

Sowjetunion kamen die Dinge erst gut zwei Jahrzehnte nach der Ermordung John F. Kennedys wieder in Gang durch die konstruktive und beharrliche, konsequent auf Abrüstung und Entspannung gerichtete Politik von Michail Gorbatschow, einer Friedensoffensive, der schließlich selbst der damalige US-Präsident Ronald Reagan nicht länger ausweichen konnte.

Seine frühe Stellungnahme gegen den Vietnamkrieg brachte Harry Belafonte – noch unter Präsident Kennedy (!) – eine vierjährige Abhörkampagne durch das FBI ein. Als John F. Kennedys Nachfolger im Präsidentenamt, Lyndon B. Johnson, die direkte und massive militärische Intervention der USA in Vietnam befahl, protestierte gemeinsam mit Jane Fonda, Marlon Brando und anderen namhaften amerikanischen Künstlern auch Harry Belafonte entschieden und wiederholt gegen diesen Überfall auf ein friedliches Volk. Daraufhin wurde der Kulturberater des Peace-Corps von Präsident Johnson gefeuert.

In der Bürgerrechtsbewegung der USA mehrten sich damals kritische Stimmen zur nach wie vor geübten Taktik gewaltlosen Widerstandes. Angesichts der Unversöhnlichkeit der Rassisten und ihres zunehmenden hemmungslosen Terrors müsse überdacht werden, ob passives Verharren – wie bisher – als Gegenmaßnahme ausreichend sei. Die Haltung von Harry Belafonte in dieser Frage war eindeutig. Sie widersprach entschieden der Version, die Werbeleute des Showbusineß oder Mitarbeiterinnen international verbreiteter Frauenzeitschriften ihrem Publikum mit Vorliebe servierten: Der Weltstar als unpolitischer «sunny boy» und «überzeugter Pazifist».

«Ich glaube nicht», sagte der schwarze Folksänger und Bürgerrechtskämpfer in diesem Zusammenhang, «ich

William E. B. Du Bois

glaube nicht, daß jemand, der von ganzem Herzen, friedlich und geduldig und mit allen seinen Möglichkeiten versucht, gewaltlose Lösungen zu finden, ein Pazifist ist. In letzter Konsequenz passiert es leider immer wieder, daß Worte nichts erreichen, auch wenn man wirklich und ernsthaft versucht, den Gegner zu überzeugen. Und zwar bleiben Worte dann wirkungslos, wenn dein Gegner sich auch als dein Unterdrücker herausstellt, der Vernunft nicht akzeptiert und der fortfährt, das Leben deiner Kinder und das Leben um dich herum zu zerstören. Dann sage ich, wenn einmal diese Grenzen der Vernunft erreicht sind, wirst du alle Mittel ergreifen, die dir zur Verfügung stehen, um dich zu befreien, und es wäre mir egal, woher die Waffen dafür kommen.

Wenn einer seinen Fuß in meinem Nacken hat und ihn mit Gewalt zu Boden drückt, dann kann ich nicht verhandeln, hat es wenig Sinn, an seine Vernunft zu appellieren, dann muß ich etwas tun. Manchmal bleibt keine Wahl, wie Nelson Mandela keine andere Wahl hatte, als zu kämpfen oder unterzugehen. Aber wenn ein Konflikt sich derart zuspitzt, sollte man nicht nur an den möglichen Tod des Gegners denken. Ich denke dabei auch an meinen Sohn. Ich möchte nicht, daß er tot ist. Ich denke dabei auch an alle Menschen, die ich liebe und um die ich mich sorge. Deshalb bin ich für Verhandlungen, immer wieder. Besser hundertmal verhandeln, als einmal schießen! Allerdings setzt Verhandeln auf beiden Seiten ein Mindestmaß an gutem Willen voraus.»

Auch Martin Luther King, der 1964 den Friedensnobelpreis erhalten hatte, erkannte die Begrenztheit der Bürgerrechtslosungen. Er begann, die Wurzeln des Übels zu benennen, kritisierte zunehmend die soziale Ungerechtigkeit in den USA, und er griff damit das auf Ausbeutung beruhende System an. Als das fortschrittliche Amerika 1968 den 100. Geburtstag des schwarzen Wissenschaftlers, Literaten, Bürgerrechtskämpfers und Kommunisten William Edward Burghardt Du Bois feierte, reiste Dr. King extra aus dem Süden nach New York. In seiner Festansprache in der Carnegie Hall verdammte der Baptistenpfarrer und Führer der schwarzen Bürgerrechtsbewegung in den USA in aller Öffentlichkeit den Antikommunismus, «der uns in zu viele Sümpfe geführt hat», sowie den schmutzigen Krieg der Vereinigten Staaten in Vietnam.

Von New York aus fuhr Martin Luther King nach Memphis, Bundesstaat Tennessee, um den streikenden schwarzen Arbeitern der städtischen Müllabfuhr in ihrem Kampf beizustehen. Gemeinsam mit seinen Mitstreitern Ralph Abernathy und Jesse Jackson nahm er Quartier im Motel Lorraine. Den siegreichen Ausgang dieser letzten von ihm persönlich geleiteten Aktion des gewaltlosen Widerstands sollte er nicht mehr erleben.

Am 4. April 1968 wurde Martin Luther King auf dem Balkon des Motels Lorraine in Memphis von der Kugel eines Scharfschützen tödlich getroffen. Schon die ersten Untersuchungsergebnisse bestätigten, daß es sich um einen von langer Hand vorbereiteten politischen Mord gehandelt hatte.

Coretta Scott King, Mitkämpferin und Witwe des Ermordeten, unterstrich später in einer Ansprache vor Delegierten der Vereinigten Automobilarbeitergewerkschaft diese Vermutung. Nicht zufällig sei ihr Mann ermordet worden, während er einen wichtigen Streik geleitet habe. Und ebenso wenig sei es Zufall, daß für das Verbrechen jener Zeitpunkt festgelegt worden war, als Dr. King entschieden für ein Bündnis aller armen schwarzen und weißen Amerikaner eingetreten war und darauf gedrängt hatte, daß sie sich gewerkschaftlich organisieren sollten. Er sei dabeigewesen, einen schlafenden Riesen zu wecken, als man ihn umbrachte, sagte Coretta Scott King.

Zorn, tiefe Trauer und auch Ratlosigkeit ergriffen die Bürgerrechtler in den USA. Das hinterhältige, feige Attentat auf ihren populären Führer beantworteten die Afroamerikaner mit wütenden Protestaktionen. In den Ghettos von über 125 Städten der Vereinigten Staaten kam es zu Aufständen. Die unbewaffneten Farbigen leisteten den brutal vorgehenden Polizei- und Militäreinheiten verzweifelten Widerstand. In einigen Bundesstaaten

Zehntausende schwarze und weiße Bürgerrechtskämpfer aus allen Teilen der USA protestierten am 8. April 1968 mit einem Schweigemarsch in Memphis gegen den feigen Mord an Martin Luther King

des Südens wurde zudem die Nationalgarde mobilisiert, um die empörten Schwarzen niederzuwerfen. Bei den blutigen Auseinandersetzungen kamen 46 Menschen ums Leben, mehr als 3500 Personen erlitten zum Teil schwere Verletzungen. Über 20000 Afroamerikaner wurden in die Gefängnisse geworfen.

Anstelle des ermordeten Martin Luther King übernahm dessen enger Kampfgefährte, Pfarrer Dr. Ralph Abernathy, die Leitung des SCLC. Im Juni 1968 führte er den noch von Dr. King geplanten Marsch der Armen auf Washington zum Erfolg. Die Teilnehmer dieser Demonstration und die gesamte Öffentlichkeit der USA standen noch unter dem Schock der Todesschüsse auf Robert Kennedy, der knapp sieben Jahre nach seinem Bruder John und nur zwei Monate nach Dr. King am 5. Juni 1968 einem Mordanschlag zum Opfer gefallen war.

Mit dieser Serie von langer Hand geplanter politischer Morde, schlimmster Verbrechen, die ungesühnt und deren Hintermänner bis heute im dunkeln blieben, ging in den USA eine Epoche der Hoffnung zu Ende, zu deren Mitgestaltern auch Harry Belafonte gezählt hatte.

Die Fahndung nach dem Mörder von Martin Luther King und die seltsamen Praktiken bei der Prozeßführung verdienen, erwähnt zu werden. Zunächst ist aktenkundig, daß Dr. King von der Bundesuntersuchungsbehörde FBI bereits seit der ersten großen Bürgerrechtsdemonstration in Montgomery, Bundesstaat Alabama, als Feind Nr. 1, als «gefährlichster Neger der Vereinigten Staaten» bezeichnet worden war. Und obwohl von Anfang an der begründete Verdacht bestand, bei dem Todesschützen von Memphis, Bundesstaat Tennessee, habe es sich um den Gewaltverbrecher James Earl Ray gehandelt, der bereits zu 20 Jahren Haft verurteilt und am 23. April 1967 aus dem Staatsgefängnis von Missouri ausgebrochen war, zö-

*Trauerfeier am 9. April 1968
in Atlanta*

James Earl Ray, der Mörder von Martin Luther King

James Earl Ray zu 99 Jahren verurteilt

Memphis, 10. März (SAD)

James Earl Ray, der Mörder des Nobelpreisträgers Martin Luther King, hat sich am Montag schuldig bekannt und auf seine Verteidigung verzichtet. Er wurde darauf nach kurzer Beweisaufnahme zu 99 Jahren Zuchthaus verurteilt.

Infolge dieser überraschenden Wendung findet der mit Spannung erwartete Prozeß gegen Ray, der nach mehreren Verschiebungen am 7. April beginnen sollte, nicht statt.

Durch den sensationellen Ausgang des Verfahrens bleibt die Frage unbeantwortet, ob der Mord an King das Ergebnis einer Verschwörung war.

Justizkomplott vertuschte Mordverschwörung

gerte FBI-Chef Edgar-Hoover fünf Tage, ehe er den mutmaßlichen Mörder von Martin Luther King auf die Liste der «Zehn am meisten Gesuchten» setzen ließ. Zweifel am «Ausbruch» Rays aus dem Staatsgefängnis von Missouri erscheinen angebracht. Womöglich war schon diese «Flucht» Teil des Komplotts, in dem Ray die Chance sah, sich durch den Mord an Dr. King «freizukaufen». Widerlegt worden ist diese These nicht. Im Gegenteil. Rays Bruder John Larry äußerte am 9. Juni 1968 in St. Louis: «Falls mein Bruder King wirklich ermordet hat, hat er es für sehr viel Geld getan.»

Ungehindert gelang es Ray, mit falschen Papieren – woher hatte er die? – die USA zu verlassen. Erst am 8. Juni 1968 wurde der flüchtige Killer bei einer Routinekontrolle auf dem Londoner Flughafen Heathrow von Scotland Yard festgenommen. Ray hatte ein Ticket nach Brüssel gebucht. Aus sichergestellten Papieren war ersichtlich, daß er die Absicht hatte, in Belgien einer Söldnerformation beizutreten.

Diese Festnahme auf dem Londoner Flugplatz war offenbar eine nicht vorhergesehene Panne zuungunsten des gekauften Mörders gewesen. Denn umgehend reiste ein Mister Arthur J. Hanes, Anwalt und damals zugleich Bürgermeister von Birmingham, Bundesstaat Alabama, an und holte den Untersuchungshäftling aus dem Londoner Wandsworth-Gefängnis heraus. Ray wurde nach Memphis, Bundesstaat Tennessee, überführt, damit «auf amerikanische Art» Recht gesprochen werden könne.

Monate vergingen. Der Gefangene saß in seiner Zelle und war zu keinem Geständnis zu bewegen. Das Interesse der Öffentlichkeit an dem Fall begann schon zu erlöschen. Da sorgte eine Nachricht für neues Aufsehen: Der angeblich mittellose Ray habe Arthur J. Hanes «gefeuert» und sich einen der teuersten Strafverteidiger der USA, den Staranwalt Percy Foreman, aus Texas genommen. Und dann begann wirklich sehr bald der langerwartete Prozeß.

Zur Überraschung der Berichterstatter aus aller Welt und der Zuhörer im Gerichtssaal legte James Earl Ray – nachdem er den Mord an Martin Luther King zuvor hartnäckig geleugnet hatte – gleich zu Anfang ein Schuldbekenntnis ab. Foreman, so sickerte später durch, habe ihm zugesichert, das Gericht werde im Falle eines Schuldbekenntnisses davon absehen, die Todesstrafe zu beantragen. Nach nur dreieinhalbstündiger Verhandlung – ohne jegliche Beweisaufnahme – verurteilte daraufhin das Schwurgericht Memphis unter Richter Preston Battle den Angeklagten James Earl Ray zu 99 Jahren Gefängnis. Im Urteil wurde betont, Ray sei nach eigenem Eingeständnis der alleinige Täter gewesen, eine Verschwörung gegen Martin Luther King habe es nicht gegeben. Selbst großbürgerliche Zeitungen der USA sprachen daraufhin von einem «Justizkomplott am Mississippi».

Wie Pressemeldungen zu entnehmen ist, hat Ray schon auf dem Transport in das Zuchthaus Nashville sein Bedauern geäußert, «auf den Schwindel hereingefallen» zu sein. Der Richter Preston Battle, so ist außerdem überliefert, erlag noch im selben Monat März 1969 einem Herzleiden.

Offener Brief an die «New York Times»

Bei allem Engagement für die Bürgerrechtsbewegung durfte Harry Belafonte natürlich auch seine beruflichen Aufgaben nicht gänzlich vernachlässigen, denn selbst ein international erfolgreicher Star wie er konnte es sich nicht leisten, zu lange «weg vom Fenster» zu bleiben. Da ihm jedoch daran gelegen war, sofort zur Stelle zu sein, wenn seine Freunde ihn in dieser ereignisreichen und oft dramatischen Zeit brauchten, verzichtete er jahrelang auf Konzertreisen durch die Welt, machte keine aufwendigen Film- und Plattenaufnahmen und blieb weitgehend im Lande. Hier versuchte Harry sein Glück unter anderem erneut beim Fernsehen.

Gemeinsam mit dem schwarzen Schriftsteller Langston Hughes entwickelte Belafonte die Idee, den Zuschauern am Bildschirm die reizvolle und vielseitige, vor allem von Farbigen geprägte Musikszene der USA in den zwanziger Jahren in Erinnerung zu rufen. Nicht wenige der Publikumslieblinge von damals lebten noch, dazu gab es genügend neue Talente, die mit den alten Songs glänzen konnten. Es ging Harry und Langston dabei nicht nur darum, nostalgische Bedürfnisse der sozial gemischten Fernsehzuschauer zu wecken und zu befriedigen. Zugleich sahen die beiden Künstler die Chance, mit einer solchen Sendefolge zahlreichen anderen schwarzen Männern und Frauen – Sängern, Schauspielern, Musikern, Tänzern – Auftrittsmöglichkeiten und damit finanzielle und moralische Erfolgserlebnisse zu verschaffen.

In dem sehr interessanten Buch BLACK MAGIC – Illustrierte Geschichte der Neger in der amerikanischen Unterhaltungskunst von Langston Hughes und Milton Meltzer, New Jersey 1968, wird hervorgehoben, daß Harry Belafonte der erste Neger war, der eine größere, bedeutende Show für das Fernsehen produzierte. Belafontes «The Strollin' Twenties» (etwa: Bummel durch die zwanziger Jahre) liefen mit großem Erfolg 1966 im Programm von CBS. Mitwirkende waren unter anderen die Altmeister Jack Dupree, Jimmy Rushing und Joe Williams –

einst in der Count Basie Band –, die in Harrys Show den alten Blues neu belebten. Außerdem glänzten Sammy Davis, Diahann Carrol und Nipsey Russel sowie Sidney Poitier als Erzähler.

Im Jahre 1968 sprang Harry kurzfristig für den beliebten weißen Spielmeister Johnny Carson als Gastgeber der Sendefolge «The Tonight Show» ein. Zwei Jahre später startete ABC-TV-Special die anspruchsvolle Unterhaltungssendung «Harry and Lena», die hohe Einschaltquoten erzielte, und zusammen mit Lena Horne gastierte Belafonte auch im Nachtklub «Caesar's Palace» in Las Vegas.

Doch Sendungen wie «The Strollin' Twenties» waren die Ausnahme. Ansonsten waren die Arbeitsmöglichkeiten der farbigen Künstler im Film, beim Theater und im Fernsehen nach wie vor äußerst beschränkt. Selbst Harry Belafonte konnte in Hollywood keinen Film machen, der irgendeinen Wert gehabt hätte, der etwas Wesentliches aussagen konnte, der ihm wichtig gewesen wäre. Die meisten schwarzen Künstler in den USA waren arbeitslos. Ja, wenn sie etwa nur mal singen oder mal tanzen wollten, war das vielleicht noch okay. Oder irgendeine Nebenrolle, auch das – eventuell. Aber fang nicht an, darüber zu reden, daß du einen Film über Lumumba machen möchtest oder über die Geschichte der Schwarzen. Das ist unmöglich.

Unmöglich wie Jahre später Marlon Brandos Bemühen, einen Film über die wahre Geschichte der Indianer zu machen. Einen Film etwa über Wounded Knee. Dort hatte man die Indianer von ihrem Land vertrieben und in Reservate gesteckt. Mit schlechtestem Boden. Das lag viele Jahre zurück. Und plötzlich entdeckte man jetzt, daß dieses Reservatsland reich an Uran, sehr reich an mineralischen Bodenschätzen sowie an Öl und Kohle war. Und nun wollten sie die Indianer wieder von diesem seit Generationen ihnen gehörendem Land vertreiben. Sie diesmal zwingen, in Städten zu leben, wo es Indianern unmöglich ist, zu existieren. Sie können das Leben nicht leben, das die Menschen in den Städten leben. Diesen tiefen Konflikt wollte Marlon Brando gestalten. Er ging von einem Studio zum anderen. Immerhin ist er einer der größten Stars der Welt. Aber sie wollten ihn keinen Film über Wounded Knee machen lassen. Dabei hatte Brando mit den Indianern schon hart gearbeitet, hatte sie dafür gewonnen, aktiv mitzuwirken. Aber das Thema war tabu. Und Marlon Brando war ein Weißer. Um wieviel größer war das Handicap eines schwarzen Künstlers! Wenn ein farbiger Star wie Sidney Poitier in einem Film mitwirkte, der ein Flop wurde, gab man ihm zunächst keine Rolle mehr. Anders war das etwa bei Robert Redford.

Höchst unzufrieden mit dieser Situation, schrieb Harry 1968 im Namen der ganzen Familie Belafonte einen offenen Brief an die einflußreiche «New York Times». Darin hieß es unter anderem:

«Warum gibt es im Fernsehen so wenige Rollen für Neger? wurde kürzlich der für Programmgestaltung zuständige Vizepräsident der CBS gefragt. Seine Antwort: Das Fernsehen wolle Amerika so zeigen, ‹wie es im allgemeinen ist. Und im allgemeinen ist es so, daß es nicht so viele Negerjuristen, Negergouverneure, Negerdirektoren oder Negersenatoren gibt. Regisseur und Autor halten sich an die Tatsachen, um die Dinge so wiederzugeben, wie sie sind.›

Diese Antwort, die auf den ersten Blick lediglich von Unwissenheit zeugt, hat üble Hintergründe. Sie enthält Lüge und Rechtfertigung zugleich ... Das weiße Amerika der Vorstädte, das wir in den meisten Fernsehspielen, -serien und Situationskomödien sehen, zeigt wohl kaum das Leben so, wie es für die meisten wirklich ist.

Der zweite Teil der Antwort ist wahr und auch nicht wahr. Wenn wir die Zahl der Schwarzen in angesehenen Positionen mit der ihrer weißen Kollegen vergleichen, zeigt sich, daß es bedauerlicherweise weniger sind. Die Schlußfolgerung des Vizepräsidenten hat jedoch nichts mit diesem Prozentsatz zu tun.

Man kann wahrscheinlich mit Fug und Recht sagen, daß bis zu 95 Prozent der Neger im Fernsehen als Bürde des weißen Mannes dargestellt werden, als Entartete, die kreuz und quer durch das Land rasen, das etwa in ‹Tarzan› oder ‹Daktari› als unzivilisiertes Afrika hingestellt wird. Die wahre Schönheit, die Seele und Integrität der schwarzen Gemeinschaft werden nur sehr selten dargestellt.

Interessant ist auch die Tatsache, daß von den rund 10 800 Beschäftigten der drei großen Fernsehgesellschaften ABC, NBC und CBS nur 709 Neger und Puertoricaner sind. Der größte Teil von ihnen arbeitet als Hausmeister, Pförtner, Fahrstuhlführer, Reinigungskraft und in anderen untergeordneten Stellungen.

Seit vielen Jahren will ich eine spezielle Sendung über die Geschichte des Mississippi produzieren. Anfangs gingen die maßgeblichen Leute vom Fernsehen auf diese Idee ein, weil sie glaubten, das sei ein gutes Thema, bei dem sie ihre gefälligen Stephan-Foster-Songs und Tänze anbringen könnten.

Doch der Mississippi ist auch ein Fluß, an dessen Ufern einst Indianer massakriert wurden und Neger gegen die Sklaverei kämpften. Im Mississippi wurden die Leichen von Bürgerrechtskämpfern und schwarzen Pächtern gefunden. Es gibt Songs, die diese Ereignisse behandeln, und sie sind ein Teil der Aussage, die ich beabsichtigte. Doch sie gelten in den Chefetagen als ‹umstritten›. Die zuständigen Leute sind einfach nicht bereit, die Unmenschlichkeit der Welt der Weißen im Hinblick auf das Rassenproblem zu zeigen. Doch wir können nur dann sicher sein, daß die Würde aller Menschen gewährleistet wird, wenn Amerika dieser Wahrheit über sich selbst ins Auge sieht.

Was können wir also im kommerziellen Fernsehen zeigen? Unsere großen Sänger, Tänzer und Musiker? Die Fernsehindustrie erklärt mir ständig: ‹Hören Sie, machen Sie keinen Ärger. Sie sollen singen und sexy aussehen. Sie werden enorm viel verdienen, die Welt wird Sie gern haben, und dienen Sie Ihrer Sache nicht auch besser, wenn Sie den netten jungen Mann spielen?›

Natürlich! Spiele den netten Jungen, spiele einen Superneger, der Kommunisten zusammenschlägt und der die Beziehungen zwischen Schwarzen und Weißen nicht untersucht. Dann hast du vielleicht eine Chance beim Fernsehen. Der Neger soll farblos und schattenhaft bleiben. Zeige ihn nie in seiner eigenen Welt, bei seinem natürlichen Verhalten, das vielleicht Mitgefühl und Sympathie erweckt. Überschreite nie die Grenze, denn du könntest Persona non grata werden.»

Nicht weniger wirkungsvoll als in diesem offenen Brief gab Harry Belafonte in der Folgezeit mit seinen Filmen und mit speziellen Arbeiten für das Fernsehen den Mächtigen in Hollywood und den Bossen von ABC, NBC und CBS seine politisch wie künstlerisch ebenso überzeugende Antwort.

Zusammen mit seinem Stab, zahlreichen Schauspielern, Maskenbildnern, Filmarchitekten, Handwerkern, Technikern und dem übrigen Troß biwakierten Belafontes längere Zeit vor den Toren der Kleinstadt Durango im Innern von Mexiko. Die Szenerie war nur spärlich be-

*Harry Belafonte und Sidney Poitier
in «Der Weg der Verdammten»*

leuchtet. Dann pickten einige Scheinwerfer Details aus der Dunkelheit heraus: Holzhäuser im Westernstil, den «Saloon», angekoppelte Pferde, Planwagen und eine Menge schwarzer Schauspieler. Hier entstand 1971 der Streifen «Buck and the Preacher», deutsch auch bekannt unter dem Titel: «Der Weg der Verdammten».

Produzent und Darsteller des Predigers war Harry. Die Rolle des zweiten Stars, des Negersergeanten Buck, hatte dessen Freund Sidney Poitier übernommen, der auch Regie führte und Koproduzent war. Vor der Presse hatte Belafonte seine Freude darüber ausgedrückt, daß er mit diesem Film vielen Farbigen – Künstlern, Technikern und sonstigem Personal – eine Chance geben konnte.

Auch seine Frau Julie und die Kinder der Belafontes waren längere Zeit mit in Mexiko. Julie spielte in diesem Film sogar eine kleine Rolle. Seine Familie begleitete ihn – auch im Ausland – so oft es sich einrichten ließ. Harry wollte sie so viel wie möglich an seiner Arbeit teilnehmen lassen, seine Sorgen und die Augenblicke des Glücklichseins mit ihnen teilen. Auf die Frage, wie es denn gewesen sei, mit der eigenen Frau zusammen zu filmen, sagte Harry freundlich grinsend, an sich sehr schön. Nur habe Julie wahnsinnige Angst gehabt, etwas falsch zu machen, und er habe wie auf Kohlen gesessen, aus Sorge, daß sie das wirklich täte. Es habe jedoch alles bestens geklappt.

Die Story des Films ist schnell erzählt: Ehemalige Sklaven verlassen die Südstaaten, um sich im Norden des Landes eine Existenz aufzubauen. Doch die juristische Befreiung hatte sie nicht wirklich frei gemacht. Die weißen Farmer und Pflanzer des Südens brauchten dringend Arbeitskräfte. Sie schickten ihre Kopfjäger aus, um die Trecks zu überfallen und die kräftigsten Neger wieder einzufangen. Doch das Selbstbewußtsein der Farbigen war erwacht. Angeführt von Buck und tatkräftig unterstützt auch von ihrem Prediger, setzten sie sich gegen die Mord- und Entführungsaktionen der Weißen als Selbsthelfer verzweifelt zur Wehr. Erst griffen nur einige zu den erbeuteten Waffen, dann zahlten immer mehr ehemalige Sklaven den Angreifern mit gleicher Münze zurück. Der ungleiche Kampf brachte die Schwarzen in eine prekäre Situation, doch gerade rechtzeitig noch tauchten Indianer auf und hauten sie heraus.

Ein Western mit tieferer Bedeutung. Sidney, Harry und das ganze Team stellten ihr Können in den Dienst ihrer Botschaft: Solidarität der Neger ist notwendig, Solidarität auch mit den Indianern. Im Film träumten sie gemeinsam den Traum von weiten grünen Feldern, die ihnen gehörten, von Wiesen mit klaren, kühlen Quellen, von einem friedlichen Leben mit ihren Familien. Doch die Idylle erwies sich als trügerisch. Die wehrhaften ehemaligen Sklaven in diesem Film waren am Ende weiter auf der Flucht vor ihren Unterdrückern, auf der Suche nach dem Gelobten Land. Das war nicht nur die Wirklichkeit vor hundert Jahren, sondern galt auch noch für den Tag.

Harry Belafonte förderte jedoch nicht nur Projekte, die ihm selbst reizvolle Rollen boten. In unabhängiger Produktion drehte er für das Fernsehen u. a. den Film «Happy Birthday, Mrs. Craig». In ihm wird die amerikanische Geschichte aus der Sicht einer 105 Jahre alten Negerin erzählt. Ein anderes Projekt hieß «Autobiographie of an young man dead». Es war ein unter Verwendung von Dokumentarmaterial gestalteter Film über drei junge Amerikaner: Über das Mädchen, das bei einer Studentendemonstration im Kent State College erschossen wurde, über den jungen Mann, der in Jackson bei einem Marsch der Bürgerrechtsbewegung ermordet worden war, und über einen jungen Soldaten, der in Vietnam gefallen war. Alle drei waren sie Opfer der gesellschaftlichen Verhältnisse in den USA. Zuvor hatten Harry und seine Mitarbeiter Eltern, Freunde, ehemalige Lehrer der Toten und auch einige der für ihr sinnloses Sterben Verantwortlichen befragt.

Jahre später wählte Harry Belafonte ein völlig anderes Sujet. Mit der Anteilnahme eines Betroffenen, der ebenfalls den New-Yorker Slums entstammt, hatte Belafonte die Entstehung und befreiende Wirkung des Breakdance beobachtet. Neuer Lebensmut, wachsendes Selbstwertgefühl und spürbare Entkriminalisierung waren die Folgen einer echten Volkskunstbewegung, die jene zu Akteuren und Zuschauern machte, denen in einer ausschließlich profitorientierten Gesellschaft auch die Kunst vorenthalten wird. Der Film «Beatstreet» – von Harry produziert – war ein anrührender Beweis praktischer Solidarität des Weltstars mit seinen trotz künstlerischen Talents unterprivilegierten Brüdern und Schwestern.

Sein bisher wohl größtes und anspruchsvollstes Vorhaben als Produzent – was sowohl den Umfang als auch den Inhalt betrifft – wurde in der zweiten Hälfte der achtziger Jahre ein mehrteiliger Fernsehfilm, in dessen Mittelpunkt Leben und Kampf von Nelson und Winnie Mandela standen. Für die Hauptrollen konnte Erfolgsregisseur Sidney Pollak («Nur Pferden gibt man den Gnadenschuß», «Tootsie» und «Jenseits von Afrika») Sidney Poitier, Jane Fonda und Marlon Brando gewinnen.

Den Schöpfern ging es nicht nur darum, einen künstlerisch wertvollen Film zu gestalten, er sollte zugleich Informationen an diejenigen Zuschauer vermitteln, die überhaupt nicht oder nur sehr ungenau wissen, was Apartheid ist. In den USA, sagte Harry Belafonte, ist die Mehrheit falsch über die Situation in Südafrika unterrichtet.

Hintergründe eines Werbespots

Am 30. Juni 1974 versammelten sich, wie nahezu an jedem Tag, zahlreiche Gläubige in einer Kirche in Atlanta, Bundesstaat Georgia, zum Gottesdienst. Plötzlich peitschten Schüsse. Panik brach aus. Die Besucher der Kirche, unter ihnen viele ältere Menschen, warfen sich schreiend zu Boden, einige rannten auf die Ausgänge zu. Vorn, nahe dem Standbild einer Heiligen, lagen ein Mann im Talar und eine grauhaarige, alte Negerin in ihrem Blut.

Während der Andacht waren Alberta King, die Mutter des 1968 in Memphis, Bundesstaat Tennessee, ermordeten Führers der Bürgerrechtsbewegung Martin Luther King, und ein Pfarrdiakon hinterrücks erschossen worden. Der Todesschütze hatte versucht, im allgemeinen Tumult unterzutauchen, wurde jedoch von der wütenden Menge entdeckt und festgenommen. Es handelte sich um den 21jährigen weißen Studenten Marcus Chenault.

Die Kirche rief dazu auf, für die Ermordeten zu beten. Verständnisvoll, aber auch mit deutlicher Distanz reagierte Harry Belafonte auf die unverändert demütige und fatalistische Haltung religiöser Kreise angesichts des ungezügelten Mordterrors weißer Rassisten. Von jeher respektiere er die Überzeugungen, die Gefühle seiner schwarzen Brüder und Schwestern, auch ihre religiösen Bindungen und Traditionen, die ihnen oftmals als einziges einen gewissen Halt gaben in einem überwiegend trostlosen Dasein. Er selbst habe andere Lebenserfahrungen gemacht.

«Viele Leute fragen», äußerte Harry Belafonte, «ob ich religiös sei. Ich sage: Ja, aber nicht in dem Sinne, wie Sie denken. Ich wurde als Katholik geboren, aber ich bin nicht katholisch. Ich kann mir nicht den Papst anschauen in seinen königlichen Gewändern, ohne mich zu fragen, wie so ein Mann von der Not der Welt reden kann, während in El Salvador seine Nonnen und Priester ermordet und gefoltert werden im Kampf gegen die Unterdrückung. Wenn der Papst das ist, was er vorgibt zu sein, warum sitzt er dann nicht in El Salvador? Warum nutzt er nicht seine Ehrfurcht gebietende Macht, um den Weg zu erleuchten in dieser Zeit der Dunkelheit?

Nein, die Institution Kirche hat mir nie etwas bedeutet.

Mit sechzehn verzichtete ich darauf, weiter Katholik zu sein. Jesus ist für mich einer der größten sozialen Denker, den die Welt je hatte, auch ein Revolutionär. Seine Nachfolger jedoch haben die Kirche benutzt, um Sklaverei und Kriege zu rechtfertigen und Wohlstand inmitten bitterster Armut. Als ich aufwuchs inmitten dieser Spiel-nicht-mit-einem-Neger-Vorurteile, war die Kirche keine Hilfe für mich. Sie wollte mich nur dazu bringen, mein Leben so zu nehmen, wie es ist. Man versprach mir alles Gute – aber erst im Jenseits.

Warum sollte ich Brutalität und Unterdrückung im Namen Jesus akzeptieren? Die Leute, die diese Überzeugung predigten, waren nicht die Opfer. Geistliche, die wahrhaft christlich empfinden und handeln, die sich zur Wehr setzen und den Befreiungskampf der Unterdrückten mutig unterstützen, wurden und werden verfolgt und manchmal sogar getötet.»

In jener Zeit kamen auch aus einigen Reservaten der Indianer alarmierende Nachrichten. Julie Belafonte machte ihren mit beruflicher Arbeit voll eingedeckten Mann auf diese Probleme aufmerksam. Radio, Fernsehen und auch die großbürgerlichen Zeitungen versuchten anfangs, das himmelschreiende Unrecht, das die Weißen den Ureinwohnern Amerikas erneut antaten, herunterzuspielen. Bisher hatten sich die Bürgerrechtler in den USA eigentlich nur für die Belange der Farbigen verantwortlich gefühlt und eingesetzt. Durch Julie wurde Harry klar, daß auch die von manchen Schwarzen verächtlich angesehenen Indianer Bürgerrechte hatten, den Schutz der Bürgerrechtsbewegung brauchten und verdienten.

Julie Belafonte reiste in das von der Administration zum Krisengebiet erklärte Wounded Knee, sprach mit den Führern der um ihre elementarsten Lebensrechte, um ihre Existenz kämpfenden, aufständischen Indianer und organisierte erste Hilfsaktionen, um die verhängte Blokkade zu durchbrechen. Die Bürgerrechtler sammelten Geld, schickten Lebensmittel und Medikamente. Die Sache der Indianer wurde zur Sache auch der schwarzen und weißen Bürgerrechtler. Sie alle wurden schließlich von den gleichen reaktionären, ökonomisch starken Kräften der Gesellschaft unterdrückt, und sie verbündeten sich im gemeinsamen Kampf.

Harry wurde in jener Zeit bewußt, daß es ja tatsächlich nicht nur um die Interessen der Schwarzen, der Puertoricaner, der Frauen, der Indianer, der Armen, sondern um alles ging, um alles zusammen.

«Das Schwierigste bei dem Versuch, meine Gefühle über den Rassismus in den Vereinigten Staaten auszudrücken», sagte Belafonte damals in einem Fernseh-Interview, «besteht darin, daß viele Farbige ihn nur ausgehend von der Tatsache sehen, daß sie Farbige sind. Aber das ist es nicht allein, sondern es ist vor allem ein Klassenproblem.»

Nach sechzehnjähriger Pause startete Harry Belafonte 1976 und 1977 erneut zu Europa-Tourneen, die ihn unter anderem nach Oslo, Stockholm und Kopenhagen führten, wo sich dem Autor dieses Buches zum erstenmal Gelegenheit zu einem Gespräch mit dem Weltstar bot, der auch ihm bis dahin vor allem als «Calypso King» ein Begriff gewesen war. Damit kannte er wie die Mehrzahl seiner Verehrer nur den halben Belafonte.

Das Publikum feierte den schwarzen Folksänger mit Ovationen, als sei er gestern erst zu Gast gewesen. Harry hatte sein Repertoire um neue, zornige Protestsongs, wie «Cruel War» (Grausamer Krieg), «Turn The World Around» (Dreh die Welt herum), und weitere Antikriegslieder sowie um Songs gegen den Wahnsinn atomarer

Marlon Brando (v. r.) und Harry Belafonte besuchten den von der US-Regierung verfolgten Indianerführer Russel Means (v. l.) im Staatsgefängnis von South Dakota in Sioux Falls

Rüstung erweitert, und er wurde verstanden. Überall in den ausverkauften Häusern auffallend viele junge Gesichter, so auch in Hamburg. Mein Gott, dachte Harry leicht irritiert, diese Mädchen und Jungen konnten ihn doch nur aus den Erzählungen ihrer Eltern kennen, und sie waren anscheinend gekommen, um die «Legende Belafonte» mal selber kritisch unter die Lupe zu nehmen.

Recht beklommen ward dem Fünfzigjährigen zumute, und er gestand lächelnd ein, nicht nur Lampenfieber, sondern regelrecht Angst bekommen zu haben, weil er dachte, was erwarten all diese sympathischen Menschen bloß von mir? Zumal er in den letzten Jahren keine neue Platte herausgebracht hatte. Doch wenn man ihn so lachen sah, die makellos weißen Zähne entblößend, um die dunklen Augen Lachfältchen, die sich trotz seiner fünf Jahrzehnte nur andeuteten, dann wirkte Harry Belafonte unerhört jungenhaft, unbekümmert und selbstsicher.

In Hamburg landete auf dem Tisch seines Sekretärs die Offerte eines westdeutschen Kaffeekonzerns, der über eine amerikanische Werbeagentur anfragen ließ, ob der «Calypso König» bereit sei, für 20 000 Dollar ein Lied zum Lob ihrer braunen Bohnen anzustimmen. Die knappe Antwort lautete: Nein, Mister Belafonte mache grundsätzlich keine Werbung. Daraufhin wurde das Angebot auf 50 000 Dollar erhöht. Das mochte der Sekretär nun nicht mehr allein entscheiden. Er informierte seinen Boss, doch der winkte ab.

Tags darauf erschien David Belafonte, der die Tournee als zweiter Toningenieur begleitete, außer der Zeit bei seinem Vater und erzählte von den Nöten einiger Führer des Indian Movement zu Hause in den Staaten. Jüngsten Radiomeldungen zufolge seien mehrere Indianer wegen ihrer Protestaktionen festgenommen worden. Den mittellosen Bürgerrechtskämpfern drohe ein Gerichtsverfahren.

Nach kurzem Überlegen beauftragte Harry seinen Sekretär, unverzüglich mit den hanseatischen Kaffeehändlern Verbindung aufzunehmen. Er übernehme den Job. Für 100 000 Dollar sei er bereit, zum Lob ihrer Produkte zu trällern. Alles, was die Steuer übrigließ, stiftete Harry Belafonte für die Indianerhelden von Wounded Knee, zur Unterstützung ihrer Familien, für den zu erwartenden Prozeß. So konnten sich die Indianerführer in den USA, Russel Means, Dennis Banks und deren Gefährten, bei ihrer gerichtlichen Auseinandersetzung clevere Rechtsbeistände nehmen.

Auf der Perle
der Großen Antillen

Nicht nur in Reiseführern wird Kuba als Perle der Großen Antillen gepriesen. Diese größte westindische Insel liegt südlich von Florida, östlich der mexikanischen Halbinsel Yucatán und westlich von Haïti. Die Südküste ist dem Karibischen Meer, die Nordwestküste dem Golf von Mexiko und die Nordküste dem Atlantischen Ozean zugewandt. Kolumbus entdeckte das idyllische Eiland 1492, und es trug nacheinander die Namen Juana, Ferdinandina, Santiago und Ave Maria, ehe es seinen heutigen Namen erhielt.

Damals, während der Überfahrt gemeinsam mit seiner Mutter und dem Bruder von New York nach Port Maria an der Nordküste Jamaikas, hatte ihr Schiff auch den Hafen von Havanna (La Habana) angelaufen. Das war die erste Begegnung des achtjährigen Harry mit dieser reizvollen Insel, seine erste Begegnung mit der westindischen Heimat seiner Mutter überhaupt gewesen, und der Junge aus der Steinwüste von New York, aus den Slums von Harlem, war wie geblendet von der Schönheit der exotischen Landschaft, der Palmen, Farne und Kakteengewächse mit riesigen roten, rosafarbenen, gelben und weißen Blüten. Überall wucherte üppiges Grün, und mittendrin entdeckte er – luftig, wie helle Farbtupfer – elegante, weiße Häuser.

Wie oft Harry Belafonte seitdem auf Kuba war, vermochte er nicht mehr zu sagen. Als er im Showgeschäft bekannt geworden war, in exklusiven Klubs in New York, Chicago und Florida auftrat, erhielt er auch Angebote aus

Kuba, und er ist hingefahren. Kuba war damals für die USA das Mekka der Touristen, des Glücksspiels und der Nachtklubs, es hatte den Ruf, das Bordell der Vereinigten Staaten zu sein. Im Land herrschte das korrupte Regime des Diktators Batista. Doch die eigentliche Macht in der Vergnügungsbranche übte die Mafia aus, an deren schmutzigen Geschäften Batista beteiligt war. Das betraf auch den Drogenhandel. Kuba galt als einer der größten Umschlagplätze der westlichen Welt für Kokain und Heroin.

Man hatte den über Nacht berühmt gewordenen und gutaussehenden Sänger eingeladen, wie zuvor viele andere amerikanische Unterhaltungskünstler auch. Doch Harry ist im Kuba Batistas nie aufgetreten. Er fuhr hin, um das Land kennenzulernen, die gesellschaftlichen Verhältnisse, um mit den Menschen dort in Kontakt zu kommen, mit ihnen zu reden. Denn im Grunde waren sie ja Nachbarn seiner heimatlichen Insel Jamaika.

Als er das Elend der vielen einfachen Leute sah und den märchenhaften Reichtum der Wenigen, beschloß er, in Kuba nicht zu arbeiten. Er selbst hatte ja viele Jahre seiner Kindheit und Jugend auf den Westindischen Inseln verbracht, in Jamaika, nur 150 Kilometer von der Südküste Kubas entfernt. Auch auf Jamaika hatte es massenhaft farbige Arme und daneben eine Handvoll Weiße gegeben, die in unvorstellbarem Wohlstand lebten. Harry durchschaute schnell, wie korrupt Batista war und mit welcher Brutalität er zugleich alle verfolgte, die seine politischen Gegner oder ihm auch nur unbequem waren. Das ganze Leben auf Kuba war korrupt. Obwohl er schon an anderen Orten gearbeitet hatte, wo es Glücksspiele und sicher auch die Mafia gab wie in Las Vegas, konnte er in Kuba einfach nicht arbeiten wie sonst, auftreten und sich bezahlen lassen, weil er durch sein Singen dort das im

Volk verhaßte Regime unterstützt und sich wie ein Komplize Batistas gefühlt hätte.

Ein besonderes Erlebnis, das ihn diesen Entschluß fassen ließ, ist in seiner Erinnerung bis heute noch auf bedrückende Weise lebendig. Er selbst hat darüber berichtet:

«Eines Abends bin ich ausgegangen und im Dunkeln auf der Straße von einem Jungen angehalten worden – es gab damals außerhalb der City kaum Straßenbeleuchtung. Der Junge konnte höchstens acht, neun oder zehn Jahre alt gewesen sein. Er sah ziemlich heruntergekommen aus und abgemagert. Für Geld bot er mir seinen Körper an. Nur fünf Pesos, sagte er. Ich war völlig perplex. Ich glaube, er muß es in meinem Gesichtsausdruck gesehen haben, und es passierte etwas mit diesem Kind, was jenseits von allem war, was kindlich ist. Als der Junge sah, daß ich zögerte, sagte er: Verstehe, komm mit, du kannst meine Schwester haben ...

Das hat mich tief traurig gemacht, und als ich versuchte, mit ihm zu reden, ging er einfach weg. Was mich so erschütterte, war, daß neben allem anderen diese Gesellschaft unter Batista so heruntergekommen war. Sie war so unmoralisch, so dekadent geworden, daß selbst ihre Kinder käuflich waren.

Eine sehr, sehr schöne Erfahrung für mich war es dann, als ich viele Jahre später wieder nach Kuba kam und sah, wie verändert das kubanische Volk war. Ich mußte einfach immer wieder die Kinder ansehen. Es ist allgemein bekannt, daß Kuba vor Castro ein hohes Analphabetentum hatte. Als ich jetzt nach Kuba fuhr, ging jedes Kind zur Schule. Und immer wieder hatte ich jene Nacht vor Augen, in der ich diesem kleinen Jungen begegnet war. Und eines wurde mir klar: Egal, was irgend jemand gegen Kuba zu sagen hat – einiges mag berechtigt sein, das meiste stimmt nicht –, eines weiß ich mit Sicherheit: Man wird nie wieder einen solchen Jungen in Kuba finden. Man muß diese Realitäten zur Kenntnis nehmen, man muß erkennen, daß diese Gesellschaft unter dem neuen System etwas erreicht hat, was es unter dem alten System nicht gegeben hat. Und das alte System war von den USA voll unterstützt worden ...

Wenn ich während der Regierungszeit Batistas ein kubanischer Bauer gewesen wäre, der niemals die Gelegenheit gehabt hätte, zur Schule zu gehen, der nie in der Lage gewesen wäre, seine Kinder richtig zu ernähren, der nie ein Leben in Würde hätte führen können, ich hätte mich allem angeschlossen, was eine Möglichkeit eröffnete, mich von der Unterdrückung zu befreien. Ich verstehe, warum sich viele dem Kommunismus zuwenden. Er bietet ihnen Hoffnung und neue Möglichkeiten. Man braucht nur die Bedingungen, unter denen die Bauern bei Batista lebten, mit den Bedingungen, unter denen sie heute in Kuba leben, zu vergleichen – aber da gibt es nichts zu vergleichen. Heute geht jeder zur Schule, jeder in Kuba kann lesen und schreiben. Das ist die Wahrheit ...

Ich habe einmal zu Bobby Kennedy gesagt: «Ich glaube Ihnen, daß Sie sich vor dem Kommunismus fürchten und davor, daß er Ihre Interessen bedrohen könnte. Aber warum sind Sie unfähig zu verstehen, daß Sie an vielen Orten der Welt die Menschen ohne Alternative gelassen haben? Ich will nicht über den Wert des Kommunismus diskutieren, ich will über die Wertlosigkeit dessen diskutieren, was Sie tun. Sie können Ihre ökonomischen Interessen, Ihre Machtinteressen in diesen Ländern aufrechterhalten, aber Sie dürfen nicht glauben, daß diese Völker nur auf ein Almosen von Ihnen warten, nur darauf warten, daß Sie ihnen einen kleinen Hoffnungsschimmer für die Zukunft geben. Das ist würdelos. Als einer, der als

Fidel Castro im Disput mit der Bevölkerung

Junge in Jamaika aufgewachsen ist, sage ich, geben Sie mir nicht mein Recht, es steht mir zu. Denn wenn Sie mir etwas geben, haben Sie die Macht, mir etwas zu geben, und dann haben Sie auch die Macht, es mir wieder zu nehmen. Da bin ich nicht gleichberechtigt. Es geht nicht darum, ein Land zu unterstützen, Nahrungsmittel hinzuschicken, wenn dort eine Hungersnot herrscht. Es geht nicht nur um Nahrungsmittel, es geht darum, daß ich nicht länger Ihre Stiefel in meinem Nacken haben will.»

Bald nach der siegreichen Revolution auf Kuba war Harry Belafonte gemeinsam mit anderen amerikanischen Schauspielern und Künstlern der Einladung des kubanischen Filminstituts gefolgt. Es war dabei, auf der Insel eine eigene Filmindustrie aufzubauen. Das geschah noch zur Zeit der Blockade, die die USA mit Beginn der Revolution über Kuba verhängt hatten. Obwohl sie von den Medien zu Hause deshalb angegriffen wurden, handelten Harry Belafonte und dessen Künstlerkollegen in der Überzeugung, daß gerade im Falle von politischen und sogar militärischen Spannungen der Austausch von Künstlern, Pädagogen, Ärzten oder Wissenschaftlern dazu beitragen kann, gegenseitige Feindbilder abzubauen und neuen Wirklichkeiten den Weg zu ebnen.

Die kubanische Regierung schickte damals zum Beispiel Alicia Alanzo und das kubanische Ballett zu Auftritten in die USA, im Austausch reisten Jazz-Musiker sowie Nilly Joel, Kris Kristofferson, Rita Coolidge, Dizzy Gilespie, Harry Belafonte und andere der populärsten Unterhaltungskünstler nach Kuba.

Es war kein Geheimnis: Viele Schwarze und viele Farbige auf der ganzen Welt sahen Kuba als sehr heroisch an, bewunderten Fidel Castro. Die Kubaner wurden in vieler Hinsicht zum Vorbild für manche Völker, die selbst von reaktionären Regierungen noch brutal unterdrückt wurden. Zum anderen gab es eine Menge Länder in Lateinamerika, die gern Beziehungen zu Kuba aufnehmen wollten, weil das für sie von Vorteil war. Die USA aber taten alles, um das zu verhindern.

Über diese und viele weitere Probleme sprachen Fidel Castro und Harry Belafonte bei ihrer ersten persönlichen Begegnung. Harry hatte schon viel gehört und gelesen über den kubanischen Revolutionär und Staatsmann, der mit der «Bewegung des 26. Juli 1953» das Batista-Regime in jahrelangem, opfervollem Partisanenkampf niedergerungen und den Diktator am 1. Januar 1959 gestürzt hatte. Für Fidel Castro wiederum war Harry Belafonte seit seiner Studentenzeit ein Begriff, viele seiner Filme hatte er gesehen, und er bewunderte das mutige Engagement des schwarzen Künstlers in der Bürgerrechtsbewegung der USA. Sie waren zwei Männer desselben Jahrgangs, zwei Persönlichkeiten, die sich respektierten und bald Sympathie füreinander empfanden.

An jenem ersten Gespräch nahmen auch Belafontes Frau Julie und sein Freund Sidney Poitier teil. Castro erzählte ihnen u. a. von seinem ersten Besuch in den USA nach dem Sturz Batistas. Die USA waren das erste Land, das er als Regierungschef Kubas besuchte, nicht offiziell eingeladen, eine «Goodwill-Tour», getragen von der Hoffnung auf gute wechselseitige Beziehungen zwischen seinem Land und den Vereinigten Staaten. Die Art, wie man ihn behandelt habe, sei niederschmetternd gewesen. Verschiedene Repräsentanten der amerikanischen Regierung hätten aus ihrer rassistischen Einstellung keinen Hehl gemacht und sich über die völlige Gleichstellung aller Menschen – gleich welcher Rasse oder Religion – im neuen Kuba mokiert. Man habe ihn brutal und würdelos behandelt, wie es offenbar üblich war gegenüber irgendeinem lateinamerikanischen Staatsmann, den sie nach Belieben manipulieren konnten. Den sie bestrafen konnten, wenn er versuchen sollte, die Abhängigkeit seines Landes von den USA zu verringern. Castro aber habe ökonomische und politische Gleichheit für das kubanische Volk gefordert. Er hatte den Raub der kubanischen Ressourcen gestoppt. Als Antwort hatten die USA die Blockade gegen Kuba verhängt und versucht, Truppen auf Kuba zu landen und sogar Fidel Castro ermorden zu lassen.

Während dieser Unterhaltung mit dem Regierungschef

und Ersten Sekretär der Kommunistischen Partei Kubas kamen Harry Belafonte die Millionen Schwarze in den Sinn, die in Südafrika in menschenunwürdigen Verhältnissen zu leben gezwungen sind. Er dachte daran, daß die Vereinigten Staaten auch das brutale und korrupte Apartheidregime in Südafrika unterstützten, und er dachte an Chile, an Argentinien, an El Salvador und an die anderen Orte, wo die Menschen hungern und sterben und in Gefängnissen gefoltert werden. Alle diese Systeme wurden von der USA-Regierung unterstützt, gegen das neue Kuba jedoch hatte man in Washington die Blockade verhängt.

Harry Belafonte ist kein Kommunist, war nie Mitglied einer kommunistischen Partei. Doch er bekenne sich zur Zusammenarbeit, betonte der schwarze Künstler, nicht aus Naivität, sondern auf Grund der Tatsache, daß Millionen Menschen in der ganzen Welt den Kommunismus als eine Möglichkeit zur Lösung vieler drückender Probleme gewählt hätten. Es gäbe viele Dinge am Kommunismus, die er nicht verstehe. Aber jedesmal, wenn es bei den Völkern ein echtes Streben nach einem Leben in sozialer Gerechtigkeit und Würde gab, habe er feststellen können, daß es sich bei denjenigen, die in vorderster Front kämpften oder die zur Stelle waren und tatkräftig halfen, um Marxisten, um Kommunisten gehandelt hatte. Sein Land dagegen, die USA, hätte niemals seine Macht und seine Ressourcen verwendet, um den unterdrückten Völkern in der Welt zu helfen. Man könne die Menschen in El Salvador, in Angola, an vielen Orten in Afrika, in Nikaragua oder Vietnam fragen: Stünden die USA auf der Seite der unterdrückten Völker, auf der Seite der Ausgebeuteten, hätte es so viel Blutvergießen nicht gegeben, wären ihre Befreiungskriege längst und endgültig siegreich entschieden.

*Havanna in den Tagen
der XII. Weltfestspiele der Jugend*

«Viele Leute sagen: Paßt auf, der Kommunismus will die ganze Welt verschlingen. Andere sehen dagegen im Kommunismus eine neue Kraft in der menschlichen Entwicklung, die genauso widersprüchlich und konfliktbeladen ist, wie es das Christentum war und ist.

Wir leben in einer komplizierten Zeit», gab Harry Belafonte zu bedenken, «viele Dinge sind noch unklar. Ein Teil der Komplikationen liegt darin: Je mehr Technologie der Mensch entwickelt, um so mehr erfährt er über sich und seine Bedürfnisse. Und je mehr er erkennt, daß das Universum unendlich komplizierter und unermeßlicher ist, als er es sich je erträumt hat, um so verzweifelter wird er und um so stärker fühlt er, wie wenig er weiß. Um so wichtiger ist es, daß die Menschen verhandeln, miteinander reden, die Probleme gemeinsam lösen, statt die Welt in die Luft zu blasen.»

Sein Bekenntnis zur antiimperialistischen Solidarität der Völker und eine persönliche Einladung von Fidel Castro führten Harry Belafonte im Sommer 1978 erneut nach Kuba zum Weltfestival der Jugend in Havanna. Es reizte ihn, mit jungen Leuten von allen Kontinenten der Erde zusammenzutreffen, aus dem fernen China und Japan, aus der Sowjetunion und Schweden, aus Brasilien, Australien und Südafrika. Er wollte ihre verschiedenartigen Vorstellungen und unterschiedlichen Ideen zu wichtigen Lebensfragen kennenlernen, an ihren kulturellen Veranstaltungen teilnehmen.

Einer der Höhepunkte dieses Kubabesuchs war die Gelegenheit, in Oriente, im Süden der Insel, einen kubanischen Karneval mitzuerleben. Viele der Gesänge und Tänze der Kubaner erinnerten ihn an Afrika, der schwarze Kontinent war auf der Perle der Großen Antillen noch immer allgegenwärtig. Denn von Beginn des 17. Jahrhunderts bis zum Verbot des Sklavenhandels waren über 1,2 Millionen Afrikaner unterschiedlicher ethnischer Gruppen nach Kuba «verkauft» worden. Aus dem heutigen Südnigeria waren Angehörige der Yoruba-Stämme, aus dem Sudan die Carabalies oder Abakura, vom Kongo die Bantus gekommen. Fasziniert genoß Harry Belafonte die temperamentvollen, sinnlichen oder auch kriegerischen Darbietungen: den Guaguanco, den Yambu und die Columbia. Alle drei Rumbaarten waren einst aus der Vermischung von Musik und Tanz der als Sklaven nach Kuba verschleppten Afrikaner mit den Gesängen und Tänzen der spanischen Eroberer entstanden.

Durch die temperamentvollen kubanischen Musiker, Sänger und Tänzer und die überschäumende Lebensfreude der Teilnehmer sei dies eines der tollsten Karnevalsfeste gewesen, das er je erlebt habe, sagte der Stargast. Nicht zuletzt habe ihn ungeheuer beeindruckt, daß alles ohne Gewalt, Aggression, Zorn oder Feindseligkeiten unter den Leuten verlaufen sei. Auf ihn als Künstler, fügte Harry hinzu, hätte das Publikum reagiert wie überall auf der Welt. Die Kubaner seien warmherzig, sehr aufgeschlossen gewesen, hätten den «Bananaboat-Song» mitgesungen, gelacht und getanzt.

Noch Jahre danach schwärmte Harry von den Weltfestspielen der Jugend und Studenten 1978 in Havanna, die zu seinen aufregendsten Erfahrungen zählten. Das friedliche und fröhliche Zusammenleben junger Menschen unterschiedlichster politischer Ansichten, Rassen und Religionen war für Belafonte die begeisternde Vision einer künftigen, glücklichen Menschheit.

Das kubanische Fernsehen produzierte mit dem berühmten Gast den Dokumentarfilm «Manchmal betrachte ich mein Leben». Als Rahmen diente ein sehr persönlich gehaltenes Interview mit Harry Belafonte, das ergänzt wurde durch Filmausschnitte, alte Fotos und an-

*Harry und seine Frau Julie waren auch Gäste
des Internationalen Filmfestivals im Rahmen
der Weltfestspiele 1978 auf Kuba.
Alfredo Guevara, stellv. Minister
für Kultur, empfing sie zu einem Gespräch*

deres authentisches Material. Eine eindrucksvolle Arbeit, die international Interesse und Anerkennung fand.

«Ich glaube», antwortete Harry Belafonte auf eine Frage des Reporters, «daß mein Aufenthalt in Kuba auf mich die größte Wirkung seit Jahren hatte, seit der Bewegung der Bürgerrechte und der Antikriegsbewegung. Und ich werde immer in die Kubas der Welt zurückkehren. So wenig es auch noch sein mögen, aber sie bedeuten viel. Ein großer Teil meines zukünftigen Lebens wird durch Erfahrungen geprägt sein, die ich in Ländern wie Kuba sammle.»

«Turn The World Around»

Die inzwischen mehr als zehn vergangenen Jahre haben auf vielfältige und in bewundernswerter Weise gezeigt, wie konsequent bei Harry Belafonte Worte und Taten übereinstimmen. Obwohl die Rassisten und politisch Mächtigen in den USA nichts unversucht ließen, auch ihn einzuschüchtern.

Wenige Wochen nach seiner Rückkehr aus Havanna gab er ein Gastspiel innerhalb der Vereinigten Staaten. Die Maschine war zu ihrem Inlandflug bereits gestartet, an Bord Harry, Julie und die ganze Gruppe. Alle waren in bester Stimmung. Sie hatten sich gerade abgeschnallt und es sich in ihren Sitzen bequem gemacht, da leuchtete vorn erneut die Schrifttafel auf: FASTEN THE SEAT BELTS!

Unter den Passagieren kam Unruhe auf. Wieder anschnallen? Weshalb denn? Als die Maschine unvermutet in Schräglage ging, schrie eine Frau hysterisch auf. Die an den Fenstern saßen, starrten wie gebannt nach unten. «Wir fliegen ja zurück!» rief plötzlich jemand. Da meldete sich der Captain aus dem Cockpit über den Bordfunk und versuchte, die Leute zu beruhigen. Aus technischen Gründen müsse er umkehren, sie würden in wenigen Minuten wieder landen. Es bestünde jedoch keinerlei Grund zur Besorgnis. Er appellierte an alle Passagiere, sich besonnen und diszipliniert zu verhalten.

Später klärte sich die Sache auf: Kurz nach dem Start hatte der Tower einen anonymen Anruf erhalten. Ein Mann hatte der Bodenkontrolle gedroht, er werde die Maschine mit dem «kommunistischen Nigger» per Fernzündung in die Luft jagen. Das Flugzeug wurde also nach

San Franzisko zurückgeleitet, alle mußten von Bord gehen. Löschzüge der Feuerwehr und Krankenwagen standen schon bereit. Das Gepäck wurde auseinandergenommen, eine große Suchaktion begann. Man fand keine Bombe.

An gewissen Symptomen – er hatte ja inzwischen genügend einschlägige Erfahrungen – bemerkte Harry Belafonte in der Folgezeit, daß Experten des FBI ihn offensichtlich erneut unter die Fittiche genommen hatten. Und mit der Post kamen wieder Drohbriefe. Gehässig und ausfallend kündigten anonyme Absender Mordanschläge an, die «aussehen würden wie ein Unfall». Man werde die Theater in die Luft sprengen, in denen Belafonte arbeite, oder auch seinen Kindern oder seiner Frau etwas antun.

Das alles gehörte offenbar schon zum politischen Klima in den Vereinigten Staaten am Vorabend der Präsidentschaft von Ronald Reagan. Natürlich ließen solche hinterhältigen Angriffe den populären Bürgerrechtskämpfer und Künstler nicht gleichgültig. Selbstverständlich bereitete ihm das Kesseltreiben der Rassisten manche schlaflose Nacht, machte er sich Sorgen, vor allem um die Sicherheit seiner Familie, war das alles beunruhigend und belastend, und der ständige psychische Druck erschwerte ihm die Arbeit – doch ebenso selbstverständlich ließ sich Harry Belafonte weder durch Psychoterror noch durch die Androhung direkter Gewalt einschüchtern oder gar beirren, den Weg mutig und konsequent weiterzugehen, den er als einzig sinnvoll und richtig erkannt hatte.

Es war ihm nicht nur wichtig, sich selbst treu zu bleiben. Auch seinen schwarzen Brüdern und Schwestern, allen Unterprivilegierten überhaupt, die im Grunde ähnlich empfanden wie er, es aber nicht wagten, offen aufzutreten, wollte und will Harry Belafonte Mut machen, sich auf die eigenen Kräfte zu besinnen. «Wenn an meinem Leben etwas beispielhaft sein sollte», sagte Harry, «dann sollten diese Menschen verstehen, daß man für soziale und menschliche Ziele kämpfen kann und trotzdem überlebt. Wenn man nichts dazu beiträgt, die Probleme zu lösen, wird man selber ein Teil des Problems.»

Reagans Regierungsprogramm hatte zunächst innenpolitisch verheerende Folgen. Das betraf nicht nur drastische Kürzungen der Sozialausgaben, etwa im Gesundheitswesen und im Schulspeiseprogramm für Kinder, die wenigstens auf diese eine sichere Mahlzeit am Tag dringend angewiesen waren. Arbeitslosigkeit und Wohnungsnot vor allem unter der schwarzen Bevölkerung nahmen unter Reagan deutlich zu. In der täglichen Praxis der Behörden, der Personalpolitik der Unternehmen usw. wurde es üblich, das noch von Präsident John F. Kennedy vorbereitete und von seinem Nachfolger Lyndon B. Johnson 1964 verabschiedete Bürgerrechtsgesetz auf jede nur denkbare Art zu unterlaufen. Durch dieses Gesetz war in den Vereinigten Staaten u. a. die Rassendiskriminierung im öffentlichen Leben oder am Arbeitsplatz verboten worden.

Reagan verwandelte den Obersten Gerichtshof wieder in ein rechtskonservatives Gericht zum Nachteil der Schwarzen, der Armen, der Frauen und aller anderen, denen das Gericht grundsätzlich feindlich gesonnen war. Als einen Rückfall in die Zeiten McCarthys charakterisierte Harry Belafonte das von Reagan seinerzeit im Kongreß der USA vorgelegte Gesetz, das dem amerikanischen Geheimdienst CIA erlaubte, unter Umgehung aller gültigen Gesetze heimlich in das Leben eines jeden amerikanischen Bürgers einzudringen.

Doch nicht nur Reagans Innenpolitik war inhuman

und gefährlich. Wie nie zuvor setzte dieser Präsident als Vollstrecker des Willens des mächtigen militärisch-industriellen Komplexes der Finanzelite der USA in der Außenpolitik auf nukleare Abschreckung und harte Konfrontation, besonders gegenüber der Sowjetunion und den anderen sozialistischen Staaten. Der auf Drängen Washingtons zustande gekommene Hochrüstungsbeschluß über die Stationierung von atomaren Mittelstreckenraketen des Typs Pershing II und Cruise Missiles in der BRD, Belgien, den Niederlanden, Dänemark und in weiteren NATO-Staaten löste eine internationale Protestbewegung aus.

Zu jenen, die mutig und mit bewunderswertem Engagement diese teuflischen Pläne der Reaganadministration in den USA sofort und öffentlich verurteilten, gehörte Harry Belafonte. Auflagenstarke Zeitungen und Magazine in den Vereinigten Staaten spekulierten daraufhin damals, es habe den Anschein, der prominente Bürgerrechtler und international gefeierte schwarze Künstler wolle Senator werden, offenbar ganz in die Politik einsteigen wie sein Kollege Ronald Reagan.

Harry konterte, er trage sich nicht mit solchen Absichten, sein Metier sei die Kunst, wobei er hoffe, nie so ein lausiger Schauspieler gewesen zu sein wie Ronald Reagan. Im übrigen sei er bereits Präsident: und zwar Präsident der internationalen Vereinigung «Performers and Artists for Nuclear Disarmament» (P.A.N.D. – Schauspieler und Künstler für nukleare Abrüstung), der hervorragende Kulturschaffende der USA wie Jane Fonda, Pete Seeger und Paul Newman angehörten, aber auch Stars aus anderen Ländern wie Liv Ullmann, Bibi Anderson, Bernhard Wicky und viele andere.

In der von P.A.N.D. veröffentlichten Erklärung hieß es u. a.: «Seit Hiroshima, seit Nagasaki bedroht uns der

*Dortmund, November 1981: Keine US-Raketen in Europa!
Dietmar Schönherr übersetzt Harrys Statement*

Atomkrieg. Die Stationierung von Pershing II und Cruise Missiles in der Bundesrepublik Deutschland und Westeuropa wird das schon jetzt nicht zu kontrollierende Wettrüsten weiterhin steigern. Als Mitglieder von P.A.N.D.-International sehen wir unsere Aufgabe darin, unsere künstlerischen Fähigkeiten einzeln und gemeinsam dafür einzusetzen, daß die Sinne unseres Publikums für ein Erkennen des nuklearen Wahnsinns sensibilisiert werden ...

Wir müssen deutlich machen: In einem Atomkrieg gibt es keine Sieger ... Wir fordern, daß mit dem stufenweisen Abbau aller Massenvernichtungswaffen begonnen wird bis zu deren endgültigen Beseitigung ...»

Am 21. November 1981 kam es zu einer zweiten Begegnung zwischen Harry Belafonte und dem Autor dieses Buches. Das war in der Dortmunder Westfalenhalle zur Abschlußveranstaltung des 2. Forums der Krefelder Initiative. Die Veranstaltung stand unter dem Motto: Künstler für den Frieden.

Sein dunkles Kraushaar war inzwischen grau gesprenkelt, seine Taille nicht mehr ganz so schmal, doch in den Augen blitzte das gleiche jungenhafte Lachen. Aber irgendwie wirkte Harry Belafonte anders, ernster, nachdenklicher. «Ich bin jetzt vierundfünfzig Jahre alt», sagte er damals, «seit drei Jahren Großvater. Ich finde das Leben aufregender denn je, aber ich bin auch beunruhigter als früher.»

Er war extra aus den Staaten eingeflogen, um gemeinsam mit der Afrikanerin Lettà Mbulu, mit Dietmar Schönherr, Dieter Süverkrüp, Erika Pluhar, Curt Bois, Hanna Schygulla, Esther Bejarano, F. J. Degenhardt, André Heller, Udo Lindenberg und vielen anderen sein Bekenntnis abzulegen zur wichtigsten Frage unserer Zeit.

«Wir wissen in den Vereinigten Staaten, was es heißt, zu kämpfen», rief er den Tausenden zu. «Wir kämpfen dort unser Leben lang: die Schwarzen, die Indianer, die Spanischstämmigen, die verarmten Weißen, die Studenten. Wir kämpfen für die Bürgerrechte, wir kämpfen für die Menschenrechte, wir kämpfen für unsere sozialen Rechte, und wir haben dafür gekämpft, dem Krieg in Vietnam ein Ende zu setzen. Und jetzt kämpfen wir dafür, daß endlich Schluß gemacht wird mit dieser verdammten, sinnlosen Anhäufung von Nuklearwaffen in der ganzen Welt, die nur dazu führt, daß Bruder sich gegen Bruder wendet, Nation gegen Nation. Es ist an der Zeit, allen politisch Verantwortlichen in der Welt zu sagen: Laßt uns dem Krieg ein Ende setzen! Laßt uns den Frieden für allezeit machen! Es ist an der Zeit!»

Die junge afrikanische Sängerin Letta Mbulu

In sein Programm hatte Harry 1981 erstmalig einen zornigen, aktuellen politischen Song eingebaut, die alte Gospel-Melodie «Goin' Down Jordan» mit einem neuen, bissigen Text. Dieses Lied sang er auch in der Dortmunder Westfalenhalle. Der Teufel trägt viele Kleider und verschiedene Namen, hieß es in dem Song, und ihr, die ihr auf der «Straße zum Himmel» unterwegs seid, achtet auf ihn. In den Vereinigten Staaten von Amerika verrichtet der Teufel heute sein größtes Unheil. Manchmal nennt er sich Alexander Haig, manchmal auch Caspar Weinberger, und er behauptet, er sei Verteidigungsminister. Gebt auf ihn acht! Und der größte Teufel von allen ist Ronald

*Bei der Friedensdemonstration am 10. Oktober 1981
in Bonn diskutierte Harry Belafonte
mit Wehrpflichtigen*

Reagan – dieser Teufel läuft Amok in El Salvador, in Guatemala, in Chile, Nikaragua und in Südafrika, und er ist dabei, ganz Europa in eine Hölle zu verwandeln. Gebt auf ihn acht! Sonst werdet ihr auf der «Straße zum Himmel» niemals an euer Ziel gelangen.
Durchkreuzt die Pläne des Teufels!
Laßt die Welt sich in Frieden drehen,

Laßt die Welt sich ohne Hunger drehen,
Laßt die Welt sich ohne Rassismus drehen.
Laßt es keine Neutronenbombe in den USA geben!
Laßt es keine Neutronenbombe in der Sowjetunion geben!
Laßt es keine Neutronenbombe in Deutschland geben!
Laßt es nirgendwo in der Welt eine Neutronenbombe geben!
Laßt dies eine Welt des Friedens sein! Scher dich in die Hölle, Teufel, hau ab, wir haben keine Verwendung für dich.

Einen Monat zuvor, am 10. Oktober 1981, war Harry Belafonte eingeladen worden, an der Friedensdemonstration in Bonn teilzunehmen. Dieses denkwürdige Erlebnis hat ihn tief berührt. Und nachdem er in Bonn aufgetreten war und sich mit den Deutschen in der Sache des Friedens solidarisieren konnte, war er gespannt darauf, das deutsche Publikum bei seinen weiteren Shows zu erleben. «Man hatte ja vorher nichts gewußt über meine politischen Aktivitäten», sagte Harry, «und auch nichts über meine Vergangenheit. Und jetzt erlebte ich sowohl eine starke Anerkennung als Künstler als auch eine große Anerkennung dafür, daß ich Stellung bezogen hatte. Ich werde nie vergessen, wie das Publikum reagierte und wie es mich unterstützt hat, besonders aber, wie stark seine Reaktion auf alles war, was ich auf der Bühne gegen Reagan, gegen den Krieg, für den Frieden und für den Zusammenhalt aller Menschen dieser Welt gesagt habe.»

Er war dann fast nur noch unterwegs, vor allem in Europa, um die Menschen für den Kampf gegen das drohende atomare Inferno zu mobilisieren. Am 11. September 1982, auf der Großveranstaltung «Künstler für den Frieden» in Bochum, hob Harry Belafonte in einer leidenschaftlichen Rede die besondere Verantwortung aller

*Die Verantwortung aller Kunstschaffenden
für das Schicksal der Menschheit betonte
Harry Belafonte am 11. September 1982
auf einer Großveranstaltung in Bochum*

Kunstschaffenden für das Schicksal der Menschheit hervor. «Die Welt kann es sich einfach nicht mehr leisten», betonte der Gast aus den USA, «diese Verantwortung den Generälen, Politikern und Bürokraten zu überlassen, die auf einer Politik der Konfrontation bestehen und auf überholten Denkweisen, die stets Kriege zur Folge hatten und sie nie verhinderten ...

Heute ist es eine unabdingbare Notwendigkeit, daß sich alle Menschen guten Willens weltweit zu einer Massenbewegung zusammenschließen, die Landesgrenzen überwindet, die Rassenschranken überwindet: ein internationales Bündnis, damit die Menschen überall verstehen, daß sie persönlich verantwortlich sind für die Kinder der Zukunft und verantwortlich sind für das Überleben aller Lebewesen. Um hieran glauben zu können, müssen die Menschen die Wahrheit erfahren, muß man ihnen die Wahrheit sagen. Und hierin liegt nicht nur die Macht des Künstlers, sondern auch die Schönheit von Kunst. Gefühle spielen im Verhalten der Menschen zueinander eine große Rolle. Und gerade Künstler haben die Möglichkeit, diese Gefühle zu beeinflussen, sie sind Beschützer der Geschichte, Hüter der Wahrheit ... Wir als Künstler müssen den Mut aufbringen und unser künstlerisches Vermögen einsetzen, um unsere Gesellschaften – ganz gleich, welche politische Form sie haben – zu verändern, so daß sie sich für das Leben einsetzen statt für den Tod. Das ist unsere Pflicht, das ist unsere moralische Verantwortung ...»

Eindringlich sprach Harry Belafonte sodann über die Situation in den USA. «Im Gegensatz zu anderen Ländern der Welt hat mein Land, die Vereinigten Staaten von Amerika, noch nie die Verwüstungen eines massiven militärischen Konflikts erlitten. Deshalb ist die Gefahr eines Krieges so fremd für die amerikanische Vorstellungs-

*Herzliche Begrüßung des Ehepaares Belafonte
in der Hauptstadt der DDR*

welt. Und viele von uns werden auch dahin gebracht, zu glauben, daß wir einen Atomkrieg überleben könnten. Und man hat uns beigebracht, daß wir nie sterben. Wir leben ein Leben wie in einem gewaltigen Hollywood-Film. Und der Hauptdarsteller dieses schlechten Films ist ein unseriöser Schauspieler namens Ronald Reagan.

In dem vorgegebenen Drehbuch hat man ihm die Rolle des Präsidenten übertragen ... Und wie in allen Western verlangt er das große Duell – einen Schußwechsel, in dem er siegt und alle Amerikaner überleben – das versucht er dem Volk der USA weiszumachen. Ich habe nichts gegen Ronald Reagan persönlich. Was ihn so gefährlich macht, ist die Tatsache, daß er die Hand am Auslöser der Atombombe hat ...»

*Auftritt vor 4000 jungen Menschen
im Palast der Republik*

Und als er dann eines der neuen Friedens- und Protestlieder anstimmte, «Turn The World Around» (Dreh die Welt herum), sangen Tausende mit dem schwarzen Friedens- und Bürgerrechtskämpfer aus den USA diesen aufrüttelnden Appell an die Völker, den Kräften der Gewalt, der Angst und Zerstörung die gemeinsame Kraft der Vernunft, der Liebe und Menschlichkeit entgegenzusetzen.

Im Herbst 1983 war Harry Belafonte vielumjubelter Gast in der Hauptstadt der DDR.

Atemlose Stille herrschte im Berliner Palast der Republik an jenem Oktobertag. Auf der riesigen Bühne sangen zwei dunkelhäutige Amerikaner ein Lied, eine schlichte Melodie, die unter die Haut ging.

Ein Kind, ein Mädchen, hielt ein Bilderbuch in seinen Händen, blätterte erstaunt die Seiten um und bat: Papa, Papa, komm und schau ... Zerbrechlich-zart die Kinderstimme, rauh, doch voller Wärme die des Vaters. Die Kleine wußte nicht, was eine Mutter ist, grünes Gras, und andere Menschen als ihren Papa hatte sie noch nie gesehen, Vögel in der Luft und Kühe auf der Wiese waren ihr unbekannt, deshalb betrachtete sie voller Staunen die Bilder in ihrem Buch, fragte, was das alles sei, wo sie es finden könne.

Der Vater, ebenso bekümmert wie ratlos, bat sie immer wieder: Komm weg, meine Linda, komm herein und schließ die Tür. Und er erklärte dem Mädchen die rätselhaften Bilder des Buches: Das alles gehörte zum Leben, bevor sie Krieg machten ...

«Before The War» – im Duett gesungen mit der hochbegabten jungen farbigen Amerikanerin Dianne Reeves – gehörte zu den eindrucksvollsten Songs von Harry Belafonte auf dem Massenmeeting der Jugend der DDR unter dem Motto «Für den Frieden der Welt» am 25. Oktober 1983, an dem Künstler aus neun Ländern Europas und Amerikas teilnahmen. Die grauenvolle Vision der Welt nach einem alles verheerenden Atomkrieg, und irgendwo zwei zufällig Übriggebliebene, die nichts Vertrautes mehr erkennen.

Wohl keiner, der das Glück hatte, den Weltstar in Berlin auf der Bühne oder am Bildschirm zu erleben, wird diesen Tag je vergessen. Herzlich, bescheiden, ernsthaft, aber auch zu Scherzen aufgelegt und wohl nicht zuletzt deshalb auf geradezu suggestive Art überzeugend, erfüllt von seiner Mission, einem Sendungsbewußtsein, das mit Religion nichts zu tun hat, gewann Harry Belafonte im Nu die Herzen des Publikums.

Nun konnten ihn viele zum erstenmal selbst bei der Arbeit beobachten. Seine Bewegungen waren sparsam, rhythmisch, sein Tanz oft nur angedeutet, fließend und graziös. Zwischen den einzelnen Darbietungen gab es immer wieder Beifallsstürme. Doch der berühmte Weltstar war auch Partner – weder Dianne Reeves noch seinen makellos und mit Spielfreude singenden Gospelchor oder die anderen Mitwirkenden der Mammutveranstaltung spielte er an die Wand. Als die zierliche Amerikanerin ihr Solo hatte, setzte sich Harry abseits im Hintergrund auf eine Kiste und hörte aufmerksam zu. Als er beim Abgang dem greisen Wolfgang Heinz begegnete, reichte er ihm spontan den Arm und geleitete den damaligen Nestor der Schauspielkunst unseres Landes fürsorglich über Kabel und andere kleine Hindernisse zur Mitte der Bühne.

Die anrührenden und wirkungsvoll interpretierten Songs des Gastes aus den USA klangen nach in den Herzen und Hirnen, blieben bis heute im Ohr. Diese Stimme der Hoffnung repräsentierte das andere Amerika.

An den ermordeten Kampfgefährten und Freund erinnerte sein einfühlsames, von Trauer und Zuversicht erfülltes Lied «My Brother Martin Luther King». Gerade

Herzlicher Empfang in der Akademie der Künste der DDR

an jenem Tag war die Schreckensnachricht vom Überfall auf Grenada um die Welt gegangen. Bevor Harry «Island In The Sun» anstimmte, erklärte er: «Ich widme dieses Lied dem Volk der Insel Grenada in dem Bewußtsein, daß es eines Tages wirklich frei sein wird.» Und zum Abschluß erklang das beschwörende «Peace On Earth» (Friede auf Erden).

Der 56jährige Star sah noch immer bemerkenswert jung aus, wirkte entspannt, elastisch und hellwach. Freundlich und mit schier grenzenloser Geduld beantwortete Harry Belafonte bei einem anschließenden lockeren Empfang – es ging auf Mitternacht – die Fragen der zahlreichen Vertreter in- und ausländischer Medien. Dabei lag ein äußerst anstrengender Tag hinter ihm.

*Akademiepräsident Prof. Manfred Wekwerth
überreicht Harry Belafonte die Berufungsurkunde
als Korrespondierendes Mitglied der AdK*

Höhepunkt des Vormittags war eine persönliche Ehrung in der Akademie der Künste der DDR gewesen. Eine Plenartagung dieser international geachteten und anerkannten Institution hatte den amerikanischen Schauspieler und Sänger im Juni 1983 zum Korrespondierenden Mitglied gewählt. Nun nahm Harry Belafonte die Berufungsurkunde entgegen. In seinen bewegten Dankesworten erinnerte der Junge aus Harlem an Paul Robeson, an Erwin Piscator und andere Persönlichkeiten, die eine tiefgehende Wirkung auf sein Leben gehabt hätten, einen großen Einfluß auf sein Herz und seine Gedanken und die ebenfalls von dieser Akademie geehrt worden seien.

Ihnen werde er sich auch künftig eng verbunden und verpflichtet fühlen, ihr Geist lebe nicht nur in der Akademie weiter, sondern auch in den Herzen und Hirnen von Millionen Menschen, die den Traum wahr werden lassen, den sie uns hinterlassen hätten.

Auf einer internationalen Pressekonferenz war Harry Belafonte zuvor mit der Nachricht konfrontiert worden, eben in dieser Stunde würden Truppen der USA in Grenada einfallen. «Ich bedaure zutiefst dieses Ereignis», sagte Harry, sichtlich bestürzt und betroffen. Er kenne diese Insel schon seit fast dreißig Jahren, habe dort als Künstler gearbeitet und sei – wie viele seiner Freunde – beeindruckt gewesen von Maurice Bishop und dessen Mitstreitern, die Grenada von einem unbarmherzigen Diktator befreit hätten. In den vergangenen Jahren hätten die USA – wie gegenüber jedem Land in diesem Gebiet, das ausgeschert sei und sich die Unabhängigkeit erkämpft habe – nichts weiter als Rache im Schilde geführt. Er bedaure die USA-Präsenz in Grenada, in Nikaragua, in El Salvador, in Honduras, in Chile und an so vielen anderen Orten der Welt, wo die Menschen leben wollten, frei von Unterdrückung.

In offenkundig provokatorischer Absicht warf der Korrespondent einer großen BRD-Zeitung den Namen Afghanistan in den Raum. Harry Belafonte zögerte keine Sekunde. Er bedaure die Präsenz der UdSSR in jenem Land, äußerte er sehr ruhig. Dennoch fühle er sich im Friedenskampf mit allen verbunden, die nach neuen Antworten für ihr Leben suchten, die neue Wege suchten für die Lösung ihrer Probleme, auch in der Sowjetunion. Auch dort habe man Fehler gemacht, und gewiß werde man versuchen, diese Fehler nicht zu wiederholen.

Nachhaltig warnte Harry Belafonte als Sprecher des anderen Amerika vor einer paranoiden Haltung gegenüber dem Osten und einer Verdammung des Kommunismus als des Grundübels der Welt. Gewalt, welcher Provenienz auch immer, habe nie zur Lösung von Problemen beigetragen, Vernunft und verhandeln seien die einzigen Alternativen, und so kämpfe er mit den kommunikativen Mitteln eines Künstlers gegen Pershing II und SS 20 gleichermaßen und auch dafür, dies offen aussprechen zu können.

Die gedankliche Nähe dieser Grundhaltung des schwarzen amerikanischen Künstlers, Friedens- und Bürgerrechtskämpfers Harry Belafonte mit Überlegungen, wie sie gut ein Jahr später Michail Gorbatschow in seinem aufsehenerregenden Werk «Umgestaltung und neues Denken für unser Land und für die ganze Welt» der internationalen Öffentlichkeit unterbreitet hat, ist beachtlich. Und ohne Zweifel hat die Welt es auch Männern wie Belafonte zu verdanken, daß sich Ronald Reagan in der Endphase seiner Präsidentschaft gezwungen sah, den ersten Repräsentanten der Sowjetunion in den USA zu Abrüstungsverhandlungen zu empfangen und gemeinsam mit ihm bedeutungsvolle Abkommen zu unterzeichnen, die u. a. die Verschrottung der noch 1983 so heiß bekämpften Pershing II, Cruise Missiles sowie auch der SS 20 und aller Mittelstreckenraketen vorsehen. Schließlich reiste Reagan sogar in die Sowjetunion, die er kurz zuvor in den USA-Medien noch als «Reich des Bösen» verteufelt hatte. In Moskau blieb ihm gar nichts anderes übrig, als seine verbohrten antikommunistischen Ansichten – zumindest der Presse gegenüber – leicht beschämt zu korrigieren.

Der Gang der Ereignisse nach den weltweiten Protesten gegen weitere US-Mittelstreckenraketen in Westeuropa hat Harry Belafonte einmal mehr als einen ebenso sensiblen wie realen politischen Denker ausgewiesen.

Bei dem erwähnten Empfang nach einem überaus ereignisreichen Tag Ende Oktober 1983 im Palast der Republik auf dem Berliner Marx-Engels-Platz saßen wir noch lange in zwangloser Runde zusammen. Weshalb er sich als amerikanischer Bürgerrechtskämpfer eigentlich so unerhört für die Friedensbewegung in Mitteleuropa engagiere, wollte ein Mädchen, offenbar eine Studentin, wissen. Harrys Antwort war denkbar kurz. Die Leute, die uns die Bürgerrechte absprechen, sind genau die selben Leute, die die Vernichtung aller Atomwaffen und überhaupt eine radikale Abrüstung verhindern, also die selben Leute, die den Weltfrieden ablehnen.

Und dann sagte er nachdenklich, nun doch leicht erschöpft von den Strapazen dieses Tages: «Wahrscheinlich werden sie sie aufstellen, die Pershings und Cruise Missiles, vorläufig jedenfalls, trotz aller Proteste. Aber wir dürfen deshalb nicht entmutigt sein, sondern müssen im Gegenteil den Kampf verstärkt fortsetzen. Alles, was den Dialog am Leben erhält, alles, was Angst und Mißtrauen wegnimmt und das Verstehen, die Verständigung fördert, das unterstütze ich. Und auf diesem Wege, da bin ich sicher, werden die Atomraketen eines Tages aus Europa auch wieder verschwinden.»

Julie Belafonte trat zu ihm heran. Mit freundlichem Charme, der keinen Widerspruch duldete, gab sie zu verstehen, daß ihr Harry nun endlich erst mal etwas essen müsse, und dann möge man Verständnis haben, sie möchten in ihr Hotel, ihr Mann brauche Ruhe. Belafonte stand folgsam auf, hob zur Runde hin mit freundlich-komischem Lächeln die Schultern, reichte Julie galant den Arm und ließ sich von seiner Frau widerstandslos entführen.

Wir sind die Stimme
von Millionen

Als Harry Belafonte zu sich kam, dauerte es eine Weile, bis ihm bewußt wurde, wo er sich befand. War er eingeschlafen? Hatte er geträumt? Wieviel Zeit war vergangen? Jetzt hörte er ihn wieder, ganz deutlich, den trillernden Lockruf des Schwarzen Milans im vielstimmigen Chor. Das Geräusch, das ihn vermutlich geweckt hatte. Er sah hinauf zum wolkenlosen Himmel und bewunderte den eleganten Flug dieser dunkelbraunen, falkenartigen Greifvögel, die zum Überwintern wasserreiche Gebiete im südlichen Afrika bevorzugten und sich wie alljährlich im März auch in Moçambique in Riesenschwärmen zum Rückflug nach Europa sammelten.

Die Sonne stand schräg inzwischen, die Bäume warfen lange Schatten. Ein kühler Lufthauch ließ ihn leicht frösteln. Die Farben der Blätter und Blüten des Buschwaldes, der die Lichtung umsäumte, hatte sich mit der geringeren Intensität des Lichtes auffallend verändert. Doch er saß an diesem späten Märztag 1988 noch immer auf seinem derben Holzstuhl, mitten im Lhangueni-Jugendzentrum unweit der Hauptstadt Maputo in der Volksrepublik Moçambique, im Südosten Afrikas.

In solchen stillen Minuten betrachtete Harry, der Junge aus Harlem, manchmal sein Leben, und es vermischten sich Gedanken, Träume und Wirklichkeiten. Vieles, was ihm widerfahren war, kam ihm ganz logisch und selbstverständlich vor, anderes war für ihn rückblickend überraschend, seltsam, irgendwie unreal. Fragen tauchten auf: War es alles richtig, was er getan hatte?

Was hätte er besser machen können? War wirklich er es, der das alles erlebt hatte? Wieso war gerade sein Leben so und nicht anders verlaufen? Es hätte doch durchaus auch ganz anders sein können. Oder nicht? Er selbst konnte es sich zwar gar nicht anders vorstellen, und dennoch fand er manchmal schwer heraus, wer er eigentlich war, was ihn – anscheinend unabhängig von seinem Willen – bewegte, so und nicht anders zu handeln, so zu sein, wie er nun einmal war.

Das eigene Leben erschien ihm mitunter rätselhaft. Aber das beunruhigte ihn nicht. Oftmals betrachtete er es mit den Augen eines Unbeteiligten, war er quasi Akteur und Zuschauer in einer Person. Das war so eine Gewohnheit, fast ein Reflex, der sich noch von der Schauspielschule her eingeschliffen hatte. Selbstkontrolle nannten sie das. Und die «Rolle», in der er sich sah, fand Harry Belafonte alles in allem interessant, mitunter aufregend, in jedem Fall sinnvoll.

Da war er also tatsächlich eingeschlafen, am hellichten Tage. Die kurze, nächtliche Rast unterwegs im bescheidenen Hotel hatte ihn wenig erquickt. Seinem Kreislauf machten die Temperaturschwankungen zunehmend zu schaffen. Das war immer so gewesen, wenn er nach Afrika kam, doch ihm schien, als sei er in jüngster Zeit weniger robust als früher. Deine 61 Lenze, alter Knabe, machen sich dann und wann eben doch bemerkbar, ging es Harry durch den Kopf. Selbstironie tat ihm meistens gut. Weshalb mußte er sich auch nach wie vor dauernd in der Welt herumtreiben?

Hatte er zu Hause in New York nicht eine geräumige Wohnung, geschmackvoll eingerichtet? Mit einer Sammlung afrikanischer Skulpturen und Kunstgegenstände, die Julie und ihm immer wieder Freude machten und jeden Gast der Belafontes faszinierten? Mit dem Musikzimmer, dessen Wände Bilder und gerahmte Partituren von Mozart, Beethoven, Brahms und anderer berühmter Tonkünstler schmückten? Mit der kleinen Bibliothek schließlich, darin als besondere Kostbarkeiten Originalmanuskripte des amerikanischen Dichters Walt Whitman und des Psychoanalytikers Siegmund Freud? – Und doch hielt es ihn nie lange in der Behaglichkeit der eigenen vier Wände.

Denn neben Zeugnissen der Weltkultur, neben der reinen Freude am Schönen, gab es in seiner Wohnung auch Zeugen, die zeitferne Beschaulichkeit nicht duldeten, die zum Handeln mahnten. In einer Nische hingen Aufnahmen von John und Robert Kennedy und von seinem Freund Martin Luther King. Bilder einer Epoche der Hoffnung in der Geschichte der USA, zu deren Mitarchitekten er sich zählte und die mit der Ermordung dieser drei hervorragenden Protagonisten zu Ende gegangen war. Diese Nische war für Harry so etwas wie ein ganz persönlicher Altar, vor dem er innere Einkehr und Zwiesprache hielt, sich Rechenschaft ablegte und aufkommende Trägheit der Seele und des Körpers, die auch ihn von Zeit zu Zeit in verführerischsten Gewändern lockte, rigoros verscheuchte.

Hier holte er sich Kraft und immer wieder neue Motivation. Neben den Bildern der Kennedys erinnerte der Wortlaut des noch von John eingebrachten und nach seinem gewaltsamen Tode verabschiedeten Bürgerrechtsgesetzes daran, daß ihr Leben und Sterben nicht umsonst gewesen war. Und neben der letzten Aufnahme seines Freundes und Kampfgefährten Dr. King, der einst skrupellos verleumdet und vom FBI zum Staatsfeind Nr. 1 erklärt worden war, konnte jeder die amtliche Verlautbarung nachlesen, der zufolge man den 16. Januar – den Geburtstag Martin Luther Kings – seit 1986 für das ganze Land zum offiziellen Feiertag bestimmt hatte. Das hätte sich vor 20 Jahren niemand träumen lassen.

Rassendiskriminierung in den Vereinigten Staaten war inzwischen kein Problem mehr, das auf den ersten Blick ins Auge sprang. Schwarze und Weiße verkehrten scheinbar wie selbstverständlich miteinander. Afroamerikaner waren heute in allen Berufsgruppen und sozialen Schichten vertreten, in den sogenannten oberen allerdings deutlich unter ihrem Anteil an der Gesamtbevölkerung. Vielen kleinen Orten, aber auch Großstädten wie Detroit, Atlanta, Los Angeles, Chicago und Washington stand ein Schwarzer als Bürgermeister vor. Auch von all diesen Dingen hatte Martin Luther King einst geträumt.

Das bedeutete beileibe nicht etwa, daß es in den USA keinen Rassismus mehr gab. Jeder vierte arbeitslose Amerikaner war ein Schwarzer. Und während «nur» 13,8 Prozent der weißen Teenager keinen Job hatten, waren von ihren schwarzen Altersgefährten 32,4 Prozent zum Nichtstun verurteilt. Und daß sich unter den Senatoren und Gouverneuren der Bundesstaaten noch immer kein Politiker mit schwarzer Hautfarbe befand, und daß – bei landesweit 12,2 Prozent Bevölkerungsanteil der Afroamerikaner – nur 5,5 Prozent der Abgeordneten des Repräsentantenhauses zum «Black Caucus», der schwarzen Gruppe, gehörten, war ebenfalls nicht zu übersehen.

Aber mehr noch beunruhigten Harry Belafonte und die demokratische Öffentlichkeit in den USA das Wiederaufleben des Ku-Klux-Klan, der sich bei seinen Aktionen neuerdings immer enger mit neofaschistischen Skinheads verbündet hatte. Teilnehmer eines Gedenkmarsches zu Ehren von Martin Luther King in Cumming, Bundesstaat Georgia, waren Mitte Januar 1987 von einer Horde Klananhänger und Skins überfallen, zusammengeschlagen und zum Teil lebensgefährlich verletzt worden. Die Rassisten hatten grölend verlangt, den nationalen Gedenktag für den 1968 ermordeten afroamerikanischen Bürgerrechtskämpfer wieder abzuschaffen.

Er war nun über sechzig, und es gab noch so viel zu tun. Nicht nur zu Hause in den USA. Auch die Arbeit von P.A.N.D.-International war noch nicht beendet. Aber bedeutende Teilerfolge hatte es auch hier gegeben. In der Sowjetunion und in den USA waren die ersten aus Europa abgezogenen Mittelstreckenraketen verschrottet, die atomaren Sprengköpfe entschärft worden. Im Beisein von Militärexperten beider Länder.

Wie mochte den Generalen in seinem Land zumute gewesen sein, als ihr gefährliches Mammutspielzeug in die Hochöfen wanderte? Empfanden auch sie ein befreiendes Aufatmen? Dämmerte auch ihnen, daß es Wichtigeres zu tun gab für die Menschheit, als in notorischer Verbohrtheit Massenvernichtungswaffen anzuhäufen und diesen Wahnsinn mit der Lüge von einer angeblichen Bedrohung aus dem Osten zu rechtfertigen? Macht aus unserem gefährdeten, noch immer vom atomaren Holocaust bedrohten Erdball endlich eine friedliche Welt, die auch für unsere Kinder, Enkel und Urenkel noch bewohnbar ist! Mit diesem Appell endete in Moskau eine Tagung des Exekutivkomitees von P.A.N.D.-International, die deren Präsident Harry Belafonte geleitet hatte.

In der Zeitschrift «Sowjetskaja Kultura» unterstrich der amerikanische Schauspieler und Sänger erneut die Verantwortung der Künstler im Kampf um nukleare Abrüstung, und er begrüßte den Vorschlag der UdSSR, alle auf der Welt existierenden Atomwaffen bis zum Jahre 2000 zu vernichten. Die Kunst habe einen großen Einfluß auf Herz und Verstand der Menschen, betonte Belafonte. Die Stimme des Künstlers sei eine starke und überzeugende Stimme. Die Menschen zu zwingen, über ihre

Zukunft, über die Zukunft der Erde nachzudenken, ihre Verantwortung für das Schicksal der Welt zu wecken – darin bestehe seiner Meinung nach in der Gegenwart die Mission der Künstler.

An der Vernichtung der ersten atomaren Mittelstreckenraketen durch die Großmächte USA und Sowjetunion hatte unzweifelhaft auch P.A.N.D.-International ihren Anteil. Das war nicht mehr nur ein Hoffnungsschimmer, das waren bereits reale Ergebnisse der kraftvollen, weltweiten Friedensbewegung und nicht zuletzt auch Ergebnisse des neuen politischen Denkens, das der neue Mann in Moskau, Michail Gorbatschow, in die Welt getragen hatte. Hinzu kamen erfreuliche Meldungen über enorme einseitige Truppenreduzierungen und drastische Kürzungen der Militäretats im Warschauer Vertrag, Beweise der Glaubwürdigkeit und des guten Willens, deren Beispiel sich auch die westliche Allianz auf Dauer nicht würde verschließen können. Die Senkung der Rüstungsbudgets aller Großmächte um nur 5 Prozent – so hatte UNICEF errechnet – würde bis zum Jahr 2000 über 50 Milliarden Dollar zur Linderung der Not auf der Welt freimachen.

Nun saß Harry Belafonte hier in Moçambique. Sein kleiner Freund Ernesto hatte ihn anscheinend vergessen beim fröhlichen Spiel mit seinen Kameraden. Der erschütternde Bericht des Jungen ging ihm nicht aus dem Kopf. Oh ja, es war noch ein verdammt weiter Weg auf der «Straße zum Himmel». Das wurde ihm immer wieder besonders schmerzhaft bewußt, wenn er auf dem schwarzen Kontinent war, in seinem geliebten, geschundenen Afrika.

In den letzten Jahren hatte er sehr viel Zeit in Afrika zugebracht. Hatte die Verwüstungen gesehen, die katastrophalen Folgen von Hungersnöten, die erbarmungswürdigen Zustände im Gesundheitswesen. Er war Augen-

Nelson Mandela und dessen Kampfgefährte Walter Sisulu auf dem Hof des Pollsmoor-Gefängnisses in Kapstadt

zeuge alarmierender Verbrechen geworden, begangen durch das Apartheid-Regime in Südafrika vor allem gegen die Frontstaaten, also jene Länder, die wie Moçambique an Südafrika grenzten. Und immer wieder hatte er erleben müssen, daß wehrlose Frauen und Kinder die Hauptopfer dieses unerklärten, grausamen Krieges waren.

Als die Bürgerrechtsbewegung der USA Ende 1984 eine landesweite Protestkampagne zur Verurteilung der unmenschlichen Regierung in Pretoria startete, gehörte Harry Belafonte zu den Organisatoren. In den folgenden Wochen wurden rund 700 schwarze und weiße Demonstranten verhaftet. Bei einem Schweigemarsch gegen das

Willi Brandt besuchte 1986 Winnie Mandela

südafrikanische Apartheidsregime am 31. Januar 1985 in Washington nahm die Polizei Harry Belafonte fest und führte ihn wie einen Schwerverbrecher ab.

Ein paar Monate später gründete er die Bewegung «USA for Afrika» und lud einige Künstlerkollegen ein, gemeinsam mit ihm etwas gegen den Hunger auf dem schwarzen Kontinent zu tun. Es entstand das Lied «We Are The World» (Wir sind die Welt), weitere Musiker und Sänger lieferten andere Songs. Der Reinerlöß der kostenlos produzierten Langspielplatte wurde gespendet. Eine eindrucksvolle Aktion der Solidarität von Stars des US-Show-Business mit der notleidenden Bevölkerung von Afrika. Und es geschah nicht nur das. Etwa zweihundert namhafte amerikanische Künstler unterstützten das Projekt zudem durch Geld- und Sachspenden. Mehr als 50 Millionen Dollar konnte Harry zur Linderung der Not hungernder Kinder in Afrika zur Verfügung stellen.

*In Rom, wo er im Auftrag von Winnie Mandela
die «Goldene Friedenstaube '87» entgegennahm,
traf Harry Belafonte auch mit dem bedeutendsten
lebenden Schriftsteller Italiens,
Alberto Moravia, zusammen*

Im Juni 1987 reiste der schwarze Weltstar nach Rom, um in Vertretung und im Auftrag von Winnie Mandela die «Goldene Friedenstaube» entgegenzunehmen. Mit diesem Preis ehrt das italienische Abrüstungsarchiv alljährlich eine internationale Persönlichkeit für besondere Verdienste um Frieden, Entspannung und die Durchsetzung der Menschenrechte. Der Frau des seit über 20 Jahren vom Apartheidregime eingekerkerten ANC-Führers Nelson Mandela hatte Pretoria das Visum für die Reise nach

Proteste gegen die Unterstützung Südafrikas durch die USA. An der Spitze der Demonstranten in Washington Harry Belafonte

Rom verweigert. – Ein Jahr später eröffnete Harry Belafonte im vollbesetzten Londoner Wembley-Stadion mit einem flammenden Appell das Mammutkonzert internationaler Stars zu Ehren des 70. Geburtstages von Nelson Mandela. Mehrere Fernseh- und Radiostationen der USA sendeten während der Übertragung der Aufzeichnung des Mandela-Konzerts anstelle der politischen Statements von Belafonte, Little Steven, Whoopi Goldberg und Peter Gabriel Coca-Cola Werbung und andere Reklame.

Ebenfalls 1988 beteiligte sich der schwarze Bürgerrechtskämpfer an einem Symposium in Athen, auf dem prominente Künstler, Schriftsteller und Filmschaffende

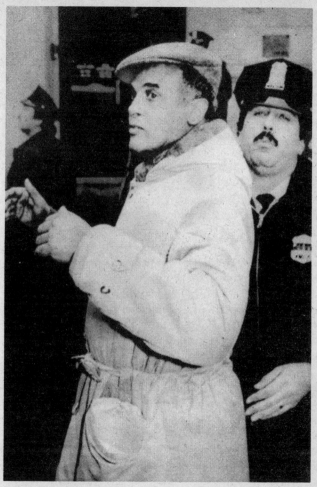

Bei einem Schweigemarsch gegen das Rassistenregime in Pretoria im Januar 1985 in Washington wurde Harry Belafonte festgenommen

aus 30 Ländern der Welt den allseitigen Boykott Südafrikas forderten, um das Regime in Pretoria zur Aufgabe der Apartheid und zur Freilassung von Nelson Mandela sowie aller anderen in den Gefängnissen schmachtenden südafrikanischen Patrioten zu zwingen. – Bei einem Gastspiel in Wien stellte der gefeierte Künstler danach ein neues Lied vor, das er allen Kindern der Welt gewidmet hatte. Der Song erzählte vom schweren Schicksal eines schwarzen Jungen im südlichen Afrika.

Sein Alltag war nach wie vor ungewöhnlich und ruhelos, ein kämpferisches, erfülltes Leben.

Das Auto stand schon bereit, die Zeit drängte, wenn sie die Maschine von Maputo nach Harare noch erreichen wollten. Harry zögerte den Abschied bis zum äußersten hinaus. Doch schließlich mußten sie losfahren. Ich hatte versprochen, auf ihn zu warten, sagte der Botschafter von UNICEF ein bißchen schuldbewußt und hob bedauernd die Schultern. Dann bat Belafonte den Leiter des Lhangueni-Jugendzentrums, den kleinen Ernesto unbedingt zu grüßen, ihm zu erklären, weshalb er nicht länger habe warten können, und ihm auszurichten, er werde wiederkommen, ganz bestimmt.

Am Tage darauf sprach er in Harare, der Hauptstadt von Simbabwe, auf einem internationalen Symposium von UNICEF vor Künstlern, Schriftstellern und anderen Intellektuellen. Er wirkte konzentriert wie immer, doch eine besondere innere Erregung war ihm diesmal anzumerken. Denn während er am Rednerpult stand, sah er ständig die von Ernesto und seinen Kameraden heraufbeschworenen Schreckensbilder vor sich, dazu die ernsten Augen der Kinder, hilflos und hoffnungsvoll.

«Wir sind hier», sagte Harry Belafonte bewegt, «um die wachsende Solidarität mit den Kindern und Frauen,

*Prominente Gäste des VIII. Festivals
des neuen lateinamerikanischen Films im Dezember 1986
in Havanna waren Gregory Peck und Harry Belafonte*

den Opfern der Apartheid zu bekunden. Wir sind hier, um Wege zu finden, wie wir die Bedingungen verändern können, das System, das sie zu Opfern machte. Wir sind keine Lehrer, wir sind keine Spezialisten, wir sind die Augen von Millionen, die nicht lesen können; wir sind der Stift in der Hand von Millionen, die nicht schreiben können; wir sind die Stimme von Millionen, die noch keine Stimme haben.

Die Geschichte ist keine Sache ohne uns. Und es wird der Tag kommen, an dem so unmenschliche, brutale Dinge wie Armut, Hunger, Unwissenheit, Machtmißbrauch und Rassismus nur noch in der Erinnerung existieren. An dem die Menschheit sich erhebt über jahrtausendealtes Ungemach und sich selbst ihren Traum erfüllt, die uralte Sehnsucht der Menschen nach einem würdevollen und friedlichen Leben, das Verlangen der Völker nach einer Welt ohne Krieg.»

Literatur- und Quellennachweis

Atkinson, Brooks, Broadway, New York 1970.
Belafonte, Harry, Was mich bewegt. Gespräche mit Günter Amendt, Hamburg 1982. (Wichtige Sachverhalte sowie Äußerungen Harry Belafontes zu Themen wie Gewalt, Religion und Kommunismus wurden mit Einverständnis von H. B. wörtlich oder sinngemäß dieser Broschüre entnommen.)
Belafonte, Harry, Manchmal betrachte ich mein Leben. Text des gleichnamigen kubanischen Dokumentarfilms, Havanna 1978.
Belafonte, Harry, Statement auf der Abschlußveranstaltung des 2.Forums der Krefelder Initiative am 21.11.1981 in der Dortmunder Westfalenhalle.
Belafonte, Harry, Rede auf der Großveranstaltung «KÜNSTLER FÜR DEN FRIEDEN» am 11.9.1982 in Bochum.
Belafonte, Harry, Statement auf dem Internationalen Symposium von UNICEF im März 1988 in Harare.
Bollard, Bob, Belafonte at Carnegie Hall (RCA), New York 1959.
Breitwieser, Thomas, Hermann Moter, Made in Kingston, Jamaika, Hamburg 1981.
Cerulli, D., Belafonte – The Responsibility of an Artist, New York 1957.
Clarke, John Henrik (Hrsg.), Harlem, U.S.A., Berlin 1964.
Cripps, Thomas, Black Film as Genre, Bloomington and London 1978.
Du Bois, W. E. Burghardt, Die Seele der Farbigen, New York 1903.
Du Bois, W. E. Burghardt, Die schwarze Flamme, New York 1961.
Du Bois, W. E. Burghardt, The Suppression of the African Slave Trade to the United States of America, 1638–1870, New York 1965.
Du Bois, W. E. Burghardt, Mein Weg, meine Welt. Memoiren, Berlin 1956.
Foster, William Z., Abriß der politischen Geschichte beider Amerika, Berlin 1957.
Fowke, Edith, Joe Glazer, Songs of Work and Protest, New York 1973.
Gottfried, Martin, In Person – The Great Entertainers, New York 1985.
Gülden, Jörg, Klaus Human (Hrsg.), Rock Session 1, Hamburg 1977.

Graf, Herbert, Detlef Joseph, Volksrepublik Moçambique, Berlin 1984.
Harris, Jay S., TV Guide – The First 25 Years, New York 1978.
Henderson, Mary C., Theatre in America, New York 1986.
Hughes, Langston, Milton Meltzer, BLACK MAGIC – A Pictorial History of the Negro in American Entertainment, New Jersey 1968.
Ihde, Horst, Von der Plantage zum schwarzen Ghetto, Leipzig 1975.
Kennedy, Stetson, Ich ritt mit dem Ku-Klux-Klan, Berlin 1954.
Macmillan Press Limited, The New Grove Dictionary of Armerican Music, New York/London 1986.
McLeod, Catherine, Jamaika, Lausanne 1986.
Pater, Siegfried, Zum Beispiel Mosambik, Göttingen 1988.
The Black Entertainer in the Performing Arts, New York 1982.
Tuska, Jon, Dark Cinema, Westport 1984.
Weaver, Robert C., The Negro Ghetto, New York 1948.
Who's Who in America. 44th Edition 1986/87, Wilmett/Illinois 1986.
Time, Chicago, 9.3.1953.
Cosmopolitain, New York, März 1954.
Theatre Arts, Saint Charles, Juli 1954.
Vogue, Greenwich, Dezember 1954.
Life, Chicago, 25.4.1955.
Look, Iowa, 21.8.1956.
Saturday Evening Post, Philadelphia, 20.4.1957.
Good Housekeeping, New York, 5/1957.
Coronet, Boulder/Colorado, 9.5.1957.
Life, 27.5.1957.
Look, 25.6.1957.
Time, 1.7.1957.
Münchener Illus, 25/57.
Wiener Illus, 28/57.
Stern, Hamburg, 30/57.
Schweizer Illustrierte, 18/58.
Die Welt, 22.8.1958.
Wiener Illus, 38/58.
Time, 3/59.
The Reporter, New York, 20.8.1959.
The New York Times Magazin, 13.12.1959.
Look, 12/59.
Seventeen, Radnov, Juni 1962.
Redbook, Dayton/Ohio, März 1963.
Life, 4.2.1966.

New York Times, 17.8.1968.
Harpers Magazin, Marion/Ohio, Juli 1969.
Ebony, Chicago, Oktober 1969.
Look, 24.8.1971.
Brigitte, Hamburg, 1/72.
Stern, 42/76.
BUNTE, München, 45/76.
Munzinger Archiv, 4.9.1976.
Brigitte, 21/77.
Petra, Hamburg, 2/78.
Die Welt, 29.6.1978.
Der Tagesspiegel, 19.10.1979.
Süddeutsche Zeitung, 10./11.11.1979.
elan, Dortmund, 12/79.
Brigitte, 20/81.
BUNTE, 41/81.
Hör zu, 43/81.
Gong, 47/81.
Neues Deutschland, 20.11.1982.
Berliner Zeitung, 1.7.1983.
Essence, Boulder Company, 8/83.
Die Wahrheit, 30.9.1983.
Junge Welt, 24.10.1983.
Neues Deutschland, 26.10.1983.
Frankfurter Allgemeine Zeitung, 27.10.1983.
Neues Deutschland, 29.10.1983.
Frankfurter Allgemeine Zeitung, 31.10.1983.
Sonntag, 6.11.1983.
Die Weltbühne, 8.11.1983.
Das Magazin, 11/83.
Jet, Chicago, 9.7.1984.
Sowjetskaja Kultura, 3/84.
Der Tagesspiegel, 8.4.1984.
Jet, 24.12.1984.
Jet, 1.7.1985.
Jet, 30.9.1985.
Jet, 14.10.1985.
Eulenspiegel, 34/1985.
Ladies' Home Journal, Des Moines/Iowa, 12/85.
Jet, 10.3.1986.
Jet, 17.3.1986.

Jet, 28.4.1986.
Jet, 26.5.1986.
Revolucion y Cultura, Havanna, 6/86.
Jet, 8.9.1986.
Jet, 20.10.1986.
Wochenpost, 27.2.1987.
Jet, 1.3.1987.
DT 64 «Trend Spezial», 1.3.1987.
Jet, 23.3.1987.
Jet, 27.4.1987.
Neues Deutschland, 18.6.1987.
Berliner Zeitung, 8.3.1988.
Neues Deutschland, 2./3.4.1988.
Jet, 18.4.1988.
Berliner Zeitung, 11.5.1988.
Neues Deutschland, 10.6.1988.
Berliner Zeitung, 11.6.1988.
Harper's Bazaar, 7/88.
Berliner Zeitung, 5.9.1988.
Ebony, 9/88.
ZDF-Podiumsdiskussion, 29.9.1988.
Sonntag, 27.11.1988.
Neues Deutschland, 14./15.1.1989.
Berliner Zeitung, 23.1.1989.
Neues Deutschland. 20.4.1989.
Berliner Zeitung, 6.6.1989.